U0739544

陇上学人文存
LONGSHANG XUEREN WENCUN

陇上学人文存

高新才　卷

高新才 著　何　苑 编选

甘肃人民出版社

图书在版编目（CIP）数据

陇上学人文存. 高新才卷 / 范鹏，马廷旭总主编 ；高新才著 ；何苑编选. -- 兰州 ：甘肃人民出版社，2023.1
ISBN 978-7-226-05919-7

Ⅰ. ①陇… Ⅱ. ①范… ②马… ③高… ④何… Ⅲ. ①社会科学－文集②经济学－文集 Ⅳ. ①C53②F0-53

中国版本图书馆CIP数据核字(2022)第234758号

责任编辑：李青立
助理编辑：魏清露
封面设计：王林强

陇上学人文存·高新才卷
范鹏　马廷旭　总主编
高新才　著　何苑　编选
甘肃人民出版社出版发行
（730030　兰州市读者大道568号）
兰州新华印刷厂印刷
开本 890毫米×1240毫米　1/32　印张 12.375　插页 7　字数 312千
2023年1月第1版　2023年1月第1次印刷
印数：1~1000
ISBN 978-7-226-05919-7　定价：60.00元

《陇上学人文存》第一辑

《陇上学人文存》第二辑

《陇上学人文存》第三辑

《陇上学人文存》第五辑

《陇上学人文存》第七辑

《陇上学人文存》第八辑

《陇上学人文存》第九辑

总 序

陇者甘肃，历史悠久，文化醇厚。陇上学人，或生于斯长于斯的本地学者，或外来而其学术成就多产于甘肃者。学人是学术活动的主体，就《陇上学人文存》（以下简称《文存》）的选编范围而言，我们这里所说的学术主要指人文社会科学研究。《文存》精选中华人民共和国成立以来，甘肃人文社会科学领域成就卓著的专家学者的代表性著作，每人辑为一卷，或标时代之识，或为学问之精，或开风气之先，或补学科之白，均编者以为足以存当代而传后世之作。《文存》力求以此丛集荟萃的方式，全面立体地展示新中国为甘肃学术文化发展提供的良好环境和陇上学人不负新时代期望而为我国人文社会科学事业做出的新贡献，也力求呈现陇上学人所接续的先秦以来颇具地域特色的学根文脉。

陇原乃中华文明发祥地之一，人文学脉悠远隆盛，纯朴百姓崇文达理，文化氛围日渐浓厚，学术土壤积久而沃，在科学文化特别是人文学术领域的探索可远溯至伏羲时代，大地湾文化遗存、举世无双的甘肃彩陶、陇东早期周文化对农耕文明的贡献、秦先祖扫六合以统一中国，奠定了甘肃在中国文化史上始源性和奠基性的重要地位；汉唐盛世，甘肃作为中西交通的要道，内承中华主体文化熏陶，外接经中亚而来的异域文明，风云际会，相摩相荡，得天独厚而人才辈出，学术思想繁荣发达，为中华文明做出了重要贡献。

近代以来，甘肃相对于逐渐开放的东南沿海而言成为偏远之地，反而少受战乱影响，学术得以继续繁荣。抗日战争期间作为大后方，接纳了不少内地著名学府和学者，使陇上学术空前活跃。新中国成立之后，人文社会科学领域的专家学者更是为国家民族的新生而欢欣鼓舞，全力投入到祖国新的学术事业之中，取得了一大批重要的研究成果，涌现出众多知名专家，在历史、文献、文学、民族、考古、美学、宗教等领域的研究均居全国前列，影响广泛而深远。新中国成立之后，人文社会科学几次对当代学术具有重大影响的争鸣，不仅都有甘肃学者的声音，而且在美学三大学派（客观派、主观派、关系派）、史学“五朵金花”（史学在新中国成立之后重点研究的历史分期、土地制度史、农民战争史等五个方面的重点问题）等领域，陇上学人成为十分引人注目的代表性人物。改革开放以来，甘肃学者更是如鱼得水，继承并发扬了关陇学人既注重学理求索又崇尚经世致用的优良传统，形成了甘肃学者新的风范。宋代西北学者张载有言：“为天地立心，为生民立命，为往圣继绝学，为万世开太平”，此乃中华学人贯通古今、一脉相承的文化使命，其本质正是发源于陇原的《易》之生生不已的刚健精神，《文存》乃此一精神在现代陇上得到了大力弘扬与传承的最佳证明。

《文存》启动于中华人民共和国成立六十周年之际，在选择入编对象时，我们首先注重了两个代表性：一是代表性的学者，二是代表性的成果，欲以此构成一部个案式的甘肃当代学术史，亦以此传先贤学术命脉，为后进立治学标杆。此议为我甘肃省社会科学院首倡，随之得到政界主要领导、学界精英与社会各界广泛认同与政府大力支持，此宏愿因此而得以付诸实施。

为保证选编的权威性，编委会专门成立了由十几位省内人文社会科学领域著名学者组成的专家指导委员会，并通过召开专题会议研讨、发放推荐表格和学术机构、个人举荐等多种方式确定入选者。为使读者对作者的学术成就、治学特色和重要贡献有比较准确和全面的了解，在出版社选配业务精良的责任编辑的同时，编委会为每一卷配备了一位学术编辑，负责选编并撰写前言。由于我院已经完成《甘肃省志·社会科学志》（古代至1990年卷，1990至

2000年卷）的编辑出版工作，为《文存》的选编提供了坚实的基础和基本依据，加之同行专家对这一时期甘肃人文社会科学发展的研究，使《文存》能够比较充分地反映同期内甘肃人文社会科学的基本状况。

我们的愿望是坚持十年，《文存》年出十卷，到2019年中华人民共和国成立七十周年之际达至百卷规模。若经努力此百卷终能完整问世，则从1949至2009年六十年间陇上学人以“人一之、我十之，人十之、我百之”的甘肃精神献身学术、追求真理的轨迹和脉络或可大体清晰。如此长卷宏图实为新中国六十年间甘肃人文社会科学全部成果的一个缩影，亦为此期间甘肃人文社会科学学术业绩的一次全面检阅，堪作后辈学者学习先贤的范本，是陇上学人献给祖国母亲的一份厚礼。此一理想若能实现，百卷巨著蔚为大观，《文存》和它所承载的学术精神必可存于当代，传之后世，陇上学人和学术亦可因此而无愧于我们所处的伟大时代，并有所报于生养我们的淳厚故土。

因我们眼界和学术水平的局限，选编过程中必定会出现未曾意料的问题，我们衷心期望读者能够及时教正，以使《文存》的后续选编工作日臻完善。

是为序。

2009年12月26日

目 录

三、国家区域战略研究

四、西北区域经济研究

五、民族地区发展研究

编选前言

高新才先生，陕西大荔人，1961 年出生。高先生于 1979 年考入兰州大学经济学系，1986 年取得硕士学位后在兰州大学经济系留校任教，历任兰州大学经济系系主任、经济管理学院院长、经济学院院长、兰州大学副校长、河南财经政法大学校长等职，期间还曾兼任甘肃省社会科学界联合会副主席。高新才先生是国家重点学科——区域经济学科的创建人、学术带头人，是一位对西北地区经济发展有较大影响的知名经济学家。

高新才先生为兰州大学乃至全国的区域经济学学科建设作出了重要贡献。高先生是国内区域经济学学科确立的论证人，与中国人民大学区域经济与城市管理研究所、南开大学城市与区域经济研究所共同领导创立了全国高校区域经济学学科建设年会，为国内区域经济学学科建设作出了突出的贡献。

高新才先生是国内较早开展区域经济学研究的学者。二十世纪九十年代，伴随中国市场化改革的逐步深化，国内经济学的研究也日益活跃。基于深厚的经济学理论修养和对改革发展实践的扎实分析，从我国东西部发展差距问题的研究入手，高新才先生对市场化改革的研究逐渐聚焦到区域发展问题研究，敏锐地认识到对中国区域经济发展、区域经济关系等问题进行系统研究的必要性和迫切性。高先生带领团队开展相关研究的同时，是兰州大学国家重点学科——区域经济学的主要创建人。在高先生推动下，兰州大学经济系成为全国高等院校中首家区域经济学硕士学位授予权试点(1995年)。1995年高新才先生担任兰州大学经济系系主任,1998年，由兰州大学经济系、管理系、图书情报系等多个系所,联合组建成立了经济管理学院,年仅37岁的高新才先生担任兰州大学经济管理学院院长,兰州大学区域经济学的学科建设取得了突破性进展。1998年兰州大学获得国内首批区域经济学博士学位授权，同年兰州大学区域经济学被评定为甘肃省高等学校省级重点学科,2001年又被评定为国家重点学科。2003年兰州大学应用经济学博士后流动站获得批准。高新才先生长期在经济学教学岗位辛勤耕耘，桃李满园，曾获宝钢优秀教师奖、甘肃省园丁奖。

高新才先生是我国改革开放进程中涌现出的有全国影响的区域经济学家,先后在《中国社会科学》、《新华文摘》、《改革》、《中国工业经济》、《中国农村经济》等国内外学术期刊发表学术论文200多篇,在人民出版社、中国社科出版社、中国经济出版社等权威出版机构出版专著二十余部，主持完成了40余项国家和省部级重大课题的研究,多项研究成果被中央和地方政府在决策时所采纳,获得国家及省部级以上的学术奖励二十余项。

高先生研究领域广泛，在理论经济学和应用经济学方面都有较高的建树。伴随中国市场化改革的深入和东西部差距的扩大,身处大西北的高新才先生逐渐将研究的视线聚集到西部改革与发展问题,尤其在对西部区域发展、资源与生态经济、农村经济、民族经济、城镇化及贸易金融等方面都有较为系统的研究，其学术成果得到学界的普遍肯定。

高先生是国家重点学科——区域经济学科的学术带头人，教育部重大项目评审专家组委员，中国区域科学协会西部经济研究会主任委员,中国高校经济学会常务理事,北京大学、南开大学、西北工业大学、浙江理工大学等多所高校的兼职教授。2011 年入选全国宣传文化系统全国文化名家暨“四个一批”人才，国家哲学社会科学领军人才（国家高层次人才特殊支持计划），是享受国务院特殊津贴的专家。高先生的应用研究，对地方改革发展产生了较大影响，受聘担任十余个省市政府的高级经济顾问，是甘肃省区域经济发展专家咨询组组长。

一、变革中的制度变迁与理论探索

改革开放构建了中国发展模式，为经济学理论的创新发展提供了源泉。二十世纪八十年代，中国开启了经济体制改革，学术界开始重新认识理解传统政治经济学，借鉴现代经济学理论和西方发达国家的发展经验，对当时的计划经济体制进行了全面剖析反思，对中国经济改革出现的问题进行理论分析和实践探讨，开启了中国特色社会主义政治经济学的探索研究。

高先生作为当时学界的新生力量，其学术生涯也由此展开。这一时期，高先生先后发表了《政治经济学社会主义部分的最基本范畴初探》（社会科学辑刊 1985 年 1 期）、《社会主义积累率新考》（晋阳学刊 1984 年第 3 期）、《试论储蓄对消费的引导作用》（当代财经，即江西财经学院学报，1991 年第 12 期），《试论农村工业与城市工业的协调发展》（科学、经济、社会，1992 年 2 期）等系列论文。1992 年邓小平“南巡讲话”和党的“十四大”的召开，进一步明确了中国经济体制改革的目标是建立社会主义市场经济体制。为了对社会主义市场经济体制作更为全面的阐述，高先生于次年出版了《中国经济体制大走势》①一书，对中国社会主义经济体制的框架作了学术上的设计，并从政府职能、

---

①兰州大学出版社，1993 年出版。

价格、财政、金融、社会保障、工业、农业、商业、外贸、劳动工资等十个方面对中国经济体制改革的方向和目标进行了深入剖析。

伴随中国经济体制改革进入深水区，高先生开始运用经济学的理论和方法研究和分析改革中的关系调整、利益冲突以及制度变革。在《论我国农村经济发展中的公平与效率》(兰州大学学报,1993 年 2 期)一文中,针对我国农村改革后收入差距扩大的现象,用洛伦兹曲线和洛伦兹系数对当时我国农村收入分配进行了实证分析，对当时农村工业化过程中收入分配规律性的变动趋势进行了深入的探讨。

20 世纪 90 年代中期,"三农问题"再度凸显,高先生发表了《农村税费制度改革博弈视角的分析》(甘肃社会科学,2004 年 5 期),文中借助博弈论的分析方法,构建了农村税费利益主体之间的博弈模型,通过模型分析,揭示了我国农村税费问题中所涉及各方的利益关系。分析认为,农村税费问题所反映出的问题远远超过了税费问题本身,是农民的社会地位问题和农民的各种权利的保障问题，也是市场化改革过程中中央政府、地方政府和农民之间权利分解与集中的矛盾与冲突的问题。农村税费问题的实质是国家对农村的控制与管理付出的高昂的交易成本。

中国的改革开放实践，从借鉴发达国家、新兴发展中国家等经验,到构建具有中国特色的社会主义市场经济体制的发展道路,期间涌现了诸多来自实践层面的制度创新。高先生对改革开放进程中中国经济社会发展中的制度变迁进行了广泛而持续地研究和总结。2003 年,在对中国经济体制改革的制度变迁进行了回顾和总结一篇论文①中,先生认为中国经济体制变革的主线是从放权让利到权利重

---

①参见《从一般要素解放到人的解放——中国经济体制改革回顾与前瞻》,兰州大学学报社会科学版,2003 年第 4 期。

构与再造,从有限公正到全面公正。未来中国的改革面临着围绕权利的调整和重构,权利重构将打破现有利益格局、冲击强势利益群体的垄断,造就改革强大的社会动力支持,这是当前改革面临的最艰巨任务。

高先生对我国生态治理与生态制度创新也进行了较为系统的研究。在《中国荒漠化治理的制度创新与模式创新》[①]中,对中国近半个世纪的荒漠化治理模式进行反思,分析荒漠化土地治理缓慢的症结,提出了荒漠化治理的生态经济模式,从投资、管理、激励等方面提出了荒漠化防治制度创新。在《"过牧"的制度解释及治理的制度设计》[②]中,针对黄河源区草地生态环境的恶化趋势,以黄河源区的玛曲县近三十年过牧历史为案例,对高寒牧区制度变迁中的路径依赖和锁定问题进行了新的阐释,并对可持续性的制度框架进行了设计。

生态保护是黄河流域高质量发展战略的重要内容。2020年高先生在参加"两会"时提出,应加强绿色金融制度创新,促进黄河流域高质量发展。高先生指出,"绿色金融能够实现市场负外部性的内部化,通过合理的资源配置,缓解黄河流域资源环境制约,是保护修复黄河生态环境的重要手段,也是新常态下发展绿色经济的重要途径。"目前黄河流域各省区已经开始探索利用绿色金融产品促进当地社会经济发展。比如陕西金控集团发行绿色债券;甘肃、河南、山东等省设立了绿色发展基金。但绿色金融顶层制度体系亟待进一步完善、绿色金融跨区域合作机制尚未建立、贯穿全流域的一体化绿色金融市场尚未形成。高先生认为,应推动完善包括绿色认证制度(认证机构与标

---

①发表于《中国社会科学》2000年第6期。

②参见《"过牧"的制度解释及治理的制度设计——对玛曲县人草畜紧张关系的制度经济学思考》,兰州大学学报社会科学版,2004年第4期。

准）、绿色金融激励制度（声誉激励与经济激励）和绿色金融风险防范制度（透明度规则与欺诈制裁规则）在内的绿色金融制度框架，消除当前绿色金融制度领域存在的碎片化状态。

二、区域经济和西部经济的开拓研究

高新才先生作为中国较早从事区域经济学研究的学者之一（林毅夫，2001 年），多年来积极探索运用区域经济理论研究和分析中国欠发达地区经济发展的现实问题，取得了一批层次较高、对地方发展有影响力的学术成果。

区域经济问题是大多数国家尤其是大国经济发展过程中一个普遍性的经济现象。不同的地区在发展基础、自然条件、地理条件、人文资源禀赋等方面都存在客观上的差异，这些因素对区域经济发展的速度和质量都能产生巨大的影响，但从本质上看，区域经济发展差距则是市场经济极化效应在区域层面上的客观反映。当代中国区域经济问题在中国特色社会主义经济改革的背景下产生的，因而其演化与变迁也表现出了极强的中国特色。尽管区域经济的研究在我国发展历史较短，在政府与学界的关注下，区域经济学已经发展已成为我国研究分支众多、研究潜力巨大的经济学科之一。伴随着中国的改革开放实践，中国的区域经济格局发生了前所未有的历史性大变动、大调整。改革开放初期，非均衡发展战略促使沿海发达的开放城市迅速崛起，而由东向西渐次推进的改革开放空间路径，导致区域发展尤其是东西部区域差异问题逐渐显现。如何使欠发达地区走出困境，如何促进区域经济协调发展，建立统一而开放的市场等等，诸如此类的问题成为政府和学界关注的焦点。

1992 年，高先生在《试论西北地区向西开放中的政策协调》（兰州大学学报 1992 年第 3 期）一文中指出，西北地区面对的“东西差距"和亚欧大陆桥的良机,西北五省区应联合建立西北经济综合协作区,重点对该地区经济发展进行统一规划和布局,朝着区域一体化的方向努力。文章最后提出,"我国近年来实行向东部地区倾斜政策,造成了地区间的不平等竞争,加剧了区际矛盾。""中央的这种地区倾斜政策应加以调整。"

高先生身处西部经济欠发达的甘肃，对地方经济改革和发展的调查和研究，促进他日益意识到区域发展经济问题将成为我国改革开放与经济社会发展的重大问题。2002 年初,高先生出版了专著《区域经济与区域发展——对甘肃区域经济的实证研究》[①],该书以甘肃为典型案例,运用区域经济学理论和研究方法,对中国欠发达区域中华人民共和国成立以来特别是改革开放以来经济发展中存在的问题,如区域经济政策缺乏连续性、区域内发展失衡、产业结构高度趋同、城镇化水平低下、贫困问题严峻、对外开放与区际合作滞后以及区域可持续发展步履艰难等等,做了较为系统的分析,这些问题也是中国欠发达区域经济发展中普遍存在的关键问题。林毅夫先生亲自为该书作序,认为"这一著作涉及到中国欠发达地区发展中普遍存在的一些关键问题,对每一相关问题的分析都鞭辟入里,深入细微,真正做到了实事求是,开拓创新。"

2000 年 10 月,国家开始实施西部大开发战略,强调要促进地区协调发展,标志着我国区域发展进入新阶段,高先生对区域经济研究也进一步扩展,从对东西部、欠发达地区发展的研究延伸到对西部大开发的政策路径、产业发展、区域协调发展、公平与效率等方面,进一步深化了对区域经济理论和实践的研究。

---

①《区域经济与区域发展——对甘肃区域经济的实证研究》,人民出版社 2002 年。

西部大开发启动伊始，有学者提出西部地区投资回报率低于东部，实施西部大开发战略会影响经济增长，甚至是又一次“三线”建设。对此高先生撰文[①]旗帜鲜明地提出要提出要正确认识东、中、西部之间的关系。和东部地区相比，西部地区确实在基础设施、技术水平、人员素质、市场化等要素处于劣势，但西部具有矿产资源和土地资源优势，而在知识经济时代下，资源对经济的基础贡献地位并没有得到根本的改变。此外，与以前“三线”建设时期不同，西部大开发的投资主体已由国家为主转向面向市场的多元投资者组合，毫无疑问，这些资本在大开发中会追求较高的回报率。西部的高新技术产业、特色产业的资本回报率有一定优势。最后还指出西部大开发应该坚持新的发展观，选择重点开发区域，形成以特色经济为基础的发展格局。

在西部大开发战略实施五年后，高先生撰写了《西部大开发：“十一五”政策方向展望》[②]，综合了当时学界观点，对如何西部大开发政策提出了四点意见：一是政策的力度不大，适用范围过宽，优惠效应不明显，真正专门针对西部地区有差别的政策很少，且这类政策的含金量不高。二是政策可操作性差，中央出台的大政方针大多比较原则和抽象，有些是指导性意见或要求，原则性的表述过多，量化指标过少，缺乏具体的执行措施。三是政策系统性和权威性不足，开发西部的政策主要是国家部委以“通知”和“意见”的形式各自出台的分散的政策，缺乏立法形式对西部开发政策的明确和具体化。因为没有法律依据，中央和地方之间，东部和西部之间的权利和义务难以明确，利益协调机制难以建立，四是对产业发展的重视不够。文章还指出，国家应该对西部地区的产业特别是加工制造业的发展予以高度重视，

---

①《坚持新的发展观，重构中国区域关系新格局》(兰州学刊2001年第1期)

②原载《西部论丛》，2005年第6期封面文章。

并采取切实有效的扶持政策，改变东西部地区现有的垂直分工格局。为保持政策的权威性和稳定性，适应西部大开发的长期性和艰巨性，西部开发法应尽快出台。文章强调，中央对西部地区的支持力度不能减弱，西部地区经济社会发展步伐不能减慢。

为纪念改革开放30年，2008年由韩俊、李晓西等国内10多位经济学家联合编写的《中国经济改革30年丛书》，高先生主编了其中的《中国经济改革30年：区域经济卷》。在书中阐述了中国改革开放30年区域开发空间新格局的变动；分析了区域经济格局变动背后的国家区域发展战略变迁与完善；对区域改革与发展路径、区域竞争力、资源型城市转型等问题进行了分析。丛书由重庆大学出版社2008年出版，被列入国家重点图书。

2020年5月，作为十三届全国人大全国人大代表，高先生在接受记者专访时[①]，对于区域经济发展过程中不平衡不协调问题，高先生认为可以适度降低生态敏感区和粮食安全保障区的人口规模与密度，从优化国土空间开发保护格局、促进生产要素流动和增强优势区域承载能力等方面入手，引导人口合理流动，推动区域经济平衡发展。在回答如何协调郑州等大都市区内部城市之间的发展平衡时，高先生指出，“可以加强城市群交通网络体系等基础设施的建设，促进中心城市以更高效能和更大程度发挥辐射力。”特大城市应提高综合承载能力，通过加快快速交通网络建设，特别是大容量轨道交通，将人口和产业向周边疏散。

三、民族地区经济发展出路探寻

高先生在对西部地区的区域发展进行研究中发现，在西部地区

①见大河报·大河财立方《极刻》第471期，专访记者贾永标。

内部，民族地区往往更加偏远闭塞，发展能力更为低下，是西部发展的重点和难点。为此，他以西部民族地区发展为研究对象，带领团队先后完成了教育部人文社科基金项目《西北少数民族地区的环境、文化与经济协调发展问题研究》（1998 年）、国家哲学社会科学基金重点项目《西部地区民族经济发展问题研究》（项目批准号 04AJY005），并发表了一系列相关论文。对于西部民族地区的经济社会全面发展，推动西部民族地区全面建设小康社会的进程，提出了一系列针对性强、具有可操作性的对策建议，为各级政府在制定新时期的民族地区经济发展战略、生态建设及小康建设战略政策时发挥了重要的参考借鉴作用。国家社科规划办以简报的方式对《西部地区民族经济发展问题研究》项目进行了表扬，指出“该项目成果富有理论启迪性和决策参考性”。

2006 年高先生撰文对西北民族省区城镇化战略模式进行了分析和探讨。①在分析了西北民族省区城镇化的现状特点与存在问题后，指出西北民族省区经济中的草原畜牧业、民族加工业、民族商贸业的产业化和现代化程度很低，与现代城市经济的产业关联度差，尤其是大量人口滞留农牧区，低素质的人口群体孕育着极高的自然增长率，农牧区人口的高增幅，抵消了城镇人口的低增幅。文章提出西北民族省区城镇化建设应选择市场主导型多元城镇化战略，首先注重发挥聚集效益和整体优势，在相对比较发达的地区，如河湟谷地、天山北麓、银川平原和兰州周围等，以现有首位城市为核心，建设区域城镇体系网络；其次农牧区则应以重点城镇建设为基础，最终实现城镇化在规模结构和空间结构上的双重目标。文中强调西北民族省区城镇

①参见《西北民族省区城镇化战略模式选择与制度创新》，民族研究，2002 年第 6 期。

化进程中政府规制与市场机制的正确定位，从户籍制度、城乡土地流转制度、社会保障制度、人口政策和设市体制等方面对创新西北民族省区城镇化规制框架进行了探讨。

针对西北民族地区经济发展差距不断拉大问题，2006 年高先生撰文[①]对西北民族地区经济发展中存在的差距进行了全面；通过产业经济分析，揭示了区域产业结构不合理、区域产业发展水平低是西北民族地区经济发展存在多重差距的内在原因。需要从区域产业经济视角入手，推进区域产业发展和区域产业结构调整优化。

在西部大开发推进中，学界和政界逐渐形成共识，必须充分发挥资源优势，大力发展特色优势产业，增强区域自我发展能力是加快西部民族经济区经济发展的重要措施。如何发展民族地区特色优势产业，在综合评述现有研究基础上，高先生认为[②]，应从特色优势产业的界定、甄别和战略导向 3 个方面入手，逐层展开研究。在西部民族经济区特色优势产业的识别上，要侧重于“特色”+“优势”耦合过程中两者作用层面有所不同；在西部民族经济区特色优势产业的选择上，设计了特色优势产业选择流程图，通过定性和定量分析相结合的方法，分析解决了西部民族经济区特色优势产业的选择问题；在政策导向上，根据潜在优势向现实优势转化的路径，提出了两类基于产业选择的产业战略导向。

---

①《西北民族地区经济发展差距及其产业经济分析》，民族研究，2006 年第 1 期。

②《西部民族经济区特色优势产业发展问题研究》，地域研究与开发，2010 年第 2 期。

四、“向西开放”和“丝路经济带战略”研究

早在1992年，高先生就开始关注西北地区的向西开放问题[①]。中国加入WTO后，中国的全球化进程进一步加速。2003年，高先生撰文指出[②]，全球化和区际经济一体化加速背景下，西北地区的大开发、大发展与大开放将更为密切。西北地区应充分发挥和利用自身比较优势，促进外贸结构优化，创建外向型区域经济网络。

国家实施“向西开放”和“丝绸之路经济带”战略背景下，结合国内外战略全局和发展趋势以及西部区域经济发展阶段性特征，高先生开展了中国西北内陆区域向西开放的系列研究，获得国家文化名家暨“四个一批”人才项目资助。[③]研究认为，构建新丝绸之路经济带的战略，是国家出于深入实施西部大开发战略、促进区域经济协调发展的考虑；而实施向西开放是改善我国外部经济失衡、打造我国持续发展的和平稳定与共同发展周边环境的需要，更是解决我国区域发展不平衡的重要战略。

西北内陆区域位于亚欧大陆桥和“丝绸之路经济带”的重要通道位置，通过实施“向西开放”战略，利用区位优势，外引内联，不断拓展新的市场空间，把向西开放作为经济转型升级和发展方式调整的重要突破口，将“内陆发展”和“向西开放”结合起来，以开放激活经济发展潜力，调整经济结构和产业布局，寻求新的经济发展动力，支撑西

---

①参见《试论西北地区向西开放中的政策协调》，兰州大学学报 1992年第3期。

②《基于比较优势理论的西北地区同周边国家经贸关系研究》，中国流通经济2003年12期。

③2011年国家文化名家暨“四个一批”人才资助项目：“中国西北内陆区域向西开放重大问题研究——基于构建新丝绸之路经济带的战略背景”。

北内陆区域持续快速发展。

高先生对中国与中亚国家贸易状况分析后认为，[①]在发展中国家的“比较优势陷阱”和全球价值链分工“低端锁定”的制约下，双方贸易发展处于“低端困境”，具体表现为贸易集中于初级产品和低技术产品，高技术产业国际竞争力较低，贸易互补产业单一，缺乏产业内和产品内分工与贸易，贸易增长动力不足。中国与中亚国家应该抓住共建丝绸之路经济带的重大历史机遇，通过深化产业合作，实现产业和贸易的共生协同升级以突破贸易“低端困境”。

经济欠发达的西北内陆区域，能否抓住“向西开放”和“丝绸之路经济带”的战略机遇期，不仅关系到西北地区能否在西部大开发的第二个十年顺利实现转型跨越发展，而且也关系到我国区域经济能否协调健康发展，关系到丝绸之路经济带战略构想能否顺利实施。因此，西北内陆区域在新时期如何实施向西开放战略，充分利用多种政策叠加效应，发展成为新时期开放前沿，最具发展潜力的经济区域，是亟待深入研究的重大问题。

五、地方发展模式及政策创新研究

高先生曾说，我们这一代经济学人生逢其时，改革开放的快速推进与国家经济社会的高速发展成就了我们。作为一名经济学者，应尽可能地研究和解决经济发展过程中不断涌现的新现象新问题，密切服务于国家与地方经济社会发展的重大理论需求。中国市场化进程中，政策和理论往往落后于经济发展的实践。而经济发展的实践迫切需要政策和理论的支撑。正是基于这一理念，高先生始终将自己的学

---

①参见《中国—中亚国家贸易的“低端困境”及应对》，甘肃社会科学 2017 年第 3 期。

术研究与中国改革发展、地方经济发展紧密联系在一起。

对特定区域发展和政策研究，既是对区域经济研究的典型案例的剖析，更是直接推动该区域健康持续发展。高先生在长期的学术工作中，以西部欠发达省——甘肃作为研究的典型案例，结合经济学等多种学科系统研究的甘肃工业化、城镇化、生态资源等方面，发表了大量论文；直接参与省市级政府重大政策的制订、重要规划的编制，对地方经济社会发展产生了较大影响。高先生对典型区域改革发展的剖析和系统研究，不仅有助于地方政府科学决策、区域健康发展，也丰富了中国特色市场经济体制的理论和实践内容，是对欠发达地区发展理论与实践的创新探索。

早在高先生还在兰州大学求学时期，高先生参与甘肃陇南农村联产承包责任制的推进工作。1982 年中共中央批转《全国农村工作会议纪要》，肯定了联产承包制是在党的领导下中国农民的创造，是马克思主义农业合作化理论在中国实践中的新发展。同年甘肃在全省全面推行农村家庭联产承包责任制，向农村基层全省派出了农村改革工作组，在甘肃省贫困地区——陇南文县碧口镇何家湾村，高先生作为农村改革工作组的一员，与当地干部共同组织实施当地的承包制，亲身经历了这一具有历史意义改革的伟大实践。在高先生的记忆中，当时农村承包制的难点在于土地、集体财产等的分配，尤其是拖拉机等难以拆分的资产。在征求当地村民意见下，他提出了由大户“现金+期限内免费服务”进行购买的方式。这一可操作的创新举措得到村民的认同，随后被省内的其他村庄借鉴。对于初涉经济社会实践的高新才而言，一方面震惊于当时村庄的贫困和闭塞，同时也认识到政策和制度在很大程度上对地区发展产生重要影响。

高先生在学术研究工作中，注重在扎实调查分析的基础上，研究和解决研究和解决欠发达地区的贫困问题；注重围绕区域发展的需求有针对性开展前瞻性、针对性、储备性政策研究,为地区发展服务。长期以来,高先生作为甘肃省委省政府经济顾问、甘肃省区域经济发展专家咨询组组长,还担任过甘肃省"十一五"、"十二五"规划专家组组长等职, 对甘肃的改革发展发挥了重要的影响和作用。他立足甘肃,带领团队走遍了甘肃全省 86 个县区,对甘肃民营经济发展、市场体系优化、主导产业选择与培育、区域创新体系构建、产业集聚区规划与发展、城镇化进程推进、区域竞争力与可持续发展等问题进行了大量深入的应用研究,主持完成了甘肃省"九五"、"十五"、"十一五"经济社会发展总体规划以及部分专项规划,主持完成了重点产业、重点企业的发展研究,参与了甘肃省经济发展重要文件的起草工作,在"生态立省"、"工业强省"、"兰渝铁路甘肃段走线"等方面提出过一些重要建议,被国家相关部门和省政府采纳。不仅在甘肃省级层面,在市州和县级层面,也完成了大量的经济发展的规划和研究工作。

2006 年,高先生作为甘肃"十一五"规划专家组组长在接受记者采访时,对甘肃工业化进程和面临形势进行了总体分析。他指出,在"六五"以前,甘肃工业主要是计划经济时期"嵌入式"地发展,从指标看当时工业化水平比较高, 但并没有真正启动全省的工业化进程。"六五"以后,随着市场经济体制的成长,甘肃传统工业优势在削弱,而市场经济力量的成长速度相对缓慢,工业化进程受到强大的挤压。"十一五"期间全省经济增长困难重重:一方面在全国转变经济增长方式的情况下,全省发展面临着两难,加速工业化不能动摇,但也不能走传统高污染、高消耗的发展路子;另一方面甘肃经济增长仍是投资拉动型,政府直接投入将大幅减弱,而省内多元投资主体培育相对滞后,这些都直接影响全省经济发展动力。为此,改变"两高一低"发展模式,坚持"工业强省"战略,加快转变经济增长方式是我省经济发展的自觉选择。

高先生在主持完成的国家发改委“十一五”规划重点招标项目——《西部大开发战略在“十一五”规划期间的重点任务和政策措施研究》中，提出的西部大开发中的“三个不能”，“积极扶持重点地带重点开发、加快培育西部地区经济增长极”，“切实调整全国产业分工布局，积极支持发展西部特色经济和优势产业”、“以资源生态环境承载力为基础，以产业为依托，走西部新型城市化道路”，“在西部地区设立对外经济自由贸易区或合作区，扩大西部对外开放力度”，“开发性扶贫与救济性扶贫并举”，“完善生态环境建设的长效机制”等观点和政策建议，部分观点被吸取采纳到国家西部大开发的相关战略规划之中。

高先生对西部欠发达地区的应用研究，不限于甘肃，对包括青海、新疆、宁夏等西北地区、及至西部省份的改革发展都进行扎实的调研和政策研究，其足迹遍及西部各省市。在主持完成的国家社科基金项目《西北贫困地区深化农村改革问题研究》、《西部民族地区经济发展问题研究》等课题研究中，系统设计了农村土地永佃制、建立农村“土地信用组织”等深化农村改革的思路，提出“设施农业”、规模产业是西北地区农业可持续发展的主要方式等观点，研究摘要被以成果要报等不同形式送中央领导人和相关部门批阅并作出推广指示。《贫困地区试行农村土地永佃制度改革的建议》一文被收入《改革30年经济文选》(三联书店出版社 2008年出版)。

高先生对区域发展的政策研究，产生了重要的影响和作用，不仅被省级、市县级的相关政府部门采纳，同时也获得学界的认可。高先生主持完成的国家社会科学基金——《西北贫困地区深化农村改革问题研究》，获得甘肃省第六次社会科学优秀成果一等奖(1999年)；专著《区域经济与区域发展——对甘肃区域经济的实证研究》，获得甘肃省第八次社会科学优秀成果一等奖(2003)；研究报告《兰州区域创新体系建设与发展研究》获得甘肃省人民政府科技进步三等奖（2005）；《甘肃省"十五"国民经济和社会发展战略研究》，获得甘肃省人民政府科技进步三等奖（2005）；课题《甘肃经济、社会发展对科技的需求及科技总体战略研究》获得甘肃省人民政府科技进步二等奖（2009）。2005 年高先生入选甘肃省"555 创新人才工程"（第一层次），甘肃省宣传文化系统拔尖创新人才，2010 年 2 月入选"甘肃省领军人才"（第一层次），2011 年入选全国宣传文化系统全国文化名家暨"四个一批"人才。

高先生是中国区域经济学研究的有影响学者之一，在理论研究、人才培养、政府决策、高等教育管理等方面均有重大成就。在其学术生涯中，研究所涉及的还包括生态经济、城镇化、资源经济、农村经济、金融业、人力资源等等方面，但限于篇幅，这里仅对高先生学术中有代表性的论文和观点做了介绍和收录，还有大量的论文、专著以及研究型课题和应用课题都未能纳入。高先生认为，区域经济学应该是解决问题的实践型学科，区域经济学研究的目的应该是解决社会发展中的经济问题，尤其是解决欠发达地区的发展问题。几十年来，其研究生涯正是践行了这一理念。他扎根黄土地，坚持将理论与实践相结合，在区域经济学的一些关键领域取得了理论突破和政策创新，也推动这些理论和政策服务国家、服务社会。高先生的学术生涯仍在继续，期待未来有更多更有价值的成果问世。

何　苑

2022 年 12 月 20 日

一、经济理论基础研究

社会主义积累率新考

社会主义建设的长期实践,使我们对积累与消费的关系的认识,比过去深刻得多了。不过,怎样合理地确定积累与消费的比例,无论从理论上还是从实践上,都还有待于我们进行更加深入的研究。

马克思说:“在积累时,首先要考察的是积累率。”[①],近年来,我国理论界对这个问题从不同的方面进行了积极的探讨,试图寻找出一个最佳积累率。然而,要找出一个最佳积累率,必须首先有一个科学的积累率概念。笔者认为,总结历史的教训,对社会主义的积累率概念重新进行考察,是很必要的。

一

什么是社会主义的积累率?我国长期以来一致认为,是积累基金与国民收入之比,即$\frac{X}{V+M}$。

但是,大家知道,马克思在《资本论》中专门用了一节的篇幅用公式来积累,举了两个例子。对于第一例,他在分析第一年扩大再生产时,是“假定在公式(B)中,第Ⅰ部类的剩余价值的一半即500被积累”[②],对以后各年扩大再生产的分析,也是“假定第Ⅰ部类继续按同

①②马克思:《资本论》第二卷,第588页、第576页。

一比例进行积累"[①],对于第二例,他在分析第一年的扩大再生产时写道:"现在假定,第Ⅰ部类的资本家只消费剩余价值的一半=500,而把其余一半积累起来"关于以后各年的扩大再生产,同样假定"第Ⅰ部类和以前一样,把剩余价值的一半积累起来"[②]。根据以上假定,马克思分析完这两个例子以后,接着写道:"在以上各个场合,我们都假定第Ⅰ部类的积累=1/2MI,并且每年保持不变"[③]。可见,马克思所说的积累率是指资本化了的剩余价值与剩余价值总额的比率, 即剩余价值中用于积累的部分在整个剩余价值中所占的比重。

马克思为什么把积累率作了这样的规定呢? 这是与积累本身的含义直接相联系的。在《资本论》中,积累的本来意义就是指剩余价值的资本化,即把剩余价值的一部分再转化为资本。马克思分析了单个资本家的积累过程,指出:"由于商品资本转化为货币,代表剩余价值的剩余产品也转化为货币。资本家把这样转化为货币的剩余价值,再转化为他的生产资本的追加的实物要素。这个增大的资本,在生产的下一个循环内,会提供更多的产品。但是,在单个资本上发生的情况,也必然会在全年的总再生产上出现。"[④]这就是说,无论是在个别资本的再生产中,还是在社会总资本的再生产中,积累的源泉都只能是工人创造的剩余价值。

在资本主义经济中, 资本家从工人身上无偿榨取的剩余价值(M),一部分用于个人消费,用$\frac{M}{X}$表示,另一部分则转化为资本,等于$M-\frac{M}{X}$。马克思所说的积累率用公式表示就是$\frac{M-\frac{M}{X}}{M}$。

---

①②③④马克思:《资本论》第二卷,第578、581、587、588、551页。

我们按照马克思的科学分析，如果从最一般的意义上来理解，那么，积累就应当是社会的一部分剩余产品价值转化为生产要素，从而积累率就应当是剩余产品价值中转化为积累基金的部分与剩余产品价值的比率。这是很自然的结论。然而，为什么我们国家却一直把$\frac{X}{V+M}$当作社会主义积累率呢？

这种积累率，是我们在中华人民共和国成立初期从苏联照搬来的。而苏联把社会主义的积累率解释成积累基金占国民收入的比重，则是其理论界不承认社会主义制度下仍然存在必要产品和剩余产品这些范畴的结果。斯大林在《苏联社会主义经济问题》中，就明确提出："必须抛弃从马克思专门分析资本主义的《资本论》中取来而硬套在我国社会主义关系上的其他若干概念。我所指的概念包括'必要'劳动和'剩余'劳动、'必要'产品和'剩余'产品、'必要'时间和'剩余'时间这样一些概念"。因为"马克思分析资本主义，是为了说明工人阶级受剥削的泉源，即剩余价值，并且给予被剥夺了生产资料的工人阶级以推翻资本主义的精神武器。显然，马克思在这里所使用的概念（范畴）是和资本主义关系完全适合的。"[①]斯大林的这种观点，长期以来在我国广泛流传，影响很大。但是，正如我们现在所认识的那样，这一观点并不是科学的。

不错，马克思在分析资本主义生产方式时，是把工人的劳动区分为必要劳动和剩余劳动，把其产品区分为必要产品和剩余产品的，但是，他始终并未认为这种区分只适合于资本主义。马克思是毫不怀疑作为必要产品以上的剩余产品及其增长对过去和现在人类社会向前

①斯大林：《苏联社会主义经济问题》，第13页。

发发展的重要性的。他在《资本论》中写道:“在任何社会生产……中,总是能够区分出劳动的两个部分,一个部分的产品直接由生产者及其家属用于个人的消费,另一个部分即始终是剩余劳动的那个部分的产品,总是用来满足一般的社会需要,而不问这种剩余产品怎样分配,也不问谁执行这种社会需要的代表的职能。”①“一般剩余劳动,作为超过一定的需要量的劳动,必须始终存在。”②

二

长期以来,我们受斯大林的观点影响,对剩余产品范畴一直估计不足,企图把它的作用和意义溶解于国民收入之中,从而也就不承认马克思所说的积累率即$\frac{M-\frac{M}{X}}{M}$仍然适用于社会主义,而企图以$\frac{X}{V+M}$来取而代之,这是很不科学的。

剩余产品是积累的唯一源泉,这是马克思主义政治经济学的一个基本原理。如果说在现实的资本主义的再生产过程中,资本家有时还可以牺劳动者消费,用侵占劳动者一部分必要产品价值的方法去增加积累的话,那么社会主义制度则从根本上反对这样做。但是,我们把$\frac{X}{V+M}$作为社会主义的积累率,就把积累的源泉主观地扩大到了剩余产品(M)之外,即把劳动者的必要产品(V)也包括在内了。我们假设在资本主义条件下,当资本家把他得到的全部剩余价值(M)都转化为资本时,那么我们就会说他的积累率达到了100%。如果其他

---

①②马克思:《资本论》第三卷,第992—986、925页。

条件未变，这时再生产中的工人仍然保持着他原来的消费水平。可是，在社会主义制度下，如果我们按照了$\frac{X}{V+M}$这种积累率，要使积累率达到100%，那只有X=V+M，即不仅把全部剩余产品都用于积累，而且要所有的人都停止消费，把全部必要产品也用来积累。这显然在理论上违背了剩余产品是积累的唯一源泉的原理。

在生产发展的基础上，逐步改善人民的生活，这是社会主义生产的本质，也是我们党在经济建设中的一个重要方针。但是，这个方针过去没有能很好地得到贯彻，在处理积累和消费的关系上，常常出现积累过高的问题。当然，这主要是由我们指导思想上的失误造成的。但是，也要看到，这与我们在方法论上用$\frac{X}{V+M}$作为积累率有很大关系。

把$\frac{X}{V+M}$当作积累率，势必在实践上导致把积累率的确定只与国民收入增长率的高低直接联系起来，误认为积累率的高低只取决于国民收入的增长情况，国民增长率越高，积累率就可以随之提高。因此在确定积累率时，往往只注意到国民收入的增长方面，而忽视这种增长在我国主要是靠劳动者增加这一更本质的方面，使本来已经很高的积累率继续提高。仅以1959年为例，当时在确定积累（注：这里都是指的$\frac{X}{V+M}$）时，由于只看到了国民收入较1958年有较大增长（增长了7.7%），把本来已经很高的积累率（1958年为33.9%）又主观地加以提高（1959年提高为43.8%），致使消费总额比上年大量减少，人均消费额更是大幅度降低，造成了人民生活一度异常紧张。这是一个深刻的教训。

尽管我们过去也经常强调在确定积累率时，要把不降低原有人口和新增劳动人口当前消费水平作为积累的最高限,但由于把$\frac{X}{V+M}$作为积累率,就很难做到这一点。因为$\frac{X}{V+M}$把社会主义劳动者的必要劳动创造的必要产品价值(V)和为社会提供的剩余劳动创造的剩余产品价值(M)不分彼此地混在一起,使积累基金(X)不仅占有M的大部分或全部,甚至侵占V的一部分,使人民的消费水平较前下降。事实上,这种情况过去是经常出现的。这可以从我国全民所有制单位职工实际平均工资的变化上看得出来:1957年职工平均实际工资为582元,1978年却下降到549元,21年不仅没有增加,反而减少了5.7%[①]。

值得一提的是,不科学的积累率概念在实践中很容易使积累基金占一部分必要产品价值的现象,不仅在我国有所表现,沿用这一概念的东欧国家也累有发生。

总之,$\frac{X}{V+M}$不是科学的积累率概念,不能作为社会主义的积累率。当然,我们并不是说$\frac{X}{V+M}$毫无意义。它有助于我们观察某一时期积累基金在整个国民收入中的比重进行经济分析。但它只在这个范围内才是有意义的。如果一定要把它作为积累率,那势必在理论上违反马克思关于剩余产品是积累的唯一源泉的原理,在实践上挤占人民的消费,给国民经济的发展带来损失。

---

①见马洪、孙尚清主编的《中国经济结构问题》(下)第576—578页。

三

我们认为马克思分析资本主义再生产时所说的积累率公式 $\frac{M-\frac{M}{X}}{M}$ 同样适用于社会主义。当然，$\frac{M}{X}$ 在这里代表的不是资本家的个人消费，而是非生产领域的消费以及剩余产品价值中用于提高劳动人民消费水平的部分。恩格斯说："劳动产品超出维持劳动的费用而形成的剩余，以及社会生产基金和后备基金从这种剩余中的形成和积累，过去和现在都是一切社会的、政治的和智力的继续发展的基础。"[①]因此，社会主义的积累也只能来自劳动者的剩余劳动为社会创造的剩余产品。因为社会主义生产与资本主义生产虽然有着本质的区别，但都是社会化的大生产，都要扩大再生产，与此相联系的积累率范畴，只要抛掉资本主义的性质，同样也适用于社会主义。我们不能为了强调经济范畴的历史性而忽略了它所同时反映的社会再生产过程的共同点。

把 $\frac{M-\frac{M}{X}}{M}$ 作为社会主义积累率，首先是因为它符合马克思主义的原理，使人们能一目了然地看出社会主义积累基金的源泉只能是剩余产品价值。这一点不仅在理论上是重要的，也有实际的意义。因为劳动者为社会创造的剩余产品价值，最初是体现在企业销售总收入扣除原材料、工资等成本费用以后的企业纯收入即企业盈利。在其

①《马克思恩格斯选集》，第 3 卷第 233 页。

他条件相同时,企业盈利越多,积累的可能性就越大。所以,$\frac{M-\frac{M}{X}}{M}$能使人们清楚地认识到,要增加积累,就必须发展生产,提高劳动生产率,节约活劳动和物化劳动,提高产品质量,改进产品品种,不断增加企业盈利。这是增加积累的根本途径。

把$\frac{M-\frac{M}{X}}{M}$作为社会主义累积率,也是社会主义基本经济规律的要求。在社会主义社会中,个人生活消费不仅是社会再生产得以顺利进行的重要条件,而且是社会再生产的根本目的,成为社会再生产运动的出发点和归宿。社会主义基本经济规律的客观要求是要保证劳动者的物质文化生活水平随着经济发展而不断提高。注意,是"不断提高",而不是原封不动,更不能是有所下降。因此,积累基金就不能等于剩余产品的价值,更不允许超过剩余产品的价值,否则就不能逐步改善人民的生活,充分调动劳动人民的社会主义积极性,从而也不利于社会主义经济高速度发展。把$\frac{M-\frac{M}{X}}{M}$作为社会主义的积累率,在理论上划清了积累的最高上限,在客观上保证了积累基金不超出剩余产品价值的范围。它可以使人们准确地掌握把剩余产品价值中多大的部分用于积累,从而将多少用来改善人民的消费,从方法上反对和否定了那种用压缩人民消费、降低人民生活水平去增加积累的"揠苗助长"的做法。

现在,我们总结以往的教训,特别强调在确定积累率时,一定要把不降低劳动人民当前的消费水平作为积累的最高限,并且企图寻找一个最佳积累率,这是很必要的。但是,如果继续用$\frac{X}{V+M}$作为积累率概念,就很难使积累基金不突破这个最高限,因为这个最高限在$\frac{X}{V+M}$这种积累率中实际上是很难把握或者说是无法把握的。

大家根据过去的实践,比较一致地认为,$\frac{X}{V+M}$的最高限不能超过 33%,而以 25%左右为最佳。这个经验数字不能说没有价值,然而,这毕竟只是一个经验数字,随着国民收入及其各部分间比例(V:M)的不断变化,这个经验数字就不见得适用,它很可能还会出现$\frac{X}{V+M}$中的 X 超过 M 而侵占一部分 V 的情况。相反,用$\frac{M-\frac{M}{X}}{M}$这种科学的积累率概念, 就不会发生上述情况因为 $M-\frac{X}{M}$无论如何也不可能大于 M。这是显而易见的。

找出一个最佳的积累率,是保持合理的经济比例关系和调整失调的比例关系的关键,它对保证积累、消费同生产之间的良性循环,对于促进生产稳定增长,都起重要作用。那么,什么样的积累率才是最佳积累率呢? 我们认为,最佳积累率应当是这样的,它能把劳动者所创造的剩余产品价值最恰当地用于积累和消费,使得既能照顾到生产的发展、国家的建设,又能照顾到人民生活的改善,既能照顾到人民的集体利益和长远利益,又能照顾到人民的个人利益和目前利益。

如果我们对最佳积累率作这样的规定没有错误的话,那么很自然,要找出社会主义的最佳积累率,就必须抛弃$\frac{X}{V+M}$这个不科学的积累率概念。因为$\frac{X}{V+M}$不是从剩余产品价值(M)出发的,没有考虑到剩余产品率(M/V),只是按照国民收入量及其增长来确定积累率。而在实际上,积累率的确定,并不涉及国民收入的全部,它只涉及剩余产品量,取决于剩余产品量的多少和剩余产品率的高低。为了更清楚起见,下面用假定的例子来说明我的意思。

假定国民收入为1000,其中必要产品价值V和剩余产品价值V各为500,那么剩余产品率$\frac{M}{V}$=100%。在这里,确定积累与消费的比例,实际上就是如何使用这500M来满足国民经济的需要。国民收入中的另一部分500V,我们实际上并不涉及,因为它只能而且必须作为消费基金,这是我们安排积累和消费所必须遵守的前提。这就如同我们不考虑社会总产品价值中的C一样。

我们再假定国民收入比原来增加了20%,即国民收入总量增加为1200,并且国民收入的这种巨大增长主要是靠增加物质生产领域的劳动者来完成的,这时必要产品价值V=800,剩余产品价值M=400,剩余产品率则=50%(我们这样假设,是符合我国现实情况的)。

把以上两个例子加以对比,可以明显地看出,在第二种情况下,由于剩余产品量和剩余产品率都有减少,社会进一步发展的可能性比在前一种情况下要小得多,即使国民收入比第一种情况下增加了20%。相反,在第一种情况下,同时增加积累基金和消费基金的可能性比后一种情况下要大得多。

可见,积累基金多少的确定,从而积累率的高低,与国民收入的多少并无直接联系,而是取决于剩余产品价值量和剩余产品率。换句话说,剩余产品价值量越大,剩余产品率越高,安排积累和消费比例时的能动性就越大,积累基金就可以相应地安排得多一些。反之亦然。

当然，我们说积累基金的确定与国民收入及其增长没有直接关系，并不是要否认积累基金与国民收入之间有任何联系。剩余产品价值作为国民收入的一部分，如果撇开其他一切因素，那么国民收入会随着它的变化而变化，从而受剩余产品价值量决定的积累基金，其变化也可能与国民收入的变化在某种程度上有一定联系。但这种联系显然不能作为论证积累率就是积累基金在国民收入中所占比重的根据，更不能由此得出积累率的高低取决于国民收入增长的结论。它们之间的这种联系，毕竟只是表面的、外在的，作为科学的积累率概念，要求我们必须透过这种表面现象去找出它们之间某种更本质的联系。前面的例子和分析，表明了积累基金量是由剩余产品价值量来规定的。

探求最佳积累率的同志，其实也都隐约地感觉到了积累盘和剩余产品量之间的某种联系，感觉到了积累率并不直接由国民收入及其增长情况来决定，因而，他们几乎无一不声称最佳积累率不应是固定的。我们不禁要问，如果最佳积累率是不固定的话，那我们何必还要来寻找和论证呢？这无异于说最佳积累率是不存在的。这正是把$\frac{X}{V+M}$作为积累率所得出的必然结论，反证了$\frac{X}{V+M}$不可能是科学的积累率概念。如果使用科学的积累率概念$\frac{M-\frac{M}{X}}{M}$，那么，最佳积累率无疑是存在的，并且在一个较长的时间内也是固定的。

我们如果假定基期的$\frac{M-\frac{M}{X}}{M}$=50%时为最佳，即假定把剩余产品价值的一半用于积累，另一半作为非生产领域消费和作为为提高人民消费水平而追加的消费基金这样的分配为最佳方案，那么可以设想，无论是国民收入还是剩余产品价值在下一年怎样发生变化，50%这个积累率仍将是最佳的，它同样能保证将剩余产品价值的一半用于积累，另一半的一部分除了维持非生产领域的消费外，其余部分则用于提高人民的消费水平。剩余产品价值量越大，用于积累和消费的追加基金就可以同时都增加得快一些，剩余产品价值量较小，则二者就都增加得慢一些。但不管怎样，它都能保证做到最佳积累率所要求的那样：使每个计划期都既增加积累，又增加消费，既不拖延人民消费的提高，又不忘记积累的增加。

可见，要探寻出一个最佳积累率，也必须首先有一个科学的积累率概念作前提，而这个科学的积累率概念就是$\frac{M-\frac{M}{X}}{M}$。

（原载《晋阳学刊》1984年第1期）

政治经济学社会主义部分的最基本范畴初探

要建设政治经济学社会主义部分的大厦,必须首先弄清楚它的最基本范畴。本文拟就这一问题作如下初步探讨。

一

在资本论中,马克思曾把剩余价值作为政治经济学资本主义部分的最基本的范畴,并围绕它对剩余价值的生产、实现、分配依次进行了详细的考察,从而揭示了资本主义社会运动的规律。我们在探讨政治经济学社会主义部分最基本范畴的时候,对社会主义是否仍然存在着剩余价值这一范畴,也就不能不首先加以讨论。

在过去相当长的一段时间里,这是一块禁区。因为斯大林在《苏联社会主义经济问题》一书中说过:“必须抛弃从马克思专门分析资本主义的《资本论》中取来的而硬套在我国社会主义关系上的其他若干概念。我们指的概念包括‘必要’劳动和‘剩余’劳动,‘必要’产品和‘剩余’产品,‘必要’时间和‘剩余’时间这样一些概念。”(见该书第13页)但是,马克思在《资本论》中却曾写道:“一般剩余劳动,作为超过一定的需要量的劳动,必须始终存在。”(《马恩全集》第25卷第925页)恩格斯在《反杜林论》中也指出:“劳动产品超出维持劳动的费用而形成的剩余,过去和现在都是一切社会的、政治的和智力的继续发展的基础。”(《马恩选集》第三卷第233页)列宁还说过:“马克思认为,产品主要分为必要产品和剩余产品。”(《列宁全集》第6卷第308页)

现在，政治经济学园地上的这块禁区已经被打破，剩余劳动范畴在社会主义社会不仅是客观存在，而且它的重要性已日益被人们所认识。但是，与此同时，近年来国内理论界不少同志又据此提出了“社会主义剩余价值”的概念，认为只要存在商品生产，剩余劳动就要表现为剩余价值。剩余价值是商品经济的一般范畴，在社会主义条件下应称作为“社会主义剩余价值”。我认为这种观点是值得商榷的。

首先，马克思主义经济学认为：“‘剩余价值’是资本主义的特有范畴，它具有严格的、明确的含义。它和劳动力成为商品分不开，它是工人创造的超过劳动力价值以上的余额。”(《资本论》第一卷第243页)社会主义制度的建立，已从根本上否定了劳动力成为商品的任何可能性，与此相应的“剩余价值”范畴当然也就不存在了。

主张存在“社会主义剩余价值”范畴的同志，常常以马克思的两段话作为理论根据，这里对此谈点看法。

第一段话就是：“如果我们把工资和剩余价值，必要劳动和剩余劳动的独特的资本主义性质去掉，那么，剩下的就不再是这几种形式，而只是它们的为一切社会生产方式所共有的基础。”(《资本论》第三卷第960页)不少同志正是由此产生“把剩余价值从资本主义制度下解放出来，就可以完全为社会主义服务”(见《学术研究》1980年第5期卓炯文)的误解。剩余劳动是剩余价值的基础，而在资本主义社会剩余价值是剩余劳动特殊的表现形式。马克思在这段话明白地告诉我们，把剩余价值的独特的资本主义性质去掉以后，剩下的就不再是这种“形式”(即剩余价值)，而只是它为一切社会生产方式所共有的“基”(这就是剩余劳动)。我们怎么能据此就说有一个“社会主义剩余价值”的范畴呢？

认为社会主义也存在剩余价值范畴的同志，引证的马克思第二段话是：“把剩余价值看作只是剩余劳动时间的凝结，只是物化的剩余劳动，这对于认识剩余价值也具有决定性的意义。”（《马恩全集》第23卷第243–244页）不错，马克思确实是这样说的，但是，只要我们看一看马克思在这一段话后所加的一个脚注，就会明白这段话是有其侧重点和针对性的。马克思是为了强调剩余价值的来源在于剩余劳动，而绝不是如罗雪尔之流所说的是来源于资本家的“节俭”等等。如果我们是全面地去理解马克思的剩余价值理论，就会看到马克思从来没有把剩余价值仅仅看作是物化的剩余劳动。“凡是资产阶级经济学家看到物与物之间的关系的地方……，马克思都揭示了人与人之间的关系。”（《列宁全集》第二卷第444页）

主张社会主义仍然有剩余价值范畴的同志，并非不知道这些，而是由于过分强调了剩余价值的物质内容——剩余劳动，把着眼点集中于它们之间的同一性忽视其特殊的社会属性。其实，马克思明确地指出过，“虽然任何剩余价值都表现为某种剩余产品，但是剩余产品本身不代表剩余价值”（《马恩全集》26卷第3册第408页）。当然有剩余劳动，自然就要有它的表现形式，这是逻辑的必然。究竟应当怎样从理论上来论述这一问题，建立一个能确切地表现社会主义剩余劳动的经济性质的范畴，这是政治经济学社会主义部分必须探讨的一个重大理论问题。

二

多年来，对于社会主义剩余劳动的表现形式，很多同志都进行了积极的探讨，除“社会主义剩余价值”以外，还提出了不少概念，下面简单地谈点看法。

1. 关于“剩余产品”和“剩余产品价值”

有些同志主张把“剩余产品”作为社会主义剩余劳动的表现形式。他们认为，社会主义生产目的不是价值增值，而是满足人及其需要，物质形态的使用价值具有重要意义。把“剩余产品”作为社会主义剩余劳动的表现形式能显示出社会主义不同于资本主义的特点。有些同志还指出，列宁在分析社会主义产品的性质时也明确使用过“剩余产品”概念。

我认为，把“剩余产品”作为社会主义剩余劳动的表现形式是不确切的。首先，“剩余产品”本身和剩余劳动一样，也是一个一般概念。马克思说：“只要进行剩余劳动，就能创造剩余产品。”（《马恩全集》第46卷第114页）这个一般概念难以明确显示社会主义剩余劳动的特点。其次，社会主义现阶段的劳动还不是严格意义上的直接社会劳动，社会产品还必须采取商品形式，“剩余产品”不能反映出商品经济的特点。再次，在商品生产条件下仅仅产品实物形态（使用价值）无法在量上划分必要劳动与剩余劳动。最后，列宁虽然指出过社会主义条件下存在剩余产品，但并没有明确把“剩余产品”作为社会主义剩余劳动的表现形式（见《对布哈林〈过渡时期〉一书的评论》1976年版第40页）。

“剩余产品价值”固然在一定程度上可以反映商品经济的特点，但它仍然摆脱不掉“一般化”的缺陷。在其他社会中，只要存在商品交换，剩余产品就有可能实现为价值，也会存在“剩余产品价值”，因此它也不适于作为社会主义剩余劳动的特有形式。

2. 关于“为社会的劳动”，“为社会的产品”概念

斯大林同志在《苏联社会主义经济问题》中曾提出用“为社会的劳动”、“为社会的产品”来取代“剩余劳动”、“剩余产品”等概念，这些概念突出“社会”一词很值得我们重视。第一，明确点出“为社会”这一属性，集中反映了社会主义剩余劳动与资本主义剩余劳动以及社会主义的剩余产品与资本主义剩余产品的根本不同——不再是归资本家私人所有，用于资本家的个人需要，而是归社会所有，用于满足社

会的需要。第二,马克思主义经典作家在论及“为社会”价值的各个组成部分或者说是它的各个更具体的形式时,也特别强调“社会”一词,比如“社会积累基金”“社会消费基金”“社会准备基金”等等。

我们认为吸取斯大林同志的“为社会”用语,结合社会主义仍然存在商品经济这一特点,可从“为社会的劳动”和“为社会的产品”中引申出“为社会的价值”作为社会主义剩余劳动的表现形式。

3. 关于“为社会的价值”

用“为社会的价值”作为社会主义剩余劳动的表现形式有三个意义:第一,社会主义的生产目的,不是追求价值,而是要满足社会需要。剩余劳动所创造的剩余产品,只有符合社会需要,即能够实现为“为社会的价值”,才是满足社会需要的手段;第二,社会主义还存在商品经济,剩余劳动只有用价值来计量,才能与必要劳动相区分;第三,社会需要的多样性,决定了社会不能直接分配物化剩余劳动(即剩余产品)的使用价值,而只能通过它的价值进行集中和分配。

“为社会的价值”概念,一方面保存了斯大林“为社会的劳动”和“为社会的产品”中合理的成分,明确显示出社会主义剩余劳动不同于资本主义剩余劳动的根本特点;另一方面又反映了社会主义商品经济条件下剩余劳动不是直接表现为使用价值形态的剩余产品,而是表现为一定量的价值。我们之所以不直接使用“社会积累资金”“社会后备基金”“社会消费基金”等概念,而用“为社会的价值”是因为探讨社会主义剩余劳动的表现形式,必须区别开不同层次的范畴——不同程度抽象。上述概念都属于剩余劳动分配的更具体的形式,不是剩余劳动最初的表现形式。而研究社会主义剩余劳动表现形式时,应该首先确定它的最初式(或者说一般的形式),然后再分析各种具体形式,否则,把不同层次的概念混淆在一起,就很难加以比较选择。

综上所述,我们认为“为社会的价值”概念较其他各种概念更能显示出社会主义剩余劳动的性质和特点,把它作为社会主义剩余劳动的表现形式比较确切。

三

前面论述了"为社会的价值"这一范畴,那么,它能不能作为政治经济学社会主义部分的最基本范畴?我们的回答是肯定的。

马克思主义政治经济学教导我们,一个社会经济形态的最基本范畴,应该是反映生产关系的根本性质的范畴。必须首先同该社会经济形态的生产目的相一致,成为生产发展的内在经济动力,剩余价值是资本主义经济最基本的范畴就足以说明这一点。

与资本主义生产目的不同,社会主义生产的目的是满足人们不断增长的物质和文化的需要。很显然,和这种生产目的直接相联系的必须是"为社会的价值"。因为在既定水平上增长出来的这部分需要,只能用"为社会的价值"的一部分来满足。如果在社会总劳动时间中所创造的价值只够补偿生产过程中消耗的物化劳动和活劳动而没有为社会的价值,那么,人们不断增长的这一部分物质和文化需要就无法得到满足。

有的同志认为,既然一个社会的最基本范畴是最能反映该社会的生产目的范畴,那么只有"满足需要"才是政治经济学社会主义部分的最基本范畴。对此,我们认为,把越来越充分地满足社会及其成员的需要同"为社会的价值"的生产对立起来是不正确的。社会主义社会的生产目的,不是在虚无缥缈的形式上出现的,不是在物质表现和具体的经济形式之外出现的。

也有不少同志认为,社会主义与资本主义不同,这里占统治地位的范畴是使用价值形态,而不是价值形态的范畴,使用价值形态比价值形态在社会主义条件下更为重要。但我们认为不能因此就得出政治经济学社会主义部分的最基本范畴就是使用价值形态。因为第一，马克思明明说过，研究使用价值，不是政治经济学的任务；第二，在商品和货币关系还存在的条件下，价值和使用价值总是有机地统一在一起的，我们强调价值范畴，并没有贬低使用价值的重要性。因为这里的“价值”，显然是指能实现的价值，而一个产品要实现价值，那当然是有使用价值的。第三，必须采取价值形态的范畴，才能对各种经济现象进行比较、计算，进而有计划地去进行生产。

还有不少同志认为，在社会主义制度下，劳动者的必要劳动所创造的价值（这里，我们为了和“为社会的价值”相一致，且把这部分价值称作“为自己的价值”）与剩余劳动所创造的价值（即我们所说的“为社会的价值”）一样，对劳动者来说，它们都是用来满足人们的需要的。因而认为如果我们把“为社会的价值”作为社会主义政治经济学最基本的范畴，就会忽视“为自己的价值”的重要意义。我们认为这种观点不能令人信服。因为“为社会的价值”是社会主义的劳动者在剩余劳动时间内所创造的，而所谓剩余劳动当然是指超过必要劳动以上的劳动。当我们说到“为社会的价值”的时候，总是以已创造了“为自己的价值”为前提的，不存在忽视“为自己的价值”的问题；其次，社会主义不同于资本主义制度，它本身就要求不断地提高人们的物质文化生活水平，这部分“不断增长”的需要的满足，只有靠“为社会的价值”部分，所以把“为社会的价值”作为政治经济学社会主义部分最基本的范畴，是同社会主义制度本身相适应的。

过去，很多同志对政治经济学社会主义部分的“红线”问题，曾进行了有益的探讨，这对弄清最基本范畴，也有启发作用。有的同志认为，这条红线是社会主义的基本经济规律，有的同志认为应该是物质利益原则，还有的同志说，有计划、按比例应该作为红线。另外，孙冶方同志则始终坚持着讲求经济效果（效益）才是红线的观点。

尽管在“红线”问题上还有这样大的分歧，但我认为为社会的价值应是政治经济学社会主义部分最基本的范畴，这是毫无疑义的。社会主义基本经济规律，它的核心应该是“为社会的价值”，这一点，我们在前面已经分析过了。关于社会主义的物质利益原则，其实也还是“为社会的价值”在国家、集体、个人三者之间的创造和分配的问题，它的核心也在于“为社会的价值”。至于把有计划、按比例作为红线，也应该把“为社会的价值”作为最基本的范畴，因为计划和比例，在社会主义制度下，归根结底也还是剩余劳动及“为社会的价值”在各部门之间的分配和使用问题。

孙冶方同志主张把经济效益作为红线的观点，我是很赞赏的。但我并不完全同意孙冶方同志关于把劳动生产率作为经济效益的核心的看法。我认为，在存在商品生产和商品交换、实行按劳分配、企业实行独立核算条件下，最实际、最具体、最全面、最有意义的提高经济效益并不完全在于提高劳动生产率，而在于增加“为社会的价值”（对企业来说当然就是增加盈利）。马克思说：“劳动生产率的提高，只不过表明，……较少的必要劳动生产较多的剩余劳动。”（《马恩全集》第46卷上第364页）社会主义经济效益问题，从本质上说，也是一个“为社会的价值”的问题。

如果按照我们的分析，为社会的价值应该作为政治经济学社会主义部分最基本的范畴。那么政治经济学社会主义部分的体系结构又应该按照什么样的原则来安排呢？我觉得，在这方面，我们仍旧可以向《资本论》学习。《资本论》三大卷紧紧围绕着剩余价值这一最基本范畴，按照剩余价值的生产、实现和分配这样的总体结构来安排，并且在每一大卷中，也是紧紧围绕着这一最基本范畴，根据从简到繁的逻辑层次，通过相应的经济范畴的分析，来揭示资本主义经济关系的实质及其运动变化的规律，《资本论》体系结构之严密，无与伦比。

社会主义生产还要采取商品生产的形式，社会主义经济的运动过程，不仅仅是产品的生产过程和分配过程，还有一个社会主义的流通过程。同时，社会主义的生产，客观上也有一个总过程。社会主义科学工作者、教育工作者、经济组织工作者、文化艺术工作者等都是物质生产和精神生产的直接或间接参加者，都要参与社会主义生产的总过程或与各生产部门和流通领域中的劳动者互相协作，相互交换自己的活动。我认为，政治经济学社会主义部分的总体结构，也要围绕"为社会的价值"这一最基本的范畴，按照社会主义生产过程（即为社会价值的生产）、社会主义流通过程（即为社会价值的实现）、社会主义生产总过程（即为社会价值的分配）这样三大部分来安排。至于每一部分应包括哪些内容，已经超出本文的范围，在此就不赘述了。

（原载《社会科学辑刊》1985 年第 1 期）

所有权分享:国有企业改革的理论基础

如何搞活国有企业，近年来，理论界对这一问题的研究各辟蹊径，从不同角度以不同思路推进了对这一重大问题的探讨。笔者认为,从根本上看,改革还是要以理论的突破为先导,特别是基础理论的完善程度直接决定和影响着改革实践进程的快慢。为此,本文拟从完善改革的理论基础的角度对此发表一些意见，期望对于理清符合我国实际情况的搞活国有企业的基本思路,能有一定的帮助。

一、理论反思:现行理论基础的缺陷

改革以来,我们一直把扩大企业自主权作为重要立足点,提出了所有权和经营权适当分开的理论，并把这一理论作为我国国有企业改革的理论基础，这无疑是一种突破，在实践中也取得了一定的成效。但这种突破和成效是相对于传统体制而言的,带有改革起步阶段的性质。实际上,回顾我国国有企业的改革历程不难发现,国有企业有没有活力,在多大程度上具有活力,始终伴随着国家对企业自主权的放或收而呈现出明显的起落和摇摆特征。如果我们不是仅仅满足于这样一种表层的认识，而是循此作进一步的分析，同样也不难发现,改革实践中的摇摆和国有企业至今缺乏活力的深层根源,在于我们一直坚持的国有企业改革的理论基础——“所有权和经营权适当分离”——本身存在着缺陷,随着时间的推移和实践的展开,它越来越暴露出明显的弊端[①]。

1. 难以真正实现政企职责分开

按照所有权和经营权适当分离的理论，作为国家代表的政府与企业的关系,充其量只能类似于“股东”与“经理”之间那种授权者与被授权者之间的关系，这虽然已不同于旧体制下的直接行政隶属关系，但授权的大小和时机仍然主要取决于政府的意志，企业不可能“无上级”，从而使社会主义市场经济所要求的政企职责分开在现实中难以真正实现。

2. 企业难以具有稳定的权力

从实践上来看,两权分离后,国家把一部分权力交给企业,虽然使企业的自主性得到了增强，但由于这里终究只是将经营管理企业的权力在政府与企业之间实行分离而非交给企业，加之这种分离又是“适当”的,这就必然使分给企业的经营权具有很大的弹性,致使企业经营者缺乏稳定感、使命感和责任心,进而影响职工的生产经营积极性的发挥。

3. 造成企业目标的超短期化

在社会主义制度下，虽然从根本上说国家利益与企业利益是一致的,但也必须承认,二者毕竟还是有差别的,企业的行为在更多的情况下要受个人利益和集体利益的影响。从市场经济的角度看,国家利益对于企业来说总是带有某种间接性和抽象性，只有职工的个人利益和企业的集体利益才具有直接性和具体性，这就必然导致企业绝不会为了实现抽象的利益而抛弃具体利益，也不会以非所有者的

---

①这里之所以使用“进一步”的字眼,是因为作者早在 1988 年就曾经提出过这一问题。参见高新才主编:《改革实践与选择》第 9 章,甘肃人民出版社 1989 年版。

身份积极地为所有者进行积累的短期化行为的产生。

4. 造成国家与企业的新矛盾

在所有权和经营权适当分离的条件下,企业作为商品生产者,需要有尽可能多的自主权,而国家作为生产资料所有权的代表,为了便于控制和调节,又必然不能将全部经营权交给企业,企业要利用手中的权力去积极实现集体利益和职工利益,而国家则要利用掌握的所有权和一部分经营权去干预企业经营以便进行宏观控制,以维护国家利益,双方都力争权力越大越好。因此,只要存在所有权和经营权的相对分离,国家和企业之间留权和扩权的矛盾就不可避免,在这种情况下,企业为了保证自身的利益,又势必产生诸如尽可能隐瞒生产能力,同国家讨价还价、编制"两本账"来应付上级检查等一系列新的不合理行为。

5. 有悖于社会主义市场经济的理论

我们知道,不同所有者的存在,是建立市场经济体制的决定性因素。因此,如果承认在国有经济当中也存在实质性市场关系,那就必须肯定国有企业间的交换也包含着商品所有权的让渡和转移。然而,按照所有权和经营权适当分离的理论,不同国有企业间只是同一所有制内部的不同经营单位的关系,依然类似于同一经济实体的关系,他们不可能成为真正的自主的经济实体,不发生所有权的让渡和转移,这样,社会主义市场经济体制的实质性关系,事实上也就成了问题。所以,要真正建立社会主义市场经济体制,就必须对所有权与经营权适当分离的理论有所突破,就必须在国有经济内部找到企业成为真正的市场主体的经济依据。

二、所有权分享:深化国有企业改革的理论基础

由于所有权与经营权适当分离的理论存在着上述明显的弊端,在这一理论指导下的承包经营责任制随着实践的推进其局限性也引

起了理论工作者和实际工作者的普遍关注,于是,在我国改革中几经沉浮的股份制主张近年来又一次成为改革国有企业的热门话题,但是,在笔者看来,虽然股份制本身具有很多优点,但要把它作为国有企业改革的一般模式,在我国现阶段则是很不现实的。由于笔者对此已经有专文阐释,在这里就不再赘述了[①]。

需要指出的是,笔者反对把股份制作为我国国有企业改革的一般模式,并不意味着反对在一些已经具备实行股份制条件的部门和地区,把一部分国有企业变为股份制企业,更不意味着反对股份经济在非国有经济领域中的广泛发展,恰恰相反,股份制作为社会化大生产条件下市场经济发展的必然要求,今后在我国一定会具有极强的生命力。但是,股份制的较快发展,绝不意味着股份制就是我国国有企业改革的一般模式。

既然不能把股份制作为国有企业改革的一般模式,现行所有权与经营权适当分离的理论又欠完善,那么,该怎样深化国有企业的改革呢?市场经济的发展历史表明,企业作为市场主体的深层支撑力来自它们彼此独立而明确的经济利益,并且这种利益要进一步转化为独立而明确的资产产权。因此,笔者认为,对国有资产的所有权实行在国家和企业间的分享,可以作为深化我国国有企业改革的理论基础。

所谓所有权分享,即在国家和企业之间实行对生产资料法律上的所有权与经济上的所有权的分享,也就是在一定时间内,国家只是在价值上拥有企业的法律上的所有权,企业全部资产的经济上的所有权则属于企业。后者可以继续保持现有资产的物质存在形式,也可以变换它们的实物形式,只是需要维护其价值的完整性而已。

---

①参见拙文:《论我国国有企业产权的明晰化》,载《兰州大学学报(社会科学版)》,1993年"市场经济专辑"。

把所有权的分享作为深化国有企业改革的理论基础，显然必须以所有权在事实上存在法律所有权和经济所有权的区分为前提。那么，这种区分在事实上是否存在？指出这种区分有无理论根据？对此，我们只要看看马克思的一段论述就不难理解。马克思在分析借贷资本的职能时指出："事实上贷款人卖给产业资本家的，即在这次交易中发生的，不过是贷款人把货币所有权让给产业资本家一段时间，他在一定期间让渡自己的所有权，也就是产业资本家在一定期间购买这个所有权"。"这样，利息，而不是利润，表现为从资本本身，因而从单纯的资本所有权中产生的资本的价值创造；因此，利息表现为由资本本能地创造出来的收入。……这种形态之所以必然产生，是由于资本的法律上的所有权同它的经济上的所有权分离，由于一部分利润在利息的名义下被完全离开生产过程的资本自身或资本所有者所占有。"①

从马克思的论述中，我们不难看出：第一，借贷资本家只拥有法律上的货币所有权，并据此获取利息，而产业资本家则在借贷期间取得了对货币在经济上的所有权，并借此得到利润，利息就是借贷资本家把货币这种资产的经济所有权分享给产业资本家而取得的"报酬"。第二，资产的法律上的所有权与经济上的所有权的区分在事实上是存在的，二者有着显而易见的区别，它们完全可以彼此独立。因此，对我国国有企业的资产在国家和企业之间实行所有权的分享，在理论上是有充分根据的。

三、基本对策：割断政府与经济环节的血缘关系

为了深化企业制度创新，使企业成为真正的市场主体，笔者主张

---

①《马克思恩格斯全集》，第 26 卷 I，第 510、511 页。

在实行所有权分享的基础上，应当主要把工作的重点放在按照市场经济原则来调整分权结构方面,其基本对策是:

1. 加快国家两种经济职能的分离过程

从我国的实际情况来看，国家具有而且今后还将必然具有双重的经济职能，这就是作为国有资产的法律所有者的职能和作为社会经济管理者的职能。这两种不同的经济职能不仅遵循的目标函数与价值评判标准不同，而且它们在现实经济运行中要分别通过不同的对象和途径来体现。

加快国家两种经济职能的分离过程，首先要求把两个相应的主体从组织上分开。国有资产组织作为国家的经济主体掌握国有资产的法律所有权,政府控制机构行使经济监督和调控的权力。其次,两个主体的目标要真正分开并尽快加以明确。国有资产组织以维护国有资产的完整性和增值性为目标，而国家行政主体则把维护经济运行的协调有序作为目标。当然,与这种职能的分离相适应,目前要加速财税制度的改革进程,彻底实行利税分流。

2. 对国有资产的法律所有权要实行专业化管理

为了使享有资产经济所有权的企业真正摆脱享有资产法律所有权的国有资产组织对微观生产经营活动的随机干预，笔者主张对国有资产的法律所有权要实行专业化管理，即国有资产管理机构的设立要打破行政区划的限制，按照资产的经营性质如将其类分为化工资产、纺织资产等来设立,这样,不仅可以使国有资产组织名副其实,而且能避免企业再次成为受控于各级地方政府的行政化的附庸。

3. 加速国有企业非行政化的改革

如果用现代市场经济的眼光回过头去审视我国国有企业的话,我们首先就能发现，把国有企业从一建立就作为经济和行政的混合物,让它同时具备经济和政治、追求生产目标和追求社会公共目标这样两重身份,本身是一个很大的失误。因此,根据社会主义市场经济体制的要求,必须加速国有企业非行政化的改革,并通过这项改革,要使企业作为市场主体摆脱承担社会公共事务的困扰,这些公共事务要逐步转到社会和政府的肩上,企业只追求生产和利润化目标,并通过具有法律约束的市场参数如纳税等接受政府的宏观调节,而不承担地方政府随机命令的义务。

4. 加快地方行政改革压缩地方政府机构

笔者认为,深化企业改革,加快市场发育,当前最重要的是加速地方行政改革。如果地方行政机构依然保持庞大的规模,其内部组织不重新调整,行政人员不大大缩编,不但难以达到精简行政机构和行政人员从而提高行政效率的目的,而且也不可能真正实现政企职责分开,不利于社会主义市场经济体制的建立。

四、前景展望:国有经济内涵的充实

对市场经济所固有的生产资料的双重所有权实行国家和企业的分享,不仅对重构我国的微观经济基础有着重要意义,而且从总体上可以使国家所有制经济具有更加充实的内涵。

第一,对国有企业生产资料的法律所有权与经济所有权在国家和企业之间实行分享,有利于企业成为市场经济的主体。我们知道,尽管在传统的国家所有制理论中,仍保留着经济基础和上层建筑的概念,但由于它把经济基础和上层建筑这两个不同的层次,表现为国家政权机构和国家经营企业的机构这样两个国家本身的层次,因而在实际上使得企业作为社会独立的、具有自己特殊本质的经济基础的性质被取消。改革以来按照所有权同经营权适当分离理论而进行的各种探索,虽然使企业的自主权明显增加,但从本质上看,企业仍具有国家行政机构的附属物的性质。只有实行所有权分享,才能既使作为上层建筑的资产法律所有权与作为上层建筑的国家及其代表——各级政府相结合，又使作为生产关系的资产经济所有权与作为经济微观基础的企业相合一，这不仅能够避免国家各级行政部门对企业的直接干预，而且能解决目前由于企业缺乏所有权而产生的行为短期化的问题。

第二，总结历史教训，从我国实际出发，我们已经把建立社会主义市场经济体制作为我国经济体制改革的方向和目标模式，然而从理论上如何说明国有企业之间的关系在本质上也是一种市场交换关系呢？最为普遍也最具有代表性的观点就是用各国有企业存在的相对独立的经济利益来解释。笔者认为，在实行所有权分享的条件下，这一理论上的难题才能真正获得解决，因为就企业生产关系的规定性来说，各个企业具有资产的经济所有权，表明它们就是不同的所有者，从而，它们之间的产品交换就只能是一种市场关系，即商品的交换关系。

第三，实行所有权的分享，有利于将国家对企业的控制从传统的直接控制为主转变为市场经济体制所要求的间接控制为主。因为在国家对企业资产只有价值上的法律所有权的情况下，与企业直接发生联系的只能是市场，直接引导企业的是市场信号，主要是价值规律这只看不见的手行使指挥功能，尽管另一只看得见的手也在工作，但绝对不像过去那样直接触及企业，而只能是伸向市场，利用市场机制的功能去发挥作用。

第四，实行所有权的分享，既可以坚持公有制的性质不变，也可以最终解决国有企业负盈不负亏的问题。改革以来，国家对企业的扭亏增盈工作采取了很多措施，也关停并转了一些亏损企业，但时至今日仍有相当数量的国有企业发生亏损，致使国家财政补贴有增无减。也正是基于这一基本原因，股份化的呼声不绝于耳。笔者反对把股份制作为国有企业改革一般模式的原因，除了已经述及的一些直接原因，还有很重要的一点，在于虽然现阶段人们强调国家股占大头从而不会引起公有制性质上的变化，但进一步分析不难发现，这种理由是不能成立的。因为股份制的常识告诉我们，真正的股票是要进入流通的，国家掌握的股票也不例外，即使今天占了大头，随着流通谁能保证其永远都占大头呢？何况这种占大头的规定与市场经济体制对国家的要求本身也是不符的。应当说，从我国当前实际出发，实行所有权的分享不失为一种解决公有制与效率之间的矛盾的现实选择。

第五，实行所有权的分享，能为企业家的形成创造良好的条件。建立社会主义市场经济体制，最需要的人才就是企业家，但只有真正的企业才会出现真正的企业家。界定国家和企业的所有权关系，推进政企分开，正是为企业家们脱离"国家干部"的行政官员评价系统创造条件，为形成企业家评价系统和竞争机制开拓道路。

总之，笔者认为，在所有权分享的基础上不断深化国有企业的改革，对企业、对政府、对当前、对长远都是极为必要的。对企业来说，这种分享意味着将摆脱政府的行政干预，真正成为经济实体。对政府来说，这种分享将使其处于超然的地位，避免与企业的讨价还价和对亏损企业进行补贴的财政重负，从而有助于改善其形象，使它更加廉洁和更有效率。对当前来说，跨出这一步，可以从根本上确立现代企业制度的理论基础，从而完成我国改革中最为艰难的一步。从长远来看，跨出这一步，将意味着社会主义市场经济体制的构建工程踏上一条充满希望的道路。

（原载《兰州大学学报(社会科学版)》2000 年第 3 期）

新比较经济学四大学派的形成及其发展

20世纪80年代繁荣一时的比较经济学因其内在的缺陷以及东欧剧变而在一夜之间陷入困境。但詹科夫、施莱弗等(DLIS,2003)认为:“比较经济学不会消亡。从传统比较经济学的废墟上又浮现出了一个崭新的领域,我们称之为新比较经济学。”①

一、三大经济转变与新比较经济学②三大核心研究领域的形成

从事新比较经济学研究的学者普遍认为,20世纪最后十几年里所发生的三件大事为新比较经济学提供了研究框架。

一是苏东国家由计划体制向市场经济体制的转轨以及中国进行的社会主义市场经济体制改革所表现出来的千差万别性及其各自的绩效表现。由此构成了新比较经济学的核心课题之一,即市场经济在制度方面的差异实际上与它们各自的经济绩效密切相关。

二是1997—1998年发生的亚洲金融危机,促使学者们认识到政治和经济制度与危机之间存在着极为密切的联系(Johnson等,2000)。由此引发的研究课题是,金融危机是否是许多亚洲国家实行政治自

①D jankov,La Porta,Lopez-de-Silanes,Shleifer,Journal of Com-parative Economics,No.12,2003.

②此处所讨论的“新比较经济学”包括Aadrei Shleifei等人开创的“New Camparaive Boonomics”。

由化所带来的灾难性后果？亚洲的经济增长能否与民主制度相容？亚洲各国经济成就的差异以及在危机中的不同反应与各自的制度安排之间存在怎样的内在逻辑联系？这些课题，引起了学者们对市场经济制度安排差异性研究的兴趣，并且开始关注不同制度在应付严重经济冲击时的有效性。

三是欧洲经济一体化与欧盟的发展。欧洲经济一体化与欧盟的不断扩大是当前世界经济发展中的一个重大事件，西欧各国在地方性偏好、法律、习俗和利益等方面存在较大差异，东中欧诸国的加入以及未来几个候选国的加盟已经并将进一步加剧这种差异性。在这种背景下，欧盟将采取何种较优的法律制度、公司治理模式、宏观干预政策、监管制度呢？这些问题都涉及市场经济体制下不同制度安排和模式选择。正是对此类问题的研究极大地促进了新比较经济学的发展。

二、新比较经济学对传统比较经济学的继承与发展

（一）研究对象的继承与创新

新比较经济学摒弃了传统比较经济学的“主义比较”传统，继承了传统比较经济学的基本理念，即通过对不同的经济体制的比较以更好地理解各种经济制度是如何运转的。但新比较经济学新的着眼点在于对各国所实行的不同的市场经济体制框架下的具体制度安排进行比较分析，研究的基本目标是比较分析各国制度的差异及其原因以及它们各自的有效性。施莱弗（Aadrei Shleifei，2002）强调：“新比较经济学集中分析制度的多样性。”青木昌彦（MasahikoAoki，1999）认为，比较制度分析是“通过将经济体制看做各种制度的集合来分析市场经济体制的多样性和活力的”。

新比较经济学在研究对象上的变化，突出地表现为以下三个方面：

1. 从原先宏观的体制视角转为微观化的制度视角,从“主义比较”转变为具体制度差别及其绩效比较。新比较经济学更加重视对劳动雇佣制度、企业制度、金融制度以及监管或调节经济活动的政治法律体制等具体制度的比较分析。蒙泰斯、本·内尔、纽伯格 (J. M. Montias,Avner Ben-Ner,E. Neuberger,1994a)三位学者共同提出了新比较经济学的基本框架,强调对经济体制效果进行比较的重要性,探索将经济体制同环境、政策因素对经济绩效的效应分离出来进行测量的方法,并将学科对象重点放在各种体制下的组织比较分析,如经济组织、政府组织、准政府组织以及体制转轨等。蒙泰斯、本·内尔、纽伯格(J. M. Montias,AvnerB en-Ner,E. Neuberger,1994b)在其合著的《比较经济学》中将学科研究对象界定为:组织的内部结构,行为及目标:组织的不同类型及其控制和代理问题;企业组织之间的联系与超级组织,组织与宏观经济学,制度绩效及其比较;制度变迁的动因及其影响等。美国《比较经济学》杂志主编伯宁(John P. Bonin,1997)坚持该学科研究对象是比较视角下的由“体制(system)”和“亚体制(subeystem)”所引发的“制度(institution)”,“比较经济学家就是要学会识别和认识体制和亚体制下制度安排的复杂性与相互关联”,并且要 “多关注制度的特色, 而不仅只注意体制”。青木昌彦(Masahiko Aoki)等开创的“比较制度分析(CIA)”重点分析“体制内的多样性和体制间的多样性”。施莱弗(AadreiShleifei)指出:“新比较经济学集中分析制度的多样性。”他根据自己的研究,进一步将新比较经济学的研究对象区分为法律和秩序与法律规则。

2. 从原先偏重于体制的一般性问题研究转向重视对制度差异的系统性和特殊性的分析。传统比较经济学偏重于对两大体制各自的一般性特征或普遍性问题进行比较分析,是一种即时的、静态的研究,强调两大体制各自的共同特征,而对两大体制内各个国家的体制差别研究较少，在很大程度上忽视了制度差异的系统性与特殊性问题，更缺乏历史的视角、文化的视角以及民族的视角。

3. 从原先的流于空谈转变为注重可操作性和可预见性。在进行制度比较的过程中，一方面实现了制度研究的理论创新，另一方面加强了理论对现实制度安排差异的解释能力，为制度变迁的前景与可能性提供了令人信服的预见。这一重大转折直接归功于其研究对象的根本转变。

（二）研究方法创新

新比较经济学在方法上力图与新古典经济学接轨并融入主流经济学行列。蒙泰斯（J. M. Montias）等人继承了格列高里等（Gregory，1988）在《比较经济体制学》中以新古典传统的组织理论来研究经济体制的传统，以资源配置效率（广义上包括交易成本）作为评价经济体制的首要以至唯一标准，认为经济运作过程中经济主体的交换关系所涉及的信息和诱因问题，诸如机会主义行为、道德风险、逆向选择等等，是任何经济组织、制度以至整个体制所要解决的问题。新比较经济学在研究方法方面的最重大的创新集中表现在以青木昌彦（MasahikoAoki）等人为代表的“比较制度分析（CIA）”学派身上。新比较经济学研究大量采用主流经济学新近所发展起来的众多新理论，如新古典经济学的组织理论、个体理性与集体理性以及均衡、博弈论、不完全信息经济学，委托代理理论、新制度经济学、产权经济学等。

由此，新比较经济学就站在了经济学发展的理论前沿，用最新的经济学理论与方法展开对制度问题的深入分析，更有可能做出自己独特的理论贡献。

（三）新比较经济学的流派划分

比较经济学家立足于传统比较经济学的废墟，由于各自在具体研究对象、研究方法、研究目标等方面的差异,新比较经济学目前尚不是一个研究对象统一明确、内容体系严谨、内在逻辑一致的比较成熟的经济学新学科，从某种意义上讲它仅仅是一个具有相同的学科路径依赖的、拥有大致类似的研究对象,包括许多具有不同学术背景的学者的这样一个比较宽泛的经济学研究领域，距离作为一门独立的相对成熟的经济学科的目标还有一段漫长、艰辛而不确定的道路。

在此背景下,众多的研究方向或学派构成了所谓的“新比较经济学”。具体来看,在此领域目前有影响的、受到普遍重视的学派大致可以划分成以下四种:一是以蒙泰斯(J. M. Montias)、本·内尔(AvnerBen-Ner)、纽伯格(E. Neubenger)、伯宁(JohnP. Bonin)等为代表的组织研究学派,由于这些学者最初以《比较经济学》杂志为平台、以论坛的形式逐步形成其基本研究框架,且有较多论文在该杂志上发表,所以也有学者称之为“杂志派”①。二是以青木昌彦(Masahiko Aoki)、保罗·米尔格罗姆(Paul Mil-gnum)、钱颖一、约翰·利德巴库(John Litack)、奥野正宽(Okuno-Fujiwara)等为代表的“比较制度分析学派(CIA)”。1990年秋,斯坦福大学研究生院开设“比较制度分析”课程以取代之前的“比较经济学”,由于这些学者大多集中在斯坦福大学研究生院,在课堂教学过程中逐渐形成一个学派,国内有些学者也将其称为“学院派”②。三是阿弗纳·格雷夫(Avner Greif)开创的“制度的历史分析学派(historical institu-tional analysis)”。格雷夫曾参与共同开创了“比较制度分析”学派,但其随后的研究中主要从经济史的角度并借鉴新制度经济学的相关理论而展开，其研究方法主要是将历史经验的归纳分析方法与博弈论框架有机结合,实现了分析方法的重要创新,并取

①②张仁德:《新比较经济学研究》,人民出版社 2002 年版,第 13 页。

得了一系列有影响的学术成果,故取名“制度的历史分析”学派,以区别于比较制度分析与新制度经济学研究。四是以计划经济体制向市场经济体制转轨为基本研究对象的转型经济学(the transitione co-nomics),国内学者也往往翻译为转轨经济学,国内学者称之为“过渡经济学”。这方面的代表性学者较多,其中包括世界一流大学中最有名望的宏观经济学家和微观经济学家,国外如萨克斯(Jeffrey D. Sachs,1992,1993)、斯蒂格利茨(J. Stiglitz,1994)、热诺尔·罗兰(Gerard Roland,2000)、科尔内(J. Komai,1990,1993)等。此外,国外还有一大批以转型研究为目的的研究机构纷纷成立,如密执安大学的威廉·戴维森研究所、斯德哥尔摩经济学院的转型经济学研究所(SITE)、鲁汶天主教大学的LICOS,爱丁堡大学黑里约瓦大学的经济研究和转型中心(CERT)、莫斯科的俄罗斯—欧洲经济政策中心和新经济学院等。

以上四个学派,根据不同的经济学理论,采取不同的方法、从不同的视角展开具体的制度比较与分析,构成了新比较经济学比较宽泛的研究领域,进行着众多的理论创新,得出了众多深刻的、对政策实践产生重大影响的研究结论,日益成为经济学研究中一支不可忽视的力量。

三、新比较经济学四大学派的主要研究进展

(一)组织研究学派的主要研究绪论和成果

组织学派代表人物蒙泰斯是最早主张用现代分析方法取代传统“主义比较”方法的学者之一,主张从经济体制的构成要素方面进行分析。20世纪90年代后,以其为代表的组织学派强调经济体制是由不同类型的组织结合而成的,或者说组织是构成制度的基本要素,不同的组织及其相互之间不同的结合方式与结合程度决定了不同的制

度安排差异。由此也就相应构成了比较经济学研究的基本内容,即为了对不同的体制或体制下的特定制度进行比较分析，比较经济学应该偏重于不同体制或制度下的组织比较分析,研究组织的内部结构、行为及其目标,组织的不同类型及其控制和代理问题,企业组织之间的联系与超级组织、组织的力量与工会、组织与宏观经济学、制度绩效及其比较,制度变迁的动因及其影响等。

以组织比较研究为核心的组织学派，近年来有代表性的成果包括:1994 年美国哈伍德学术出版社出版的由蒙泰斯、本·内尔、纽伯格合著的《比较经济学》一书;《比较经济学》主编伯宁在该杂志 1998 年发表的“the Transition in Comparative Economics”以及这些学者在《比较经济学》杂志上发表的相关论文。

(二)CIA 的主要研究内容及其研究结论

以青木昌彦为代表的比较制度分析,是在思考“苏东社会主义国家的解体及随后的经济转型、硅谷现象及电子商务的出现、欧元统一和市场一体化、日本和东南亚金融危机、非洲持续的种族隔离和长期的经济停滞、金融市场的全球一体化与不断出现的货币危机、对由成员国组成的国际组织的作用的重新审视，以及全球非政府组织影响的加深,等等”问题的过程中形成并不断发展的。他们认为:“这些例子当中的一些就其表面而言可看作是纯粹的市场现象。但如果我们试图更深入地理解这些事件和现象的深层原因及后果，我们不得不将它们的制度方面纳入考察的范围。”比较制度分析赞同新制度经济学关于制度是重要的判断，并在一定程度上同意新制度经济学把制度定义为“博弈规则”的看法。但与后者不同之处在于,比较制度分析试图在一个统一的博弈论框架下分析制度多样性的源泉和影响,而不只是简单停留在积累丰富的制度类型，然后对它们进行任意和随机的分类。比较制度分析强调博弈论分析作为系统研究制度的理论工具本身尚不完备，因为在该框架下研究制度的相互依存性必然会面临这样一个问题——即使面对相同的技术知识和被相同的市场相联结，制度安排也会因国家而异。"因此，为了理解特定的制度安排在某特定国家演化生成的原因，单单囿于博弈论框架本身是不够的，我们必须依赖比较和历史的知识。也就是说，制度分析在本质上是可分析性的，因而被称为比较制度分析（comparative institutional analysis 简称 CIA）。"①

比较制度分析的基本研究设想可以概括为两个方面：首先，将当代不同国家整体性制度安排的复杂性和多样性理解为某种多重均衡现象（共时性问题）；其次，在与均衡制度观相一致的框架下理解制度变迁的机制，同时又允许新奇性出现的可能性（历史性问题）。比较制度分析构建了自己的制度分析的博弈论分析框架，展开对什么是制度、制度如何变迁、制度的多样性与互补性等问题的研究。

在这样一种研究框架下，比较制度分析的研究内容及其得出的研究结论主要包括：

1. 制度观。比较制度分析学派在对制度的分析过程中创立了许多新的概念。在严格概念界定的基础上，比较制度分析认为制度理解是参与人主观博弈模型中共同的因素，即关于博弈实际进行方式的共有信念。更严格地定义则是："制度是关于博弈如何进行的共有信念的一个自我维持系统。制度的本质是对均衡博弈路径显著和固定特征的一种浓缩性表征，该表征被相关域几乎所有参与人所感知，认为是与他们策略决策相关的。这样制度就以一种自我实施的方式制

①青木昌彦：《比较制度分析》，上海远东出版社 2001 年版，第 1—4、28、391—392 页。

约着参与人的策略互动，并反过来又被他们在连续变化的环境下的实际决策不断再生产出来。”可见，比较制度分析将制度安排视为主观博弈模型的均衡表现。这样，制度就具备五个方面的基本特性，即内生性、信息浓缩性、对于环境连续变化和微小震荡的刚性、与相关“域”几乎所有参与人相关的普遍性和多重性。

2. 制度变迁观。比较制度分析学派相应地将制度变迁理解为由于主观博弈模型所导致的行动决策未能产生预期的结果，导致普遍的认知危机，从而博弈参与人协同修正其共有信念，产生出新的主观博弈模型均衡的过程：该学派致力于研究技术和环境变化、政治因素、法律条文、创新实验和文化遗产等方面在此过程中的具体作用。

3. 基本制度类型的区分与比较。比较制度分析学派对那些被认为是基本制度的一般形态一元制度进行了比较研究。一元制度建构于简单的、带有思想试验性质的环境之中，以期反映产权规则、社区规范、自我实施合同、第三方合同实施、组织规范以及国家等基本制度的某些重要方面。

比较制度分析学派强调有效的产权法律来自实践与惯例，而不是相反。通过比较研究，比较制度分析强调，尽管存在利益纠纷，但稳定的产权安排中一定包含某种自我实施的因素，即它的有效运行而不需依靠外生的第三方界定和实施；习俗性产权是一种自我维系的内生性秩序。它产生于自利和理性有限的个人之间的相互作用，一旦确立，就将在纳什均衡的意义上自我实施，没有任何一方想单方面偏离这种状态。

社区规范在私有产权制度和市场失灵的情况下可以成为社会的治理机制，并且在现代环境中同样如此。

比较制度分析学派认为市场治理机制是交易博弈的稳定结果，包括个人信任、交易者社会规范、惠顾关系、俱乐部规范、自我实施

(雇佣)合同、第三方的信息传播、第三方的强制实施、道德准则、法治系统以及数字化实施等，不同的市场治理机制对应着特殊的实施者的内生性博弈规则,在不同的“域”内发挥作用。通过对市场治理机制的细分与比较，比较制度分析学派强调同一市场经济体制安排下的不同的市场治理机制的协调配套,并得出两个基本命题:

(1)即使在发达的市场经济,私有产权和合同也不仅仅由正式的法律系统来执行。包括私人的或公共的、正式的或非正式的多种治理机制形成市场治理结构的整体性制度安排在同时发挥作用。

(2)市场治理结构的整体性制度安排呈现多样性的一个源泉在于各机制元素之间存在的相互支持的互补性关系，由此整体性制度安排的结构可以是内在一致和刚性的。在此,该学派借鉴诺思(North,1990)“历史在起作用”的观点,解释了为什么某种特定的整体安排而不是其他安排出现在一国经济之中的疑问。

比较制度分析学派在科斯(Coase,1937)企业性质观点的基础上进一步拓展,重视对企业间客观存在的结构性差异进行比较研究,并主要从信息结构角度建立起了一种对该学派意义重大的组织结构和准组织结构的分类体系。

比较制度分析学派强调国家不仅仅是一种政府组织或它所制定的规则系统,而且还是约束政府本身的秩序,由此把国家概括为政治域中一般政治交换博弈的多重稳定均衡，其中政府和私人之间将达成某种秩序。该学派把国家归结为三类:民主型、剥夺型和勾结型,并进一步把民主型国家和勾结型国家区分为自由民主型、社会契约的社团主义、市场维护型的联邦主义、发展型国家、微观社团主义和官僚多元主义等多种具体形态。在对这些具体形态进行比较分析的基础上,比较制度分析强调需要利用更多的工具,尤其是分析制度变迁机制和政府与私人部门各种制度安排的相互依存性的工具，进一步在新的国际环境下透视这些国家形态的内在困境及其变革的方向。

4. 基本观点与结论。比较制度分析认为,整体性制度安排是由产生与众多“域”内的相互依存的制度要素构成,这些“域”包括组织场、公司治理、金融、劳动和产品交易、产权界定和合同实施、社会交换以及政治域。由于各“域”内的不同的制度安排以及其间不同方式与程度的内在结合,构成了形形色色的整体性制度安排模式。由于形成各种整体性的制度安排的内生博弈模型的具体要素以及环境的不同,不存在最优的整体性制度安排。信息技术的发展以及全球经济一体化进程在某些方面虽然能够也正在促进全球制度均质化，但比较制度分析强调:“在全球范围演进的整体性制度安排远不会演化成一种跨国企业和全球金融市场主导，并凌驾于国家制度和地域性制度之上的单一和均质的状态。它更应体现为一种复杂的结构,其中起源并演化于不同域的制度,在亚国家、国家或跨国家层面上以竞争或互补方式相互作用。”“国家制度将逐步适应全球变动的技术环境,但这种适应将具有路径依赖的性质。”全球性制度安排变动的双重趋势表现为:“一方面是跨国家制度的重要性上升;另一方面是地域性、国家和地方制度多样性的持续演化。”而正是这种制度的多样性,才“使得世界经济更具抵御意外冲击的耐久能力和对变动环境作出创新性适应的能力。”①

(三)HIA 研究内容与结论

阿弗纳·格雷夫(Avner Greif)意识到博弈论分析作为系统研究制度的理论工具有其不足之处,为了理解特定的制度安排在某特定国家演化生成的原因,仅囿于博弈论框架本身是不够的,必须依赖比较

---

①青木昌彦:《比较制度分析》,上海远东出版社 2001 年版,第 1—4、28、391—392 页。

和历史的知识(Greif,1999)。格雷夫(Greif,1998)建议在运用均衡观点分析制度时,需要利用如下分析程序处理历史信息:根据历史和比较知识对技术与制度因素进行外生与内生性区分;根据外生因素定义博弈的外生规则,建立对应特定背景的博弈论模型并求出均衡解,考察有助于解释内生性制度的性质的那些均衡解,并由此研究哪些历史因素促成了对特定均衡的选择,最终确定历史对制度形成的作用。因此,格雷夫从历史和比较的角度,利用子博弈均衡模型来认识制度的形成、作用及其演化。由此形成的制度观是:经济制度由文化信仰(个人对他人在各种可能性下行为的预期)和组织(即内生的人类设计,它们改变了非技术决定的博弈规则,且只要付诸实施,总要形成均衡)这两个相关要素组成。

制度的历史分析(HIA)的经典研究是格雷夫(Greif,1989,1994)对中世纪后期马格里布商人和热那亚商人的比较分析。格雷夫的分析着眼于制度对经济绩效的影响,强调只有分析经济体系中的社会、文化和政治因素与技术、禀赋和偏好之间的相互关系,才能对经济绩效有所了解。格雷夫认为,经济学界对于经济体系及其路径依赖不管是从历史还是从理论上都没有进行过严格的比较分析。与最终的经济绩效表现相联系,格雷夫通过对信奉集体主义的马格里布商人与信奉个人主义的热那亚商人在交易活动中的制度安排差异及其制度变迁的比较分析,得出以下一般性结论:(1)集体主义制度与个人主义制度各有利弊;(2)由三个因素决定了制度结构变迁的路径依赖性。

(四)转型经济学派的研究及其主要结论

对由计划经济体制向市场经济体制的转型,经济学界的研究可以分为两个基本阶段,即最初集中于转型的政策性建议争论与现在的转型理论构建。

1. 经济体制转型的政策建议争论。国际经济学界在转型的一些至关重要的领域缺乏既存的理论，在所谓“华盛顿共识”的指导下，杰弗里·萨克斯(Jeffrey D. Sachs)所鼓吹的在短时期内实现政治民主化，同时实施价格自由化、产权私有化、全面对外开放等一揽子改革政策的转型“大爆炸(big bang)”或“休克疗法(shock therapy)”引起举世关注，并在学术界引起激烈争论。争论的核心很快集中到转型的速度问题上，并形成了三种不同的政策主张：一是主张或支持大爆炸方式，如阿斯琅德(1991)、伯格和萨克斯(1992)、鲍依科(1992)、拉巴津斯基(1994)等；二是主张或赞成渐进主义(gradualism)改革，如斯维纳(1989)、波兹(1990,1991)、麦金农(1991,1994,1997)、罗兰(1991)、德瓦特里庞、斯蒂格利茨(1994,1998)等，强调改革需要循序渐进；三是强调在某些领域需要大爆炸，在另一些领域需要渐进主义，如科尔内(1990)、布朗夏尔等(1991)以及费雪和盖尔布(1991)等。虽然学者们在转型的策略与速度问题上存在以上激烈分歧，但其依据的理论基础基本是新古典经济学或夹杂着新制度经济学的部分理论，缺乏真正的理论创新或与各相关国家的转型实际缺乏有机结合，主要着眼于对转型政策提供建议。

2. 转型经济学的理论创新。随着各个转型国家转型实践的进展及其绩效表现得渐趋明朗，学者们意识到过分强调改革的速度毫无意义。各国经济转型绩效的巨大差异，在很大程度上取决于其创立的新制度的有效性(Murrell,1995)。20 世纪 90 年代中期以来，经济学界对体制转型研究开始向转型理论构建方向发展。关于转型经济的理论研究集中在：何种程度的国有制是适宜的？政府应实行多高程度的监管？专制或民主与经济改革的绩效，制度移植的可行性，转型制度的必要性等问题上。

(1)转型经济的经济自由化改革四大要素。转型经济学形成的理论共识是转型经济的经济自由化改革，包括四大要素：宏观经济稳定、价格自由化、便利贸易与投资以及汇率合理化、产权体制改革等。

（2）初始条件决定着体制转型的路径、方式与速度及其转型绩效。转型经济学通过对东亚与苏东国家转型实践的比较研究，总结出四大经验教训（Wing Thye Woo，Stephen Parker，Jeffney D. Sachs，1997）：实施以上经济自由化改革以及建立市场经济体制的路径、方式、速度的选择及其绩效表现，受制于转型的初始条件；经济自由化、价格自由化离不开宏观经济稳定和平衡性的宏观经济政策；国有企业建立有效的公司治理是一个充满技术挑战与政治困难的漫长而艰巨的过程；外贸体制的自由化是出口增长的关键动因，其中需求和汇率政策发挥着重要的辅助作用。

（3）基于无序与专制均衡下的制度可能性模型对制度可能性、法律起源、制度转型与制度移植的理论解释。La Porta、Lopez-de-Silanes、Shleifer（2003）等人认为任何社会都面临的两个核心问题就是无序和专制，两者都会带来社会损失，而制度的功能就是控制无序和专制这两个方面的危险。特定社会在特定时期的制度安排总是位于无序与专制之间的制度可能性边界（IPF）上，至于IPF的形状和位置以及有效率的制度选择是由许多因素所决定的。他们把IPF的位置称为“文明资本（civic capital）”，如果社会的文明资本越多，IPF曲线就越接近于原点，人们就越有可能合作。由此，文化、种族异质性及种族冲突、要素禀赋和物质环境、人力资本水平等因素都决定了IPF的位置。最终，对控制无序和专制所形成的不同权衡，就带来了多样性的制度安排。

对无序和专制的控制目的都在于保护产权。LaPorta、Lopez-de-Silanes、Shleifer等人主张保护产权，认为这是决定制度多样性及其对经济绩效产生影响的主要因素。也就是说，法律制度的存在方式与所有经济制度，甚至与经济绩效都是有关的。施莱弗等（Shleifer等，2002）建立了可以进行综合性国际比较的、关于法律制度的衡量指标,这些指标对经济体系和经济绩效有着有意义的影响,并显示出法律制度的本质在很大程度上取决于该法律制度源自哪个国家。La Porta、Lopez-de-Silanes、Shleifer 和 Vishny(1997,1998)明确指出,在保护投资者(法律及其执行的实效性)方面,其法律体系以英国判例法为起源的国家表现得最强,以法国成文法为起源的国家表现最弱,以德国、北欧各国法律体系为起源的国家表现居中;此外,以法国法为起源的国家,其资本市场的发展速度最慢。LISV 强调法律制度不仅外生性地决定了国家的经济架构和经济绩效,其产生的影响还取决于该制度是从哪个国家移植过来的。该观点受到了一些学者的批判(鹤光太郎,2000,2003)。La Porta、Lopen-de-Silanes、Shleifer(2003)等 9 人对各个主要转型经济国家的制度转型与经济绩效进行了实证分析,强调各国经济社会变迁要与其制度可能性相适应,而不能照搬富裕资本主义民主国家的某些所谓理想体制。任何国家的改革都应当依据其本身的制度可能性去加以评价,而不是依据那些基于完美政府和市场的理想化的尺度。同时,所谓好的制度必须因时因地而变。

总体上看,转型经济研究,已经跳出了当初比较狭隘的路径与速度之争,越来越表现出全球性制度转型分析的色彩,市场经济体制内部各种制度之间如何协调配合、共同运转等问题逐渐成为其分析重点。

(原载《经济学动态》2005 年第 12 期)

区域经济整合:一个有价值的研究领域

地区间经济联系状况和经济利益关系状况,在很大程度上成为影响国民经济运行效率的一个重要变量。随着我国市场化程度的不断提高,我国区域经济的发展和相互之间的横向联系有了长足的发展。但在区域经济充满生机和活力的同时,区域经济发展中暴露的一些矛盾日益尖锐,地区间、部门间的分割依然严重,经济内部关联度不高,“行政区经济”“诸侯经济”成为困扰宏观经济管理、阻碍区域经济,乃至全国经济发展的难点之一。区域经济的整合是通过政府管理体制的创新,打破行政区划的人为界线,消除地方保护主义的影响,实现区域经济系统中的各实体要素以及与运行环境间的重新组合优化,使系统内的各种流,包括资金流、信息流、物流、人才流、技术流等的输入、输出更加畅通,更加有序的流动,经济结构更趋合理,使经济区得到充分的发挥,最终达到区域经济整合的理想状态,即区域经济一体化。

一、区域经济整合的背景

区域开放、区域发展模式和区际关系(包括国际经济关系中的区域一体化)是区域经济研究中的关键问题。随着我国经济体制改革的不断深化和区域经济发展格局的变动,区域之间以及区域内的矛盾与冲突已经成为理论研究者必须重视和深入研究的一个重要内容。可以说,实现区域经济整合,使其更有效地配置资源、更安全地与全球空间接入,是新时期中国经济结构调整和区域经济发展的首要任务之一。

(一)世界经济全球化趋势的不断加强

20世纪70年代以来,经济全球化、区域化的趋势日益明显。所谓经济全球化是指世界各国经济在生产、分配、消费等方面所形成的一体化趋势。新世纪经济发展的全球化主要来源于三大推动力量,即技术进步、市场条件和制度创新。在这三大力量的推动下,全球经济日益走向一体化,成为一种不可逆转的历史潮流。世界任何一个国家无论是政治体制、经济体制,还是管理机制体制、市场机制、现代企业制度甚至文化传统,都会不同程度地受到世界经济全球化的作用影响。应该承认,经济全球化已经不再是一个过程,它已经成为一种发展现实。在当前世界经济一体化的趋势下,必然要求一个国家内部的经济一体化,地区经济的一体化。在世界经济一体化进程不断加剧,我国政府和理论界也对亚太地区经济合作表现出极大兴趣的情况下,我国国内区域经济发展呈现出的区域经济分割的“行政区经济”的发展态势,无疑是与整个区域经济发展的潮流相悖的。因此,要实现区域经济发展,中国各地区必须减少内耗,克服冲突、加强合作。应该承认的一点是,在经济发展的今天,谈对内开放与对外开放是同样重要的,正如美国哈佛商学院教授波特认为,强大的本地、本国竞争对手是企业竞争优势产生并得以长久保持的最强有力的刺激。对内开放是对外开放的前提,要开放国门,首先就要打开“省门”“部门”“行业大门”,确保企业在国内充分竞争,进而才能走向世界市场并获得竞争优势。可见,在全球化发展的态势下,实现区域的整合,以合作替代冲突,是关系到区域经济发展的十分重要的问题。

(二)区域空间结构发展的客观要求

区域空间结构是在区域内外长期的政治、经济、社会、文化和宗教等因素共同作用下逐步形成的,区域空间结构一旦形成,即会在相当长的历史阶段内处于一种相对稳定的状态(周志龙[①],1997),这种状态可称之为宏观的“结构惯性”(Structure Inertia)。这种宏观的结构惯性源起于微观的“区位惯性”(Location Inertia)。只有当区域内外条件发生重大转型时,区域空间结构才会缓慢地调整,形成新的空间格局,空间结构自身的这种结构转型功能可以称为“自组织功能”(Self-reor-ganization)。尽管区域空间结构具有自组织功能,但空间结构的重组总是滞后于区域社会、经济的发展,陈旧的空间结构不能按照新的资源空间分配资源(陈修颖[②],2003)。

空间结构的陈旧,也是造成社会经济发展分散性的重要原因。经济合作与发展组织(OECD)与非成员国合作中心(CCNM)在 2002 年 4 月发表了《世界经济中的中国——国内政策的挑战》研究报告,该报告认为,由于中国经济极为分散的状况导致了资源利用的不足和低效,以前推动中国经济增长的重要动力正在失去活力,由于经济日益受制于市场力量,单个部门独立发展的空间不断萎缩,经济问题的相互联系日趋紧密,中国经济已发展到了一个要求对实施改革的方式进行重大转变的阶段。当然该报告中指出的中国经济的分散性有其广泛的含义,经济结构、空间结构、就业结构的分散,都是其中不同的表现形式。仲大军先生(仲大军[③],2002)在《中外管理导报》发表文章指出,产生这种分散性的主要原因就是计划经济体制下形成的等级制、身份歧视和隔离发展的国家战略,它不仅使中国经济结构难以调整,整个国家的经济增长也难以继续。经济的分散性现状在产业结构中的表现就是产业结构的不合理,根据《中国统计年鉴 2004 年》的数

①周志龙.台湾都市及区域发展之变迁[J].城市研究,1997,(1):10-14.

②陈修颖.区域空间结构重组理论初探[J].地理与地理信息科学,2003,(2):65-69.

③仲大军.先有社会整合,才有经济整合[J].中外管理导报,2002,(8):20.

据显示,2003年我国国内生产总值117251.9亿元，其中第一产业17092.1亿元,占14.6%;第二产业61274.1亿元,占52.2%;第三产业38885.7亿元,占33.2%;第一产业就业人员占49.1%,第二产业就业人员占21.6%,第三产业就业人员占29.3%,产业间的就业结构和产值结构呈现出偏差,第一产业的产值仅占国内生产总值的14.6%。但是,第一产业的就业人员却达到49.1%,经济的发展,并没有相应地实现产业结构的高级化。西部地区的情况就更为严重,2003年,西部12省市国内(地区)生产总值达22954.7亿元,其中第一产业4450.4亿元,占19.4%,第二产业9836.1亿元,占42.9%;第三产业8668.2亿元,占37.7%,第一产业就业人员占58.1%,第二产业就业人员占13.9%,第三产业就业人员占28%,第一产业的就业人员很多,而二、三产业的就业人员却相对较少。造成这种状况的原因一方面是农村的资本有机构成较低,生产力水平较低,但城市与农村的人为分割却是一个十分重要的原因,这种人为的城乡分割,不仅使得经济结构难以调整,而且经济发展的这种现状"严重地影响了社会的整合和人口的整合。这种经济发展导致的后果不是整体发展,依然是个别发展,单兵冒进"(仲大军①,2002)。

(三)消除地方保护主义的现实需要

区域经济一体化是一个发展的过程,对于西部来说,最现实的选择就是通过经济区的建立逐步实现区域经济一体化。但是,当前在区域经济发展过程中,存在的一个最大的障碍就是严重的地方保护主义。实际上,中国各地方政府都存在不同程度的地方保护主义,由于区域经济发展不平衡,欠发达地区后发劣势明显,欠发达地区地方政府作为地方利益的总代表往往更倾向于选择地区市场封锁行为,保

①仲大军.先有社会整合,才有经济整合[J].中外管理导报,2002,(8):20.

护本地区短期发展目标,并追求本位利益最大化。改革20多年来,在市场化进程中,欠发达地区与国内发达地区的利益矛盾,总在地方政府的行为上反映出来,这些利益矛盾实际上就是不发达地区的经济发展目标同市场化目标之间的短期矛盾的外在表现。

以地方保护主义为特征的部门分割和地区分割在当前是一个带有普遍性的问题。部门分割表现为政府与企业的分割,主要表现为政府职能与角色的错位。市场经济中政府的经济职能体现于维护经济秩序,改善经济环境,而不是直接参与经济。而企业则是独立的经济主体,按照自身利益自主经营、自负盈亏。尽管改革起步之时我国政府便提出"放权让利""利改税"等一系列方案,但这些方案都只是对企业资产结构的修修补补,企业与政府仍是"分"而不"立",处于"剪不断,理还乱"的尴尬境地。于是,企业无法真正独立,塑造真正的市场主体也便无从谈起。就拿国有资产管理体制来说,十六大之前,我国实行的是"国家统一所有、政府分级监管、企业自主经营"的国有资产管理体制。在这种体制运行中,政府管理国有资产的出资人职责一直由九个部门分割行使,其中五个部门被形象地喻为"五龙治水",即财政部行使收益及产权变更职能;大企业工委或金融工委行使选择经营者的职能;国家经贸委行使重大投资、技改投资的审批及产业政策的制定,国有企业的破产、重组、兼并、改制等职能;国家计委行使基本建设投资管理职能;劳动部负责审批企业工资总额。实践表明,这种"五龙治水"的管理格局不仅没有解决国有资产出资人缺位问题,还在一定程度上阻碍了深化国有企业改革的进程。应该说,这种管理体制实际上是计划经济体制的遗留,是导致政府经常出现不规范施政行为的深层根源。

地区分割导致各区域在经济发展中联合协作和封锁并存,区域之间和各区域内部摩擦加剧。其主要表现就是80年代初,为了保护本地幼稚的加工工业不受外地产品的冲击而采取的一系列保护措施;80年代后期不断发生的“烟叶大战”“羊毛大战”“蚕茧大战”等农副产品和原料的争夺大战以及区域间贸易壁垒的客观存在。这些区域冲突不仅严重破坏了区域经济关系,而且引发或加剧了一系列重大的宏观与中观问题,如重复建设、产业结构同构化日益严重,造成资源的极大浪费;许多地区在谈区域发展时都是在个别区域内,从本地的资源出发,脱离区域之间的区域分割谈地方经济的发展,片面强调地方利益,使得区域分工弱化,分工利益丧失,产业的空间组织缺乏专业化的协作;在地方保护主义的纵容下“假冒伪劣产品”横行等等一系列问题。

通过区域经济整合,建立经济区,根本意义是打破行政区界限的束缚,经济区不应该也不可能有明确的行政区域界限。因为,作为跨区域的经济区的建立,不是以某个距离数字为“界”的固定、封闭的地域组织,而是一个相互开放、功能互补、协作互动、各具特色的整体经济区域。因此,它不应是封闭的“地理圈”,而应是开放、跨区域联系的“概念圈”。而按经济区社会经济与环境功能的整合需求及发展趋势,通过对现有行政区进行以政府治理为主的区域经济整合,加强各区域间合理的分工与协作,消除区划或行政壁垒,是实现资源和要素的合理流动,实现经济区域经济整合与一体化发展的充要条件。

二、我国区域经济发展阶段的演变

按照区域经济发展的内在要求及其规律,在一个国家的行政地域内,由于不同行政单元之间不存在关税等贸易壁垒,全国更应该是一个统一的大市场,各种生产要素在不同行政区之间进行自由的跨界流动和重组,呈现一体化的发展态势。但在某种程度上,一个国家区域经济发展的总体格局,与其特有的历史文化传统和政治、经济体制紧密相关,在不同的政治体制背景下,区域经济发展也会呈现不同的运行模式,表现出明显的阶段性。如果把具备全国统一市场的经济发展看成真正的区域经济一体化,则行政区经济是我国经济发展过程中出现的一种特殊经济现象,而区域经济的发展阶段则经历了高度计划体制下的条块经济—体制转轨中的行政区经济—市场经济体制下的经济区经济(即跨区域经济区的建立与完善)—市场经济体制成熟期的区域经济一体化等四个阶段(陶希东①,2004)

由于区域经济发展差距和空间差异,区域经济发展阶段的演变并不是遵循着统一化的区域整体演变,其演变过程受到区域市场化程度的影响。如在我国经济发展水平较高的珠江三角洲、长江三角洲和京津冀地区已经开始了由行政区经济向经济区经济的转变,并开始向区域经济一体化发展,这些区域无论在政府职能的转变和相关配套设施的建设与完善方面都取得了显著成效,而经济发展水平较低的中西部地区也在加快经济发展,消除诸侯经济和地方保护主义的影响,加快经济区的发展,当全国市场经济体制成熟和统一市场建立之时,也就达到区域经济整合的理想状态——区域经济一体化。

三、行政区与经济区的内涵与特征

行政区是指为实现国家的行政管理、治理与建设,对领土进行合理的分级划分而形成的区域或地方。行政区域是行政区划的结果,最本质或主导的特征是它带有明显的政治色彩,是一种有意识的国家行为。行政区域产生的一个重要的原因是为了国家管理的需要,一个国土面积较大的国家,其政体可能是联邦制,也可能是共和制,但为

①陶希东,跨省都市圈的行政区经济分析及其整合机制研究——以徐州都市圈为例.华东师范大学2004届博士学位论文。

了最有效地行使国家权力控制全国，它们都把一级基本行政区作为分权的主体，通过它们来最有效地控制全国。行政区域作为政治共同体的本质决定了区域划分的首要原则是政治原则。保障统治关系的安全、稳定成为行政区域的首要任务。行政区域的设立最终依据的是政治的评价标准，其他因素，不论是经济、民族，还是军事等因素考虑，都最终围绕政治的目的。人、疆土和政治等级的划分构成行政区划政治原则的主要内容。表 1 列举的是我国与其他几个大国的行政区等级体系状况。简单地讲，行政区划是对行使国家管理权力的地域划分，包括地域范围和等级层次的划分，属于上层建筑和政治体制的范畴。因此，行政区划的首要任务，是要使其有利于搞好各级政府管理好社会，有利于国家的长治久安和政权的巩固”（胡序威[①]，1999）。

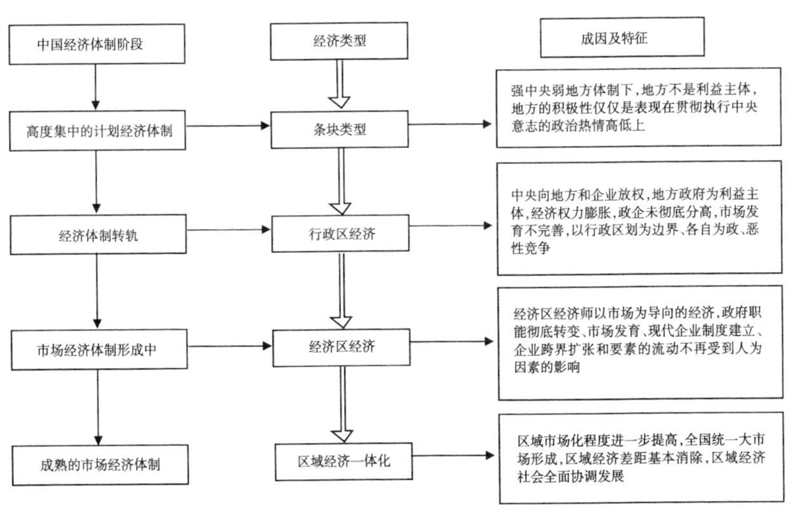

图 1　我国区域经济发展阶段图

①胡序威著.区域与城市研究[J].科学出版社，1999：315.

表 1 不同国家行政区等级体系

国家	一级行政区	二级行政区	三级行政区	四级行政区
中国	省、自治区、直辖市	市、地州	县、自治县	乡、自治乡
印度	邦、直辖地	区(district)	区(sulx livision)	塔鲁克(taluk) 塔西尔(tahsil)
俄罗斯	州、边疆区、自治共和国	(自治州)	区、自治区	-
美国	州、特区	县(country)	township 市、镇、自治市	Special district,村(village) ……

资料来源:中学教师地图集(中国地图分册),中国地图出版社,1989;
Roger East and the Staff of CIRCA Reference, Word file Fact Faction File, 1990;
Theodove w.Kanasik, Russia & Eurusia fact & figures annual, A ca-demics International Press, 1995
The USA & Canada, 1994, 2nd Edition.Europa Publication Limited, 1995;

按照行政区划,我国目前有 31 个省一级地区,包括北京、天津、上海和重庆 4 个直辖市,广西、西藏、宁夏、新疆和内蒙古 5 个自治区,以及 22 个省。由于幅员辽阔,各地区之间在地理条件、资源禀赋、经济和社会发展水平上存在着巨大的差异。为了把条件相近的省份归类,以便更好地把握它们的共同特征,习惯上中国把 31 个省、自治区和直辖市划分为三类地区,即东部地区、中部地区和西部地区。东部地区为沿海的 11 个省市,包括北京、天津、河北、辽宁、上海、江苏、浙江、福建、山东、广东、海南;西部地区 12 个省市区,包括四川、重庆、贵州、云南、西藏、陕西、甘肃、青海、宁夏、新疆、内蒙古、广西;中部地区为上述地区以外的 8 个省,包括山西、吉林、黑龙江、安徽、江西、河南、湖北、湖南。

行政区空间组织形式具有以下特征:一是行政区具有明确的空间界域。行政区划作为一个国家宪法的基本内容之一,被认为是统治阶级的一种权力分割的体现,行政区则成为这种权力分割的结果。由于国家组成的复杂性,无论是联邦制国家还是单一制国家,倘若不进行权力的分割，采用单一的权力空间组织形式来实施统治行为，都将付出低效率的代价。权力分割与组合成为稳定和提高统治效率的必然取向，而权力的分割都具有强烈的排他性，这决定了行政区在领土界域内部划分上的确定性。二是行政区具有相对明确的级别秩序特征。行政区作为统治阶层的代表机构——国家政府的权力分割的结果，是统治者为了维护自己阶层的利益而人为划分的（当然不是任意划分，而是按照有利于其统治在空间范围内实现的原则）。其下面的任何一级行政区都必须代表它的利益，服从它的意志。因此，行政区作为一种统治关系的空间映射也具有等级秩序的特征。三是行政区具有承继性、延续性的特点。中国行政区的现状是历史上长期发展演变的结果。例如省的创置自元代以来已有 700 年，而某些行政区的边界至今已经沿用千年之久，更有许多县的名称甚至长达 2000 年没有变化。行政区的长期稳定对于文化的地域差异产生了深刻的影响。

经济区是以共同发展目标为纽带形成的区域经济共同体，它是以经济一体化为基本特征的，以经济圈为其重要形式。所谓经济圈就是以大的中心城市为核心区，以周边不同等级的城市地区为辐射区所形成一个相互联系、相互影响、具有一体化倾向的圈层式结构的区域（刘荣增、崔功豪[①]，2001）。提及经济圈，必然涉及一组十分相似的概念，如都市区、经济圈和都市带等，这些概念既有联系，又有区别。表 2 给出都市区、经济圈和都市带的联系与区别。

在经济圈概念的界定中，我们已经明确提出，经济圈由若干个互无隶属关系、地域相邻的大都市区组成的跨省市经济区。可见，跨越不同层次的行政区划界限，是经济圈的最鲜明特征。根据研究角度的

①刘荣增，崔功豪.新时期大都市周边地区城市定位研究——以苏州与上海关系为例[J].地理科学，2001，(2)：158-163.

表 2　都市区、经济圈和都市带的联系区别

	大都市区	经济圈	大都市带
概念	一个特大城市或大城市(100 万以上)中心与具有紧密联系的周围郊县组成的市管县/市一体化区域	地域相邻、互无隶属关系的若干个多个大都市区组成的跨省市城市经济区	由数个地域相邻大都市圈横向连接,连绵不断的巨大带状城镇走廊
城市地域结构	单中心	单核心或多核心	多核心
面积(平均)	2000—10000km^2	10000—100000km^2	100000km^2 以上
半径(平均)	20—50km	100—200km	300—500km
形成阶段	中高级阶段	高级阶段	成熟阶段
形成主导力量	集聚与扩散并举,以聚集为主	集聚与扩散并举,近域横向扩散明显	以扩散为主
逻辑关系	大都市圈的组成单元	两个或以上大都市区的聚合体;大都市带的组成单元	大都市圈的有机聚合整体
组织管理特征	不跨省市行政界限,便于协调管理	跨省级或地市级行政界限,互动合作、协调难度大	跨越数个大都市圈范围,横向分工与合作,更需要国家调控

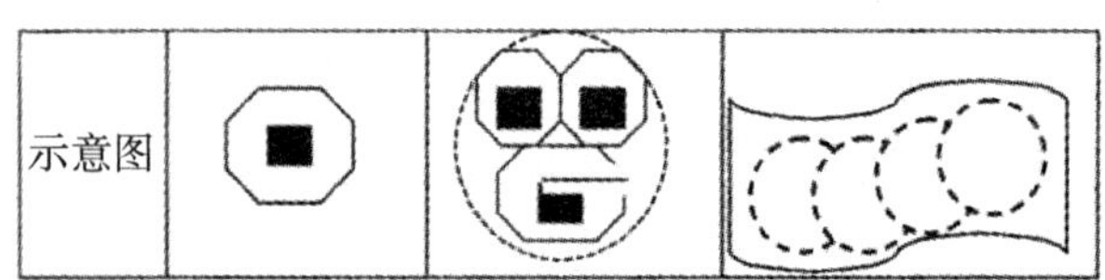

资料来源：陶希东跨省都市圈的行政区经济分析及其整合机制研究——以徐州都市圈为例,华东师范大学 2004 届博士学位论文,第 15 页。

不同，经济圈有不同的划分类型。例如，有的学者根据区域经济发展水平与城市化发展水平将经济圈大致分为协调型、促进增长型、培育型三种类型（张伟[①]，2003）；有的根据经济圈发育程度将其划分为雏形期都市圈（带）、成长期都市圈和成熟期都市经济圈（陈小卉[②]，2003）。

经济区的基本特征主要表现为：一是开放性。经济区是一种开放性的区域经济联合体系，而不是一种封闭性和排他性的区域联系。它的形成意味着在一定范围内形成的一个统一的共同市场，但从宏观角度看，这个共同体市场是全国统一市场的一个环节，是在市场规律作用下，以地缘接近性而产生的利益机制支配的区域联合行为，它并不排斥共同体内各要素与其他区域间的联合与循环，在本质上它是一种开放型的市场经济。二是动态性。由于经济区的开放性，其范围界线是模糊的，具有动态性特征。经济中心的形成和发展主要取决于区域内的经济增长极或经济增长点。它是区域内经济要素和经济活动集聚的结果，其大小规模主要取决于中心城市的经济实力、区域经济联系、交通条件等等。由于极化和辐射作用程度的差异，从而决定了经济区内部各区域间经济联系的广度和深度。就其基本属性而言，经济区的形成绝不是人为的，而是一种不以人的意志为转移的动态性的客观存在。随着经济体制和经济运行方式的改变以及中心城市经济实力和服务功能的增强，经济区的范围会相应扩大，区域共同市场的一体化程度会进一步提高。例如，自改革开放以来，华南地区以香港为核心，广州、深圳为结点的城市经济圈在珠三角逐步扩展，经济日益走向一体化，其影响范围正在向广东腹地和邻近省份推进。同

---

①张伟.都市圈的概念、特征及其规划探讨[J].城市规划，2003，(6)：47-50.

②陈小卉.都市圈发展阶段及其规划重点探讨[J].城市规划，2003，27(6)：55-57.

样，由于浦东的开发和开放，以及上海城市功能的健全化，使得上海在长江三角洲和华东地区的辐射能力和吸引范围也进一步扩大了。三是市场导向性。经济区是以经济的内在联系形成的经济圈和社会圈，而不是计划行政圈。虽然，经济区内各级政府之间具有行政上的独立性，但是，由于经济和社会的内在联系，各行政区和各级政府对该区域的经济发展具有共同的目标和可调性，其经济活动主要是在市场的调节下进行的，任何地方政府都不可能直接调控和干扰经济区域内的经济要素配置和经济活动，这将大大有利于国内统一市场的形成。四是高度的复合性。经济区具有一体化的经济空间结构和经济网络系统。其经济空间结构一般具备自然地理条件的连续性和人文历史因素的同质性，基本表征为"核心—边缘"空间二元结构。同时，现代城市网络和交通通信网络有力地推动了经济区经济网络系统的发展，使得各经济主体按照比较优势原则、广泛进行专业化协作，从而不断突破行政区划的限制，形成布局合理、特色明显、覆盖多个行政区的区域经济共同体。

四、区域经济整合：由行政区经济走向区域经济一体化

按理说，行政区经济向经济区经济的转化，市场的力量是其中最重要的力量，但是我国地方政府在追求地方利益的过程中所产生的地方保护和地方市场分割，在某种程度上阻碍了经济区的形成与发展，所以，在充分发挥市场的力量，构造以具有强辐射力的中心城市为依托、以专业化地区经济为特色、以协调互补的城市带为框架的经济区经济的过程中，政府的治理就成为行政区经济向经济区经济演化过程中非常重要的一个环节。在这里，我们借用物理学概念，把各种影响区域整合的力量想象成一个"合力板"，在合力板上有三个"极点"，每一个极点都"坐落"着一个影响区域整合的重要力量（即政府、

表 3　行政区与经济区(经济圈)发展模式比较

	行政区经济发展模式	经济区(经济圈)经济发展模式
划分依据	按自然区域和行政区域划界	按经济关联度的强弱划分区域
运行环境	封闭式的,局限于行政区内部	开放式的,形成区域经济共同体
运行机制	带有计划经济色彩,资源和要素的自由流动受到阻碍	在市场环境下运行,资源和要素得以自由流动和有序共享
发展目标	地方局部利益最大化	区域整体利益与地方利益的共赢
发展趋势	区域利益冲突加剧,发展不平衡	渐趋平衡发展,区域经济一体化
调控手段	行政手段占很大比例	以经济手段和法律手段为主
发展动力	行政聚合力>经济吸引融合力	经济吸引融合力>行政聚合力
管理模式	地方政府有明确的行政任务,管理范围和地方界线,等级关系明显	以协调共商机制为合作基础,强调跨区的经济联系,有明显的网络关系
政府职能	重收费轻管理,重管理轻服务,重局部利益轻协调配合的“权利政府”	理性执政,引导式管理,强调服务和依法监督的“责任政府”

资料来源:北京国际城市发展研究院战略研究部城市一体化课题组,长三角一体化;揭开中国行政区划改革序幕,领导决策信息,2003 年第 43 期,14—15 页。

市场和社会力量),他们将对区域整合产生“决定力”或“影响力”(用箭线表示)。(见图 2)。

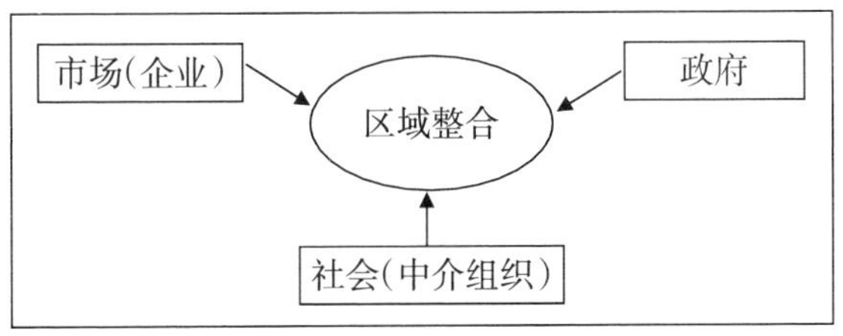

图 2　区域经济整体的“合力板”模型

区域在内外动力的共同推动下，为了实现自身和整个区域的利益，应对区外的竞争和压力，区域间在寻求各自利益的共同点或“交汇点”的基础上，通过政府治理和经济实体要素间的优化整合，形成统一、开放的市场环境，消除经济交流障碍，实现从行政区向经济区的转变，最终实现区域经济的一体化，而新的区域再通过更大范围、更高一级的整合协调，最终朝着经济全球化的方向迈进(见图 3)。

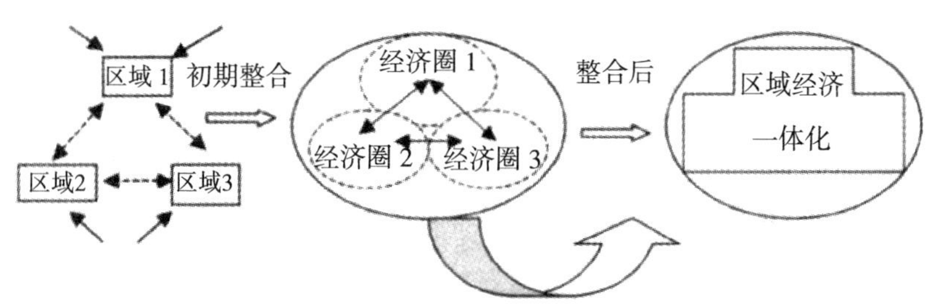

图 3　区域经济整合发展基本过程示意图

资料来源：参考陈存友、刘厚良、区域经济整合发展研究—以上海市南汇区为例一文，作改动，地域研究与开发，2003 年第 6 期，18—21 页。

就行政区经济向区域经济一体化演进的机理，可用图 4 加以表示。

首先，行政区经济下，随着市场力量的不断发展，市场经济的主体——企业为了实现集聚经济效益，进行规模的扩展而引发了空间上的极化效应，并通过一系列有机整合与聚类整合，逐步形成企业群、主导企业群和伴生企业群；伴随着企业群进一步的极化，形成了经济中心，由于市场扩张和空间分工的需要，经济中心与其相邻地区的经济联系不断加强。

其次，就政府而言，在市场化进程中，通过政府治理、政府职能的转化，加强区域整合的制度建设，为行政区经济向经济区经济的转化扫除制度的障碍。

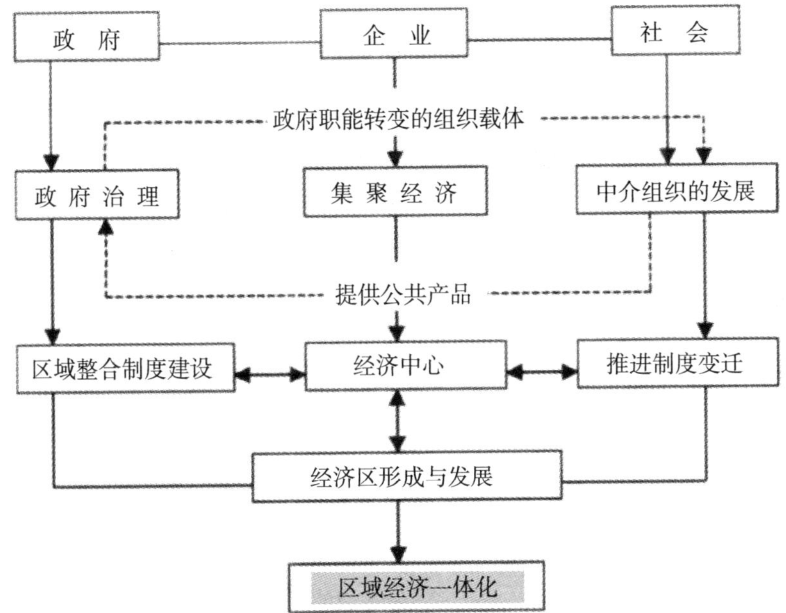

图 4　行政区经济向区域经济一体化演进机理图

再次，通过社会力量的培养，也就是加强社会第三部门（中介组织）的力量，为政府职能的转变提供组织载体，进一步推进制度变迁。

总的来说，随着市场经济体制的逐步建立，经济区域和行政区域都要向前发展，但行政区域不应该阻碍经济区域的发展，政府的职能要按市场经济的要求进行改革。虽然市场经济的发展迟早会使各地区、各部门之间的经济联系冲破行政区域的界限，但如果不适时转变政府职能，那么这个过程将延缓，并且会导致社会资源的巨大损失，同时，反过来也最终会阻碍行政区域的发展。三方面力量的共同作用，使得区域经济协作不断加强，统一大市场形成，最终实现区域整合的理想态——区域经济一体化。

五、基本结论

(1)实现区域经济整合,使其更有效地配置资源,更安全地与全球空间接入,是新时期中国经济结构调整的首要任务之一。

(2)世界经济全球化趋势的不断加强,区域空间结构发展的客观要求,消除地方保护主义的现实需要等,都迫切需要实现区域经济整合。

(3)通过区域经济整合,建立经济区,根本意义在于打破行政界限的束缚,建立各自不同但又相互开放、功能互补、协作互动、各具特色的中国区域经济新格局。

(原载《甘肃理论学刊》2006 年第 3 期)

丝绸之路经济带与通道经济发展

两千一百多年前,张骞出使西域,以长安(今西安)为起点,经甘肃、新疆,到中亚、西亚,并联结地中海各国,开辟了一条横贯东西的丝绸之路,促进了东西方的文化交流,带动沿途城镇商贸、加工和服务业迅速崛起,形成了我国历史上最早的通道经济。随着海上交通的发展和世界经济发展格局的变化,这条经济通道逐渐暗淡。2013 年 9 月 7 日,习近平主席提出共建"丝绸之路经济带"的构想,引起国内外广泛关注和热烈反响。十八届三中全会明确提出:"加快同周边国家和区域基础设施互联互通建设,推进丝绸之路经济带建设,形成全方位开放新格局。"共建"丝绸之路经济带",是对当前我国统筹向东向西开放、深化与沿线国家在经贸、人文、科技等多领域合作交流的形象概括,是对两千一百多年以来丝绸之路精神的进一步传承和发扬,丝绸之路通道将重新焕发生机与活力。

通道经济理论可以追溯到佩鲁和布代维尔的增长极理论以及沃纳·松巴特的"点—轴"开发理论。增长极理论从经济角度是指主导产业部门对经济发展的推动作用,从地理角度则是指区位条件优越的地区宜于经济发展。"点—轴"理论对经济布局有重要影响①,是对增

①陆大道.关于"点—轴"空间结构系统的形成机理分析[J].地理科学,2002,22(1):1-6.

长极理论的延伸。沃纳·松巴特的“点—轴”开发理论强调了点轴的极化效应和扩散效应是推动区域经济发展的两种机制①。发展通道经济,将交通运输和区域经济发展有机结合,是落后地区经济发展的利器。“点”是通道经济中的增长极,具有自身极化效应和向轴扩散效应。通过极化效应和扩散效应加强区域的产品、资金、人才、信息流动,增强经济发展动力和创新能力②。丝绸之路经济带是“世界上最长、最具有发展潜力的经济大走廊”,是横贯东西、连接欧亚的经贸合作与文化交流大通道,丝绸之路经济带的建设,根本上就是通道经济的发展。这条经济通道被誉为陆上丝绸之路,具有特色化的文化资源禀赋。例如,甘肃省临夏回族自治州就是古丝绸之路的南要冲,是丝绸之路经济带上民族产业的独特地标。在新的发展机遇下,要实施五位一体、四轮驱动的发展战略,以通道经济方式发挥极化效应和扩散效应,在丝绸之路经济大走廊上开拓民族产品的广阔市场。

一、通道经济的内涵

1. 通道经济的属性

通道经济必须以地理的联结为前提,依托交通优势,以发展区域经济为中心,以经济合作为纽带,布局和规划产业结构,实现产业向通道集散,促进区域间、城乡间、产业间的经济联系③。我认为,通道经济至少包括以下四个方面的属性:

(1)通道经济在本质上属于流通经济。通道是人、物、资金、技术、信息流通的主渠道,通过提高区域的流通能力,实现人便其行、货畅

---

①周茂权.点—轴开放理论的渊源与发展[J].经济地理,1992,12(2):49-52.

②王瑛.发展通道经济的理论探讨[J].改革与战略,2004(10):45-47.

③莫晨宇.广西发展通道经济的研究[J].东南亚纵横,2007(9):44-47.

其流、信通天下,最大限度地提高流通的经济效益,挖掘第三利润源。

(2)通道经济在形式上呈现为开放型经济。交通运输体系将区域内外联结起来,拓展经济发展的空间,打破区域割据、行业封锁,促进区域间互相开放和经济合作,实现资源优化配置及物流、信息流、资金流、商流的快速流动,形成区域经济一体化的开放经济格局。

(3)通道经济的发展需要完善的服务业与之协调。道路畅通是通道经济发展的首要条件,但作为通道经济更需要信息化支撑和系统化服务与之配套。发展现代服务业,增加产品的附加值,延伸通道经济的产业链,形成产业生态链,是通道经济发展的不竭动力。

(4)发展通道经济的目的在于带动通道沿线区域产业经济的发展。通道沿线区域要发挥地缘优势、资源优势,发展特色优势产业,完善通道经济产业链,提高行业自主发展的能力和市场竞争力,从而对区域产业结构调整产生积极影响,带动相关产业迅速发展。

2. 通道经济的建设层次

通道经济的建设分为两个层次:一是运输通道,强调流通费用的经济性;二是经济通道,强调依托交通通道优势发展区域经济。高新才等[①]对中国西北城市区域的分散性特征进行了描述,提出沿欧亚大陆桥及相关重要铁路支线和黄河主干线构建西北城市经济带的设想,使得分散型的城市彼此关联,发挥城市对周边地区的辐射作用,促进西北地区发展成为具有综合性、多产业结构和协调发展的经济系统。黄云[②]从民族经济的角度分析了民族地区要克服边境与内陆地

①高新才,张馨之.论中国西北城市经济带的构建[J].兰州大学学报(社会科学版),2002,30(4):1-18.

②黄云.跨国运输通道是民族经济外向扩展之道[J].云南民族大学学报(哲学社会科学版),2011,28(1):87-91.

区的屏蔽效应，打破过境运输的局限，通过跨国经济通道来发展民族经济。李琼[①]在论述渝东南通道经济的发展问题时指出通道经济是双面的，如果物质资源向发达地区汇集的集聚效应大于发达地区的要素向落后地区传递的扩散效应，则民族地区的发展资源将被转移出去，出现区域经济发展轴线上的“凹陷”。因此，欠发达地区发展通道经济，必须借助通道建设，以发展区域经济为着力点，加速资源、资金和人才的集聚，带动工业产品和高附加值产品的产出，促进区域产业发展、技术进步，提高社会效益。

二、发展通道经济的战略意义

丝绸之路经济带横贯东西、连接欧亚，途经中国和中亚、欧洲40多个国家和地区，地域辽阔，总人口近30亿，市场规模及合作潜力巨大，将是世界经济发展格局中最具潜力、最具活力的经济增长区域。丝绸之路经济带建设，就是以综合交通通道为展开空间，依托沿线交通基础设施和中心城市发展通道经济，对域内贸易和生产要素进行优化配置，促进区域经济一体化，最终实现区域经济和社会同步发展，战略意义重大。

以丝绸之路经济带建设为契机，发展通道经济，全面提升我国与沿线国家的经贸合作水平和层次，加快推进贸易投资自由化、便利化，构建一体化区域经济发展格局，对于我国掌握发展先机、赢得发展空间、提升发展位势意义重大；丝绸之路经济带还是文化交流的通道，发展通道经济，将全方位深化我国与沿线各国文化、旅游、科教等领域的交流和合作，不仅能够巩固、扩大与周边国家和睦相处的社会

---

①李琼.发展通道经济促内陆兴边富民[C].兴边富民行动理论研讨会论文集.北京：中国经济出版社，2004：4.

和民意基础，而且能够传播弘扬华夏文明，强化彼此认同，奠定我国文化强国的战略地位，全面提升我国软实力和文化影响力；发展两端开放的通道经济，将充分释放丝绸之路经济带沿线“点”的巨大潜力，把内陆区位优势和地缘优势转化为强劲的发展活力，从要素供给和市场拓展两方面增强丝绸之路“轴带”经济增长的内生动力，有助于实现我国沿海、内陆、沿边全方位的开放，推动我国经济社会协调发展。

丝绸之路经济带沿线 30 亿人口，少数民族人口比重大，民族文化作用强。因此，当前着力打造的丝绸之路经济带必然是最重要的经贸通道、文化通道，大力发展通道经济有助于中国与中亚、西亚等国家和地区的友好交流和商贸往来。

丝绸之路经济带所辖地区大多为我国欠发达地区，发展通道经济，有助于加快其开放步伐，积极参与区域经济分工协作，提升综合实力，促进民族团结，实现经济社会转型跨越发展；有助于加快民族优势产业发展，形成地区相对比较优势，打造区域主体功能定位和区域自我发展能力匹配的地区经济增长极，通过对周边地区产生积极的辐射带动作用，增强民族地区经济实力，推动我国欠发达地区的大开发、大开放，开创多民族共同奋斗共同发展的局面，为全世界树立民族和睦相处、文化和谐并存、经济蓬勃发展的成功典范，有利于促进世界和平与民族团结。

三、发展通道经济的优势

陆大道[①]提出，“点—轴”系统中的“点”是各级中心地，是各级中

①陆大道.区域发展及其空间结构[M].科学出版社，1998：137.

心城镇、各级区域的集聚点；“轴”则是在一定方向上联结不同中心城镇而形成的联络线和经济密集带，具有较强的经济实力和潜力。丝绸之路经济带的建设、西部大开发的深入实施以及向西开放步伐的加快，将使这一区域当中各地区的区位优势和民族产业优势进一步显现。本文以民族文化为例，分析在丝绸之路经济带发展通道经济的诸多优势。

1. 民族产业优势

为壮大丝绸之路经济带特色产业，我国建立了多个国家级民族文化产业园和重点经济（工业）开发区（园）等，它们已经成为丝绸之路经济带沿线各地区发展产业的重要平台，很多地区已经获得一定的产业基础。例如，甘肃临夏拥有以圣泽源、康美、八坊清河源、燎原乳业、学和、兴强等为龙头的民族产品加工企业，形成了以清真食品和民族用品加工为主导的产业结构。

2. 交通区位优势

丝绸之路，顾名思义就是运输通道，这条通道上的诸多地区因为运输节点的身份，通过物流模式繁荣地区经济。例如，位于黄河上游的甘肃临夏是西部牧区和中原农区的交错带，是唐蕃古道、甘川古道交会地，向西经河西走廊，从新疆通往俄罗斯和中亚地区以及印度、巴基斯坦等南亚地区，从东南入川，经泉州通往东南亚，直至欧洲，是陆上丝绸之路和海上丝绸之路的重要节点。

3. 商贸传承优势

汉唐以来，通过这条陆上丝绸之路，我国就与中亚、西亚、东南亚有商贸往来。改革开放初期，按照“南来北往、东进西出”的战略部署，我国丝绸之路经济带所辖地区大多在北京、南京、深圳等地设立办事处，还成立了工贸公司等。目前，民间贸易遍布中东的伊朗、埃及、沙特、土耳其，非洲西部的安哥拉、尼日利亚，中亚五国及东南亚的印度尼西亚、文莱、马来西亚等国家和地区。现有归侨侨眷2600多人，海外华人、华侨1500多人，拥有一批通晓阿拉伯语、熟悉国际市场和国际贸易规则的经商人才，国际商贸发展优势明显。

四、发展通道经济的重点

丝绸之路经济带发展通道经济，必须以具有强有力的极化效应和扩散效应的“点”为着力点，以有形通道建设为载体，以高效通道服务为助力，拓展丝绸之路经济带的通道，实现地区间、城镇间的专业化协作，形成有机的地域经济网络和“点—轴”模式的经济发展空间与结构形态。

1. 依托民族产业优势，形成民族产业贸易集聚中心

贸易集聚中心是通道经济中重要的中心“点”。“点”的集聚能力和扩散效应强弱直接关系着通道经济的发展水平。很多地区商贸流通已具备面向省内、涉藏州县等区域市场开放的基础，但对丝绸之路经济带的开发开放程度不够，未形成现代商贸流通体系，流通网络须完善，现代化、信息化和国际化的民族产业贸易集聚中心亟待形成。

(1)优化贸易中心布局，强化商贸辐射功能。加快形成以商贸核心区为主体，物流园区为支撑，中小专业市场有效补充的商贸体系。以实地调研的临夏地区为例，其应当以百益国际商贸中心、天元国际商业综合体等大型商贸综合体为重点，将临夏打造成面向中亚、西亚、东南亚地区的伊斯兰商贸中心；加快推进临夏物流园区、大河家物流园区、三甲集皮毛物流园区建设，强化仓储加工、物流集散、信息服务等功能，发挥集散效应，建成立足西部、面向丝绸之路经济带的畅通有序、富有活力的商贸集散区；以各县的重点集镇为补充，建设培育功能完善、辐射范围广、沟通方式新、带动作用强的批发交易市场。

(2)完善贸易服务体系，提供多元贸易服务。加强信息服务、中介

服务和劳务输出服务的平台和渠道建设,增强商贸软实力。提高市场信息服务水平,加大与其他专业市场和地区市场信息共建力度,提高商品市场信息透明度,提升企业适应市场变化的能力和贸易现代化水平;加强渠道建设,设立海关、商检、工商、税务、商标注册、知识产权保护等一站式政务服务中心,发展媒体宣传、会计、翻译等专业的现代中介服务;准确把握劳务输出的结构和方向,及时发布国际劳务需求信息,积极开展国际劳务输出。

(3)力推现代商贸业态,大力发展会展经济。以政府主导、市场化运作成立电子商务服务公司,引进国内知名的电子商务团队,构建B2B、B2C平台,形成较为完善的电子商务管理体系,助力商贸流通业发展。积极举办各类文化交流论坛、产业会展等,坚持共享、共赢,推动现有会展向更大规模、更广领域、更高水平迈进,突出专业化办展、品牌化经营、市场化运作、国际化拓展,提高展会吸引力,同时积极参与国内外文化论坛、文化产业大会和民族产品展销会,加强对外宣传,谋求更广更深的经济合作,提高通道经济影响力。

2. 依托民族文化优势,形成走向丝绸之路沿线国家的经济贸易大通道

通道是复合型发展轴,一是需要多种运输方式的同步发展,以满足对运输多方面、多层次的需求,这就要求做好交通通道建设;二是通道建设必须满足流动客体的多样性要求。高斌、丁四保①在对我国"点—轴"开发模式发展实践的分析中指出,我国许多交通轴带上存在着对"点"发展无效的"过境流",要规避这种现象,除打通交通通道外,还必须强化通道中商品、人员、信息和服务的流通功能,搞好经济

①高斌,丁四保.点—轴开发模式在理论上有待进一步探讨的几个问题[J].科学管理研究,2009,27(4):64-67.

通道建设。

（1）交通通道建设。在丝绸之路经济带建设的大背景下，西部地区地缘优势突出，但交通能力有限，亟须完善多种形式的交通基础设施，保障通道经济发展中的物流畅通。全面加快公路、铁路、航空、内陆港建设步伐，构建"向西、向南、向东"的现代化立体交通通道。加快高速公路和铁路建设，完善渝新欧陆上货运运输体系，打通陆上大通道；强化西部地区与泉州、厦门、连云港等港口城市的经贸合作，建设内陆港，借船出海，打通海上大通道；加快质、量并重的机场建设，开辟西部至中亚、西亚、东南亚等地区重点城市的航线，打通空中大通道。

（2）经济通道建设。充分利用与丝绸之路经济带上国家和地区地缘相近、文缘相承、商缘相连、语言相通的文化优势，促进中国与中亚、西亚等国家和地区间的经贸往来及文化交流活动的开展，整合国内外两种资源，瞄准两个市场，加快对外开放步伐，创新国际合作模式，形成面向中亚、西亚、东南亚，辐射欧洲乃至更广大地区的商品大通道、人才大通道、信息大通道、贸易服务大通道。

积极争取在中哈霍尔果斯国际边境合作中心建立贸易区，尽快与伊朗库姆省等丝绸之路沿线城市建立友好城市关系，与友好城市互办产业周，互设产业园，打通商品大通道；加强专业技术人才、经营管理人才、商贸技能人才队伍建设，鼓励和支持语言教育机构的发展，创新联合办学模式，积极培养和输出产业技术、商贸技术、语言技能等人才和劳动力，形成人才大通道；加大科技与人才投入力度，推动建立企业和科研机构、高等院校共同参与的各类技术创新合作组织，形成民族产业区域创新战略联盟，聚集国内外创新要素，促进企业间、企业与科研院所间的信息传递、知识溢出和技术创新，推进信息平台对接，提升市场信息开放度、透明度，提高信息准确性、及时性，打通信息大通道；加快发展电子商务、现代物流等服务业，培育和发展金融服务业，增强产业关联带动能力，加强与中亚、西亚、东南亚等国家和地区的贸易服务协作，建立贸易协作机制，积极发展贸易中介服务，打通贸易服务大通道。

总之，丝绸之路经济带作为东西方商贸往来和文化交流的大通道，发展通道经济既是根本要求，也是充分发挥文化优势、区位优势、产业优势，激发欠发达地区经济发展潜力的必然选择。西部地区发展通道经济，必须发展壮大民族特色优势产业，特别是要增强贸易集聚中心的极化效应和扩散效应，拓宽交通通道，强化信息通道、人才通道、贸易服务通道功能，推进“点—轴”渐进式扩散进程，融入丝绸之路经济带建设。

（原载《中国流通经济》2014年第4期）

二、经济体制改革研究

论我国农村经济发展中的公平与效率

衡量一个国家或社会的收入不平等程度,可以应用很多不同的分析方法和工具。本文拟对收入分配离散程度的一种度量方法——洛仑兹曲线和洛仑兹系数——进行初步讨论,并试图应用该方法对我国近年来的农村收入分配进行实证分析,从而对我国农村工业化中的公平与效率问题,发表一点个人看法。

一、理论及方法

众所周知,任何一种分布,都可以用分布的位置和离散来描述其基本特征。收入分配作为社会财富的一种分布形式,同样是可以对其分布的位置和离散程度进行描述和研究的。

所谓收入分配的离散,也就是收入分配的不平等,是指定量收入在各个分配个体间进行分配时,各分布个体所获收入的数量差异。现阶段,由于家庭依然是我国农村对个人收入进行消费的基本单位,因此,本文在对个人收入分配中的公平程度进行考察时,仍然选取家庭作为基本单位。

美国统计学家洛仑兹(M·O·Lorenz)在1905年发表的《测定财富集中的方法》一文中,提出了对收入分配离散度进行研究的一种分析方法,如图1所示。

横轴OB表示收入人口按收入大小排列的累计比例。横轴上20、40……即是占收入人口总数的百分比,纵轴上20、40……即是占总收

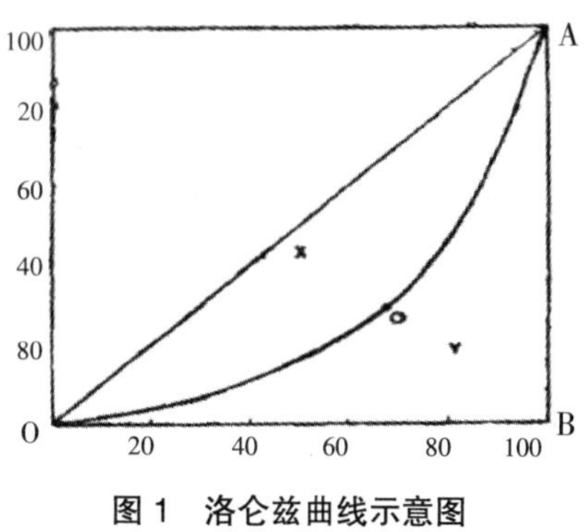

图 1　洛仑兹曲线示意图

入中的百分比。假如收入分配完全平等，即每人得到的收入一样，则收入分布曲线为 OA，与横轴都成 45°即对角线；若收入分配绝对不平等，一个人占有全部总收入，则收入分布线为 OBA，即成直角的折线。实际上，任何一个国家和社会的收入分配情况都是在两个极端之间，表现形态是一条向下弯曲的曲线，该曲线即为洛仑兹曲线，如图 1 中的 OCA。

由于洛仑兹曲线上的各点，表明占总体一定比例的家庭或人口所得收入占总收入的百分比，因此有：(1)洛仑兹曲线愈接近 45°线，则其收入分配愈平等。反之，洛仑兹曲线向下弯曲越大，表明收入分配不均程度越大。(2)如果一条洛仑兹曲线整个地位于另一条洛仑兹曲线之上，则前一种分配的不平等程度低于后一种。(3)如果两条洛仑兹曲线相交，则无从判别各自代表的收入分配不平等程度的高低，洛仑兹曲线判别失效。

事实上，对一个国家一定时期特定的收入分配进行研究时，其洛仑兹曲线相交的情形是经常遇到的。为此，根据洛仑兹曲线原理计算而得的洛仑兹系数，作为反映社会收入分配平均程度的指标，相对于洛仑兹曲线更为有效。

洛仑兹系数，也叫基尼系数。如图 1 所示，若以 X 表示实际收入分配线与绝对平等线之间的面积，用 Y 表示实际收入分配线与绝对不平等线之间的面积，则基尼系数 $G=\frac{X}{X+Y}$。显然，当 X=0 时，基尼系数为0,此时收入分配绝对平等;当Y=0时,基尼系数等于1,此时收入分配绝对不平等。实际的基尼系数总是大于0而小于1的。基尼系数越小,收入分配越平等,反之则越不平等。

由于收入的来源及其各部分收入对总收入水平的影响程度不同,所以不同类型的经济主体就有着不同的收入结构。对于不同类型的分配个体来说,其收入分配不平等的结果可以看作是由这种不同的收入结构造成的。为了准确地研究不同收入来源对收入不平等的影响程度,可对总收入分配的基尼系数按如下方法进行分解。

首先,可根据影响收入结构的来源因素对总基尼系数进行初步分解,该分解过程可按下式进行:

$$G=\sum_{i=1}^{n}\bar{G}_iP_i$$

式中G表示总基尼系数,$\bar{G}_i$表示来源于i的收入的准基尼系数,P_i表示来源于i的收入占总收入的份额。显然,该式表明了总基尼系数与各来源收入的基尼系数的关系,在这一关系中,前若对后者的加权平均是以不同来源的收入在总收入中所占的份额为权重来进行的。

其次,由于各来源于收入分配不等对总收入分配不等的作用强度,不只是简单地取决于该来源收入在总收入结构中所占的份额一个因素,它还要受到该来源收入与总收入的相对相关系数的影响,因而可根据下式对此加以分解:

$$\bar{G}_i=G_iT_i=G_iD_i/E_i$$

式中G_i表示来源于i的收入的真实基尼系数,T_i表示来源于i的收入与总收入的相对相关系数。D_i和E_i分别来源于i的收入与总收入等级和与自身收入等级的相关系数。运用该式可补充相对相关系数这一因素进一步来分析各来源收入的真实基尼数与准基尼系数之间的关系。

最后，对总基尼系数进行分解的最终结果可用下式表示：

$$Y_i=\sum_{i-1}^{n}P_iT_iG_i/G=100\%$$

式中 Y_i 表示来源 i 的收入分配对总收入分配不平等程度的影响权重。该式说明总收入分配的不平等程度是由各来源收入分配的不平等程度、各来源收入与总收入的相对相关程度、各来源收入在总收入中的份额以及各来源收入分配对总收入分配的影响程度等因素共同决定的。下面将根据这一分解的最终结果，对我国农村近年来的收入分配进行初步分析。

表 1　1978—1990 年我国农民纯收入构成变化情况

单位：%

年份	1978	1980	1982	1983	1984	1986	1988	1990
1. 家庭经营收入	26.79	32.69	69.4	79.3	80.3	81.5	83.2	82.3
2. 从集体得到的收入	66.28	56.6	21.5	11.0	10.0	8.5	9.1	9.6
3. 从联合体得到的收入	—	—	—	0.0	0.8	0.7	0.7	0.4
4. 其它非生产性收入	6.93	10.7	9.1	9.1	8.9	9.3	7.0	7.7

二、实证分析

由表 1 可知，自 1978 年以来，我国农民收入来源由改革前集体分配收入为主改变为家庭经营收入为主，集体分配收入等其他多种形式收入为辅的格局。1990 年，平均每人全年纯收入 630 元，其中来自家庭经营的收入为 518.34 元，占 82.3%；来自集体的收入（包括统一经营分配收入、从乡村集体企业得到的收入、从集体公益金中得到的收入、从集体得到的奖励收入和从集体得到的其他收入)共60.31元,占9.6%;来自经济联合体的收入2.44元,占0.4%;来自其他非生产性收入48.7元,占7.7%。这一格局形成于全面推行以家庭为基本单位进行联产承包责任制的1982年和1983年,在这期间,农民纯收入中近80%的份额来自家庭经营。在这之前的五年间,农民纯收入构成处在一种变动时期,从集体得到的收入逐年减少,由1978年的66.28%降为1983年的11.0%;家庭经营收入比重逐年提高,由1978年的26.79%上升到1983年的79.3%。

表2　1978—1990年我国农村收入分配的基尼系数①

年份	1978	1979	1980	1981	1982	1983	1984	1985	1986	1987	1988	1989	1990
基尼系数	0.2264	0.2292	0.2366	0.2388	0.2316	0.2459	0.2577	0.2635	0.2750	0.2850	0.2950	0.2972	0.2956

表2表明,1978年以来,我国农民收入在快速提高中,其相对不平等程度以1982年为转折,呈现出先降后升的趋势。

综合分析以上两表不难看出,1982年以来,我国农村收入分配中基尼系数的提高,首要因素在于家庭经营分配不平等程度的上升。因为尽管自1982年以后,农民收入结构在各年份仍有差别,但家庭经营收入在总收入的权重一直绝对地占居首位则是共同的。正如本文上节中对总收入分配基尼系数的分解所示,虽然各因子基尼直接影响着总收入分配的基尼系数,但总收入分配基尼系数绝非是各因子基尼的简单平均,因子收入占总收入的份额对总收入分配基尼系数的

①资料来源:根据张守一、刘树成主编的《中国宏观经济定量分析》(经济科学出版社1991年版)、南开大学收入分配课题组关于《我国收入分配不公的现状、根源和对策》(载《南开学报》1990年第2期)及1991年《中国统计年鉴》等有关数据整理。

影响同等重要。因子基尼显示因子收入对总收入的重要程度,而因子收入占总收入的份额表明某一因子对总收入分配不等的作用强度。

本来,农村实行以家庭为单位的联产承包责任制以后,土地这一农业最基本的生产资料的占有和使用趋于平均,为什么农民家庭经营收入还会成为影响我国农村分配不平等程度上升的首要因素呢?

进一步的分析表明,如果考虑到全国农村基尼系数按省份排列大致呈由东向西依次递减的特征,1982 年以来,我国农村不均化的扩大,更深刻的原因在于农村工业化的发展及在地域间的差异过大。按照东、中、西三个经济地带①对我国农村进行划分,则可以看出:

首先,东部经济地带农民收入水平明显高于中、西部。1989 年东部地区农民家庭人均纯收入为 765.9 元,而中、西部分别为 529.2 元和 460.7 元,东部分别高出中、西部 236.7 和 305.2 元。如果以西部为 1,则三个经济地带的农民人均纯收入分别为 1.66 : 1.15 : 1。在农民家庭人均纯收入中,生产性纯收入东部也远远高于中、西部。1989 年,东、中、西三个经济地带的人均生产性收入分别为 681.7 元、487.1 元和 414.0 元,东部分别高出中、西部 40%和 64.7%。从增长速度上看,东部地带 1980 年至 1989 年年递增速度达 15%,人均纯收入净增了 548.1 元;而同期中部和西部只分别净增了 348.2 元和 290.7 元,年递增速度分别为 12.66%和 11.71%。东、中、西部随着发展水平的提高,差距有着明显的逐步拉大的趋势。1980 年,东部农民人均纯收入仅超过 28%,但这一比例到 1989 年已扩大到 66%。

---

①东部经济地带包括辽宁、北京、天津、上海、河北、山东、江苏、浙江、福建、广东、海南、广西;中部经济地带包括黑龙江、吉林、山西、内蒙古、安徽、江西、河南、湖北、湖南;西部经济地带包括四川、云南、贵州、西藏、陕西、甘肃、宁夏、青海和新疆。本文关于三个经济地带的收入均根据历年《中国统计年鉴》计算。

其次,东部地区农民各种经营形式收入在总收入中所占的比例明显高于中、西部。表3给出了1990年三个经济地带农民各种经营方式的收入构成,可以看出,除家庭经营收入这一项外,东部地区农民从乡村两级企业、村组集体经营、联户企业等各种经营形式中所得到的收入在总收入中所占的份额均高于中部和西部之和。

从我国东、中、西三个经济地带农民收入水平和构成的差异中不难发现,我国农村改革以来,基尼系数的升高,一方面在于在农民家庭经营收入中,从事分配不平等程度较高的工、商、建、运、服等非农收入分配的权重增加;另一方面,也决定于农村工业化过程中乡村企业收入分配不平等程度的提高。

事实上,上述我国三大经济地带代表着我国农村工业化发展的不同阶段。如果把农村经济划分为传统的农、林、牧、渔等农业部门和现代的农村工业、商业、建筑业、运输业和服务业等非农业部门,则上述分析可归结为:非农业收入分配的不平等程度高于农业收入分配的不平等程度。就农村工业化的整个时间序列而言,农民收入分配水平与基尼系数呈现倒“U”字型曲线。

我国农村在刚开始推行以家庭联产承包为主的责任制的几年,农民收入的增加,主要来自传统的农业部门内部增长,即主要依靠正确的经济政策激发广大农民群众的生产积极性,使农民从耕地上获得了较以前更多的收入。表现在收入分配上,农民的平均收入增加,分配的相对不平等程度降低。全国农民收入分配基尼系数1982年比1981年更低,正好印证了这一点。后来随着乡镇企业的较快发展,部分农民离土进厂,由乡镇企业和其他非农业部门获得的收入增加,因而,虽然人均收入不断提高,但分配的不平等程度也不断有所扩大。可以预言,在技术水平没有重大突破的情况下,传统农业内部的继续增长是极其有限的。未来我国农村经济的发展源泉将主要是现代非农业部门的增长和扩展，农民由现代非农业部门获得的收入及其份额上升，越来越多的农民逐步由耕地向非农业部门转移。与此相适应,收入分配趋势将是,人们普遍地变得更富,但收入在不同的家庭和个人间的差距也将日益悬殊，当差距达到一定限度时又随经济的发展逐步缩小。

三、公平与效率

农民收入分配水平与基尼系数呈现倒“U”字型曲线的趋势,说明实质性的经济增长都是在一定的基尼系数水平上开始的。这一点,不仅被我国农村 1982 年以后的实践所证明,而且也是世界其他一些国家和地区在工业化过程中所表现出的共同特征。像南朝鲜[①]、巴西、墨西哥、菲律宾及中国的台湾省等国家和地区,在其经济迅速发展中,基尼系数都表现出先升后降的倒“U”字型曲线,而且直到现在,他们的基尼系数也大大超过我国。以 1987 年为例,南朝鲜[②]、中国台湾省、巴西、墨西哥的基尼系数分别为 0.362、0.307、10.519 和 0.526,而我国目前还不到 0.3[③]。其实,我国目前的低基尼系数是与低收入密切关联的,而这种低收入、低基尼系数并非总是有利于经济发展的,它是发展中国家在工业化初期阶段的典型特征。

国际经济学中把低收入经济作为一种“准发安定均衡”状态的经济,是因为在这种经济中,有些变量是安定的,而另一些变量则是不安定的。当均衡状态受到干扰后,一些变量会回到各自的均衡值,而另一些变量则脱离原均衡值。具体来讲,人均收入处于生存水平的经济在受到一个外部推动从而把人均收入提高到生存水平之上后,同

---

①②南朝鲜:今韩国。

③资料来源:《经济工作者学习资料》1988 年第 59 期第 55 页。

时会诱发抑制人均收入上升的因素。就我国目前的农村工业来看,虽不乏在技术、管理方面堪与城市工业相竞争的“明星”企业,但绝大多数都属于劳动密集型,创办者的眼光也着重盯在吸纳农村劳动力和增加农民收入上。显然,这种状况发展到一定程度,农村工业的优越性和农村工业化的矫正效应将不复存在,农民人均收入的增长就会出现徘徊。因此,从现在起就必须采取依靠技术进步而求得发展的农村工业化战略,在科技、劳动力素质、技术装备、经营管理上下功夫,提高8亿农民的主体功能,只有这样,才能产生较为明显的资源配置效应。

正如现代发展经济学所揭示的那样,任何二元经济的发展,就洛仑兹曲线的移动规律来看,不外以下三种情形:一是由于传统农业部门的内部增长,使占总人口比重很大的农业劳动者的收入增加,在国民经济中的所得份额上升,进而使洛仑兹曲线的拐点垂直上移(见图2),基尼系数随之变小;二是由于现代非农业部门的内部增长,扩大了传统农业部门和现代非农业部门的收入差距,收入分配的相对不平等程度随之加剧,洛仑兹曲线的拐点垂直下移(见图3),基尼系数

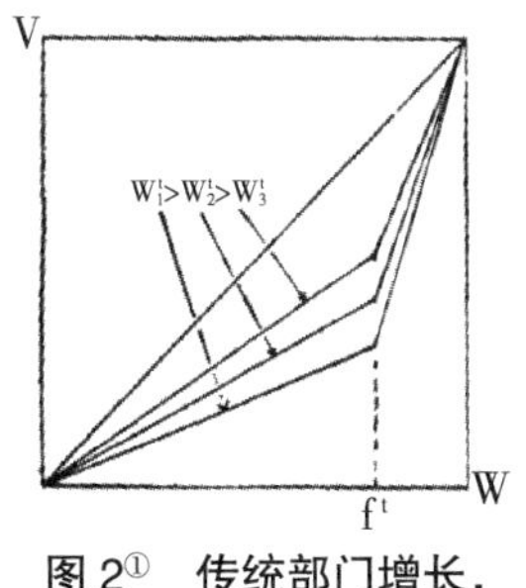

图2① 传统部门增长,洛仑兹曲线拐点垂直上移

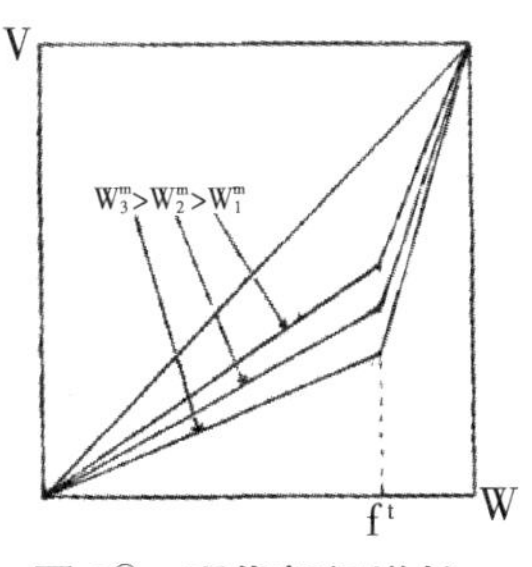

图3② 现代部门增长,洛仑兹曲线拐点垂直下移

①W_i^t—第i年来自传统部门的收入。

②W_i^m—第i年来自现代部门的收入。

随之上升；三是由于现代非农业部门的进一步扩展，使人均收入水平较快提高，洛仑兹曲线出现交叉，尽管这种交叉给从图上直观地判断收入分配不平等程度的变化趋向带来了困难，但基尼系数计算的结果证明相对不平等程度总是先升后降的趋势。因为对二元经济模式，基尼系数的计算公式为：$G=1-\frac{[W^t-(W^m-W^t)(fm)^2]}{[W^t+(W^m-W^t)fm]}$①

这是一个二次函数，故基尼系数与经济增长呈倒U型。

为了使我国农村经济的发展更有效率，就必须打破低收入经济这一"准安定均衡"状态，使之在提高人均收入水平上的动力效果超过抑制人均收入水平因素的动力效果。当前尤为重要的是恢复并维持前几年人均收入增长的速度。为此，对收入分配的基尼系数还应适当地加以提高。

发展经济学家纳夫兹格根据若干资本主义国家的资料，用回归方法得出了收入差别与经济发展水平之间的标准方程：

$$G=a-b/X-c\ln X$$

式中，G为典型水平的基尼系数值，X为人均收入，a、b、c为参数，分别为1.067、20.221、0.089，ln表示自然对数。由于我国在公有制基础上实行以按劳分配为主体的分配政策，资本数量及其收益等因素对人们收入的影响要小于资本主义国家，因此我补充一个矫正系数d，将上式变为$G=a-b/X-c\ln X-d$。根据我们的测算②，d取值在0.165~0.171之间较为恰当，从而我国农村在今后10年左右的时期

①f^m传统部门中的就业人员比重。

②资料来源：根据张守一、刘树成主编的《中国宏观经济定量分析》（经济科学出版社1991年版）、南开大学收入分配课题组关于《我国收入分配不公的现状、根源和对策》（载《南开学报》1990年第2期）及1991年《中国统计年鉴》等有关数据整理。

内，把基尼系数提高到0.36~0.41之间较为适宜。由于基尼系数表达的是一个相对收入的概念，所以我们还应为最低收入组确立一个绝对标准，这就是应在保证摆脱贫困的基础上，提高人均收入分配的差异。

基尼系数的适当上升，是经济增长的必然要求。在此，所谓适当上升是指由于低收入组与高收入组增长率不同(但必须要增长)所引致的基尼系数的上升。一般来讲，基尼系数的增减会使人均收入水平在两组中的增减状况如下表4。而且，在经济发展初期，一般应以追求效率为目的。目前我国对东、中、西三大经济带采取的“倾斜投资”就体现了这一要求。当经济发展到一定水平（这种水平可用基尼系数的大小来衡量)后，国家就应把短期政策目标转移到以公平为主的经济增长上，即应重点考虑经济发达地区与不发达地区的“共同富裕”问题。

表4　两收入组基尼系数增减所带来的效果

低收入组	关系	高收入组	基尼系数	效果	目的
增加	<	增加	上升	积极	以效率为主
增加	>	增加	下降	积极	以公平为主
减少	>或<	增加	上升	消极	
增加	>	减少	下降	一般	
增加	<	减少	下降	消极	

在现阶段，我国农村分配中的主要问题我看不是“贫富悬殊”，而是“相对平均”。这不仅是因为实质性的农村工业化进展要以基尼系数的提高为代价，而从基尼系数的计算指标来看我国至今还未进入这一合理的区间，而且还在于，对我们这样一个发展中的农业大国来说，合理的收入差距不仅可以形成合理的需求梯度，减弱市场行为的同步效应，而且能够产生先富农户对其他农户的示范效应，而这一点

从发展战略上看有着至关重要的意义。因此,近期内国家和政府在宏观调控决策中应继续维护近十年来基尼系数扩大的趋势,加速农村工业化发展的进程。

基尼系数的进一步扩大,会不会导致农村贫富的两极分化?近十年来我国农村发展的实践表明,这种收入差距的扩大是以农民总体水平提高和多数农民富裕为特征的,不会导致“穷者愈穷”,只会产生“穷者变富,富者更富”的局面。这一独特的发展方式,从趋势上表明,它不仅会明显地提高人们的收入水平,而且也会提高公平程度。这一结果主要来自两种效应,一是“先增长,后分配效应”,由于人均产值和人均收入水平的提高,具备了通过再分配政策改善各个阶层收入不平等程度的条件,从而增进国家的福利水平。二是“资源重新配置效应”。在农业中,来自土地、资金和劳动的收入是混在一起的,由于资金、劳动力的占有的不均等,来自资金及劳动力的收入具有较大的基尼系数,但劳动转移到非农产业后,工资的基尼系数相对较小,因此随着非农产业工人的增加,基尼系数就会下降。

家庭联产承包责任制在初始阶段尽管使收入分配更加平均,但它却为我国农村非农产业的广泛发展提供了可能。随着非农产业的迅速发展,农村工业结构已经不仅仅局限于那些传统技术和其他初级手工业的范围,农村工业就业将会提供比农业更有吸引力的报酬,这样来自这类活动的劳动收入就成为农民收入的重要来源,它在农民家庭总收入中的比重也会相应提高。尽管这一提高在初期有使基尼系数扩大的迹象,但必须要明确的是,这种收入差距的扩大是以非农业收入比农业收入有更高的增长率和效率为条件的。随着非农产业效率的进一步提高,可以断言,追求效率的结果最终将通过前述的两种效应而达不到公平。这就是本文的结论。

（原载《兰州大学学报(社会科学版)》1993 年第 2 期）

解决农民收入问题需要处理好十个方面的关系

"九五"时期可以被视为中国农村经济发展进程中的一个转折时期,其间全国农民人均纯收入平均增长率仅为2.89%,增幅呈现逐年下降的趋势,各年的实际增长率分别是9%、4.6%、4.3%、3.8%和1.9%。从城乡居民收入差距的角度看,已从1996年的2.51倍扩大到2000年的2.79倍,到2001年则扩大到2.89倍。农民收入增长的持续低迷,以及城乡居民收入差距的不断扩大,直接影响到占全国人口62.30%(2001年数据)的农民生活水平的提高,影响到扩大内需战略的实施效果,也直接影响到整个社会主义现代化建设的进程。考虑到入世以来以及必将面临的国外农业的竞争压力,如何正确认识及解决农民收入问题,已日益显示出其紧迫性。

一、简单的理论说明及中国农民收入问题的可能解释

根据马克思平均利润理论,农业作为国民经济基本部门之一,农业资本理应获得平均利润。

产业经济学进一步认为,在不断增长的国民经济中,作为第一产业的农业部门,在GDP中的比重及其从业人员比例必将持续不断地下降,这一过程也就是农业的改造过程,该过程伴随着农业相关资源尤其是劳动力资源从农业部门向其他部门的移出。

以上理论,都是以资源的充分可流动性作为基本前提,否则,就

不可能形成社会平均利润率,农业的改造过程也不会实际发生,一定时期后,就会导致结构失衡(Structural Dis-equilirium)现象,必定会导致农民收入增长的缓慢甚至负增长,导致部门间收入及城乡收入差距的不断扩大,形成所谓的农业调整难题。

现代宏观经济学还认为,由于农业生产的特殊性质,农产品的需求弹性特点,政府应对农业予以特别的宏观调控关注,需要政府有形之手的适当调节,保证农民收入的稳定性和合理性。

在可持续发展理论的视野中,农村、农业及农民被赋予了一些非经济的内涵,在环境保护、传统文化及乡村文明、合理生活水平等生态和社会方面承担起独特的职责,农业成为一种"多功能农业"(Mulfunctional Agriculture),农业的重要外部效应得以重视。由此,农业部门获得平均利润不仅是应该的,而且还应在此基础上予以适当经济补偿。

基于以上理论,农民收入问题看起来似乎不应成为一个难题。

根据以上理论,结合中国国情,对于中国农民收入难题,可能的解释大致有以下几个方面:

1. 由于劳动生产率、资本有机构成、资本周转率等方面的原因,农业部门自身的利润率偏低。进一步看,由于中国农业农户经营的特征,其经营带有许多非经济的色彩,突出地表现为农户不是追求利润最大化的主体,与市场经济的对接存在严重障碍。近年来农民收入增幅持续下跌与市场经济的发展之间存在一定的相关性。

2. 由于传统的城乡分离的二元经济模式仍未能从根本上打破,全国统一、开放的市场体系仍未形成,导致要素特别是劳动力的自由流动无法顺利地、大规模地进行,无法形成各部门间的平均利润率。

3. 根据农业发展的阶段理论,就整体而言,中国农业发展正处于第二阶段,即"多种经营阶段"。农民虽然开始生产一些经济作物,但基本上是作为利用暂时闲置土地和剩余劳动力的一种调剂，只是在种植主要农作物之外的一种小规模生产。这种多种经营能否顺利发展，不仅取决于是否存在可供利用的生产技术和农民的生产能力，而且取决于是否为农民提供有利的社会制度上、经济上的条件。由于在这两个方面中国都存在多重局限，导致“多种经营”只是处于起步阶段，难以向“现代的、专业化农业”快速迈进。

4. 结构效率低下。由于以上所分析的第二和第三方面的影响，三次产业结构以及就业结构的优化不能自然地进行，农村产业结构、农业内部结构顺利调整难以推进，并由此强化了一些相关制度结构、社会结构等方面的扭曲，最终导致诺斯所讲的“结构效率的低下”。“结构指的是基本上决定绩效的那些社会特征，包括政治和经济制度、技术、人口和意识形态等。因而，结构的效率引起经济的增长、停滞或衰退。”①

5. 农业生产因其特殊性以及巨大而广泛的外部经济效应，要求政府予以适当的扶持补贴。但由于中国传统工业化道路惯性所产生的“路径依赖”，中国目前不仅对农业科研、农业及农村基础设施建设、义务教育、农业市场体系以及农业补贴等方面存在严重的政府缺位现象，而且还是世界上少有的对农业和农民征收高额税费的国家。

6. 统计技术方面的原因。我们现在所讲的农民收入，是指农村居民人均纯收入，是相对于城镇居民人均可支配收入而言的，指标本身体现了传统的“城乡二元模式”的特点。农村居民收入的来源相对较多，而作为一种职业的农民的收入实质上应该指农业居民的收入，其来源是指来自农业经营。

---

①道格拉斯·C·诺斯：《经济史上的结构和变迁》商务印书馆 1992 年，第 5 页。

二、解决农民收入问题需要正确处理十个基本方面的关系

基于以上分析，中国农民收入问题包含着经济改革与发展过程中众多深层次难题，是改革进展到一定程度时众多利益矛盾的综合体现。因此，必须按照总括性经济分析的要求、站在国民经济改革与发展的战略高度来认识这个问题，正确处理其中所涉及的十个方面的主要关系。

（一）体制因素与经济技术因素的关系——制度要求

必须承认，在农民收入问题上，近年来，党中央和政府提出和推行了很多增收政策和措施，但实事求是地讲，效果远不尽如人意，农民收入水平和增长状况未能得以明显改观，原因到底何在？这需要我们做进一步的思考。

新制度经济学认为，经济发展本身是一个制度和技术变动的过程，不同的制度选择和制度安排，会导致各异的经济发展秩序及其相应的经济发展绩效。农民收入是特定制度安排背景下，相关资源配置的最终经济成果的表现，在制度安排既定的条件下，相关资源的最终配置状况就表现为相应经济技术因素的综合作用。可以说，经济技术因素是农民收入的直接变量，而制度安排则影响到资源的实际配置，决定着经济技术因素的作用成效。对于广大正处于社会转型期的发展中国家来讲，不合宜的制度安排是影响其农业及农民发展的一个首要的关键因素。因此，正确认识农民收入问题，必须正确处理体制因素和经济技术因素两者间的关系，向体制要效益，向合宜体制安排下的经济技术因素要效益。

当前，我国农民收入问题上所表现出来的体制制约，主要表现在以下六个方面：

1. 城乡分割、严格限制农民进城的城乡二元户籍制度

经济发展事实上对城乡经济造成互动影响，在经济上产生了对所谓“民工”的城市需求和农村供给，但传统户籍制度以及由此而产生的城市政策导致近亿民工难以改变农民身份，难以进入市民阶层，造成中国特有的“候鸟”现象。最终的结果就是农村的大量潜在失业，占总人口 62.30%的农民分享 15.23%的 GDP，“歧视农民” 产生了赫夫曼所讲的“普遍沮丧”的情绪和“进退两难”的境地，农民城乡、产业间可转移性的严重受阻，导致了农业比较劳动生产率的低下。

2. 农村土地使用权流转制度缺位

虽然政策明确规定，在稳定农户土地承包权的基础上，允许土地使用权自愿、依法、有偿流转。但农地使用权流转机制目前仍难以健康地发育，相对规范的农地使用权流转市场尚不存在。首先，农户尚不是一个独立的经济利益主体，难以成为市场主体，缺乏相应的农业经营性公司、农民专业合作经济组织等。其次，由于农地产权规则的不完善，其权利的可分解性受到来自行政性方面的障碍，农地使用权难以成为能自由交易的商品。

因此，农地使用权的流转仅仅在市场经济发育较好、经济较发达的沿海省市有所开展，但其规模，涉及范围也相当有限。据农业部有关部门统计，目前以各种形式流转的农地使用权仅约占承包耕地总面积的 5%~6%，作为流转规模最大的浙江省，流转土地也只占其承包耕地总面积的 13.50%，涉及 15%的农户。

3. 农村行政体制

农村土地使用权流转来自农村行政体制的障碍，农村行政体制改革，有两层含义：

一是要改革县乡(镇)政府机构，明确其权利和责任边界，精简人员，这样农村税费改革才能真正推进，从而减轻农民负担，增强农民

的权利。

二是在农村基层真正实行农村民主自治。农民收入问题反映了农民在利益分配问题上的“弱势群体”地位或奥尔森所讲的“弱势分利集团”的状况。在各种“分利集团”客观存在并必将进一步发展的市场经济中，农民作为最大的一个集体，缺乏或没有发言权，形不成对话的力量，难以形成有效的“集体行动”。我们对农民问题的关注，实质上是出于政府的良知，社会的良知与同情。

农村民主自治制度的真正、彻底实行，可以抵制一些不合理的行政性的阻力，化解一些传统体制的弊端。同时，“农业要发展，农村要稳定、农民要增收”才能得以制度性保证。

4. 农村财政体制

农村财政体制方面的弊端主要表现在以下三个方面：

乡村基层政权主要由农村地方财政收入供养，在“帕金森定律”(Parkinson's law)的作用下，政府机构膨胀，财政供养人口庞大，农民负担难以降低。

农村“公共产品”的供给主要由农村地方财政和集体经济自行解决，中央财政贡献很少，不符合统一“国民待遇原则”的要求，导致在“公共产品”短缺供给的同时，农民直接、间接的税费负担沉重。

政府对农业补贴支持力度较弱，且方式欠佳，效率较低。例如，国家对粮食流通环节进行了巨额补贴，但这些发生在流通领域的巨额补贴，农民所得好处是间接的、极其有限的。随着我国入世承诺逐步实施，这种保护政策将有助于农产品的大量进口，加剧国内农产品的积压和过剩。由此，国内粮食流通领域的巨额补贴将变为对国外农产品进口的补贴。

5. 农村金融体制

农村经济的发展，农民增收措施的实施，都离不开资金的投入。

在目前农村金融制度安排中，四大国有商业银行收缩了在农村的信贷业务，作为乡镇企业和农户贷款主要供给者的农村信用社，其行政主导型倾向比较突出，离真正意义上的合作金融差距很大，加之缺乏有效的农村信用担保机制，由此难以缓解农村资金严重短缺的状态，难以在农村发展、农民增收等方面发挥应有的金融支持、金融服务功能，甚至存在严重的资金从农村、农业向城镇、非农产业转移、漏出的问题。据全国农村固定观察点调查，农村信贷中的私人信贷占信贷总额的 68.30%，占全国 GDP 比重 30%多的乡镇企业，其贷款余额占全国贷款余额的比重不足 5%，1999 年全国金融机构新增贷款比上年增加 18%，但乡镇企业贷款余额反而下降了 12%。

6. 农村社会保障制度

农村社会保障制度体现了经济体制的保险功能，其实质是扩大农村社会经济活动中风险的可转移范围和增加可转移的途径，使广大农民能够建立对未来经济活动的稳定预期，调动其积极性。同时，它也标志着社会文明的程度，切实关系到最广大人民的根本利益。但改革进展到今天，面向农村居民的社会保障体系建设在总体上仍处于既无国家政策指导和规范，又缺乏相应财政支持的失控状态。虽然历史和现实的因素决定了目前尚不可能实施城乡一致的社会保障待遇，但并不否定规范、有效的农村基本社会保障体系的构建。

针对以上体制性束缚，增加农民收入，提高农民收入的增长速度，就必须在加强具体经济技术要素改进、优化组合的同时，着眼于对以上相关体制进行根本性的变革。正是从这个意义上，库兹涅茨强调，经济持续增长的能力，基于改进技术以及它所要求的制度和意识形态的重大调整。

在以上 6 个方面的制度中，户籍制度改革是解决问题的根本出路，农地流转制度、农村金融体制是两个市场手段，农村财政体制是一种经济支持性手段,农村社会保障制度是一种社会性国民手段,而农村行政体制改革,则是解决问题的一种政治性制度保障。

(二)当前努力和长期发展的关系——攻坚战与持久战

中国农民收入问题,既有体制制约因素,也有经济技术因素,前者起着根本性的作用。纯粹的经济技术因素,通过各方努力,可以在短期内得以至少部分解决,但体制方面的制约,短期内则很难打破。农民收入问题,可以说是中国当前结构调整、体制转轨进程中的一种必然表现。由于制度变迁具有“路径依赖”,在特定“分利集团”格局中,甚至会产生“路径锁定”现象,严重时只能靠所谓的“社会震荡”才能“开锁”。在中国“三农”领域,传统体制仍顽强地固守,有时甚至以市场的面目表现自己,而真正的市场力量又较为薄弱且相当扭曲,市场的局限性有时远比其有效性突出。可以说,农村改革进入到其最艰难的攻坚阶段,需要一整套全新规则的确立。

因此,真正解决农民收入问题这个政府头等大事,则必须立足长远,从体制入手,配套推进体制改革,否则仅向现有的体制安排要效益,几乎已不可能。

基于此,农民收入问题不会是一个短暂现象,它将在相当长的一段历史时期内作为国民经济发展中的一大难题而存在。但其现实的严峻性又要求问题缓解的紧迫性。如何协调这一矛盾,难度较大。

(三)基础产业与经济产业之间的关系

我们对农业的重视,往往是从政治的高度、国家粮食安全的高度、战略的高度去强调其基础性地位和作用。所以,我们在农业和农村发展问题上,存在较多的政府干预,有较多的行政色彩。农业实质上就是国民经济的一个构成部门,是一个经济部门,但我们又很少从经济产业的角度去对待它。承认其基础性地位就应该对其“产业收益”和“社会收益”不一致性进行适当补偿,而不是行政干预。而当今更应从其经济产业的角度看问题，尊重其客观经济规律。

正是基于此，我们才坚信，在合宜的体制条件下，相信农民，相信市场，农民的力量，市场的力量，会让我们茅塞顿开，会“柳暗花明又一村”。

（四）农民收入水平与增长率的关系

近年来中国农民收入问题，既表现为收入水平较低，城乡差距拉大，从1996年的2.51倍，扩大为2001年的2.89倍，同时又表现为收入增幅的逐年下降。而城镇居民家庭人均可支配收入几年来都保持高于5.50%的较快增长，2001年比上年实际增长8.50%。

正是以上两方面的原因，才凸显出农民收入问题的严峻性。

（五）全国与重点区域的关系——区域瞄准机制

2000年，东、中、西地区的农民人均纯收入分别为3592.6元、1953元和1797元，东部地区高出全国平均水平1339.6元，而中、西部地区则分别低于全国平均水平300元和456元。“九五”期间三大地区的年均增长率分别为4.49%、1.6%和2.48%，东部地区比同期全国农民人均纯收入年均增长率高出1.6个百分点，而中西部地区分别低1.63和0.41个百分点。结果是东、中、西部地区农民人均纯收入之比由1995年的181.45:115.38:100，扩大到2000年的199.92:108.68:100，显示了地区间农民人均纯收入水平差距不断扩大的趋势。

在2000年，中部地区的东北三省，西部地区的陕西、宁夏和广西农民收入出现负增长。这一年，由黑、吉、辽、冀、豫、鲁、皖、湘、鄂、赣、川等11省组成的粮食主产区，农民人均纯收入仅为2150元，低于全国平均水平103元，增长率低0.9个百分点。

到2001年末，西部8个省市区（缺陕西、云南、贵州资料）的农民人均纯收入仍旧全部低于全国平均水平，差距在394.8元到962元之间。

所以,中国农民收入难题,最突出地表现在中西部地区,表现在粮食主产区。解决这个问题必须建立区域瞄准机制。

(六)收入水平与收入来源结构的关系——收入源瞄准机制

目前,农民收入来源主要包括家庭经营性纯收入、工资性报酬收入以及转移和财产性收入三大部分。2000年,家庭经营性人均纯收入达1429元,占总纯收入的63.43%。其中,农民人均从农业所得1091元,占76.35%,占农民人均纯收入的48.42%,比上年减少48元,呈连年负增长态势,在2001年价格回升等临时性因素作用下,家庭经营性人均纯收入增加了51.82元。

工资性报酬收入包括在非企业组织得到的收入、在本地企业务工所得工资性收入、外出务工所得劳务收入及其他报酬收入。2000年,该部分占农民人均纯收入的31.11%。其中,外出务工劳务所得240元,比上年增长18.20%,占总收入的34.23%,占工资性报酬收入增量的52%。

由于不同地区不同来源的收入所占比重呈现出较大差异,直接决定了各自收入水平及增长速度的较大差别。分析农民收入问题,必须重视对收入来源结构的分析,才能做到有的放矢,收到实效。

(七)低收入农户与高收入农户的关系——农户瞄准机制

对于农民收入问题,还必须研究农民之间的收入差距。根据中央政策研究室、农业部农村固定观察点办公室的相关统计,2000年农村居民收入基尼系数已达到0.43,比1995年的0.39高出0.04,超过了国际上公认的警戒线[①]。农民内部人均收入水平分配差异呈逐年扩大

---

①中央政研室、农业部农村固定观察点办公室:《"九五"期间中国农民收入状况实证分析》,载《农业经济问题》2001年第7期。

的趋势。与中等收入组农户相比,20%最低收入组农户家庭的纯收入增长速度越来越慢,20%的最高收入组农户家庭的纯收入增长速度则越来越快。从收入水平看,占全部农户 20%、占农民人数 18.58%的最高收入组的农户拥有全部收入的 47.30%;占农民人数 20.40%、占总农户数 20%的最低收入组,仅占农户总收入的 5.60%;拥有 21.10%农民、20%农户的次低收入组,占农民总收入的 10.90%;共占农户总数的 40%的中间收入和次高收入组,人口占农民总人数的 39.90%,则拥有农民总收入的 36.20%。

农户之间收入的差距在很大程度上与区域农民收入差距重叠在一起,加剧了市场在农民收入问题上的极化效应。为此需要建立解决农民收入问题的农户瞄准机制,关注农民中的“弱势群体”。

(八)取与予的关系——反哺机制

从 20 世纪 90 年代以来, 许多学者呼吁对农业实行切实的反哺政策,但由于一些主客观因素的影响,实际进展并不明显。围绕着农民增收问题,中央农村工作会议又提出了“多予、少取、放活”的主导思想,但具体的、行之有效的农业反哺机制尚未建立起来,在“多予”、“少取”、“放活”三个方面都存在众多的实施障碍。“多予”不仅要有相关政策的供给,也要有实际资本、技术的投入;“少取”就要大力推进农村税费改革,推进县乡政府机构改革,减少基层税费供养人员,有条件的地方可以逐步取消相关税费计征。“放活”则要求改善农村、农业发展的环境,给予农民应有的政治、经济权利,相信并依靠市场,把市场调节和政府指导有机地结合起来, 从而真正建立起一套适合中国国情的、行之有效的农业反哺机制。这种反哺机制,必须以制度创新为前提,以法律规范为保证,有具体的措施作为实施手段。由此避免流于空洞的口号,尽可能地减少其他利益主体对农村、农业和农民利益的侵犯。

(九)开放与适度保护的关系——WTO 规则下的农业支持机制

入世标志着中国经济开始真正纳入世界经济一体化进程,“三农”问题亦不例外。中国已承诺入世后政府对农业的支持将符合 WTO 关于“绿箱”和“黄箱”政策的有关规定。

“绿箱政策”一般包括 12 项内容,即一般政府服务、粮食安全储备补贴、国内粮食援助补贴、对生产者的直接补贴、不挂钩收入支持、收入保险补贴、自然灾害救济补贴、通过生产者退休计划提供的结构调整支持、通过资源停用计划提供的结构调整支持、结构调整投资补贴、环境保护补贴、地区性援助补贴等。由于“绿箱政策”支持的范围非常广泛,发挥余地很大,所以在 WTO 主要农产品进出口大国的实践中,几乎都充分利用此项政策,力图把各类农业支持纳入“绿箱政策”范围之中。在美国和欧盟的农业支持政策措施中,70%以上属于“绿箱政策”支持。

“黄箱政策”是指那些会对生产和贸易产生扭曲作用、需要予以限制的支持政策,如价格支持、面积补贴、牲畜数量补贴、投入补贴等。由于“黄箱政策”以 1986—1988 年为基期,而中国当时的综合支持量微乎其微,这一点不利于中国。但“黄箱政策”同时设置了“微量允许标准”对发展中国家的特殊和差别待遇等规定和例外,中国可以充分利用。

总之,今后中国只能在 WTO 规则框架下,充分利用相关政策,在开放经济的背景下,建立起能为各方所认可或基本认可的农业支持机制,正确处理开放与适度保护的关系。既利用好入世后开放的形势,促进相关体制改革和对外开放,增进农业发展的活力和效率,又充分利用好 WTO 的农业规则,尽快建立起政府对农业、农民的支持制度,从根本上提高中国农业的竞争力,力争做到国内外农业的公平竞争。这是摆在政府面前的一项艰巨任务。

(十)单一政策与综合政策的关系——政策协同效应

根据以上分析,中国农民收入问题,受制于多种因素,面临多种矛盾,并且有着多方面的复杂表现。因此,增加农民收入,加快其增长速度,就必然要针对特殊的因素采取特殊的政策,对症下药,实现各自的具体目标。但各因素之间的相互关联性要求这些单个政策之间必须相互协调,相互配合,争取实现政策的协同效应。农民增收是一个综合性很强的总体目标,离开了综合性政策,难以达到预定目标。欧盟共同农业政策(CAP)的不足之处就在于试图用一个政策去实现众多的目标。这早已为欧盟学者所论证①。

三、简短的结论

中国农民收入问题,是在特定的体制转轨、社会转型、经济结构调整等宏大背景下产生的历史课题。它不仅是中国政府和人民面临的首要难题,其复杂性和问题解决的艰巨性在世界经济发展史上也是数得着的。我们短期内虽然可以力争缓解其严重程度,但从根本上解决这一问题,则需要付出长期的、艰苦的努力。它需要政府坚定的决心、高度的智慧,甚至需要全体国民的共同努力。

参考文献:

[1]国家统计局农村社会经济调查总队:《2000 年农民收入增长速度继续放慢》,载《调研世界》2001 年第 3 期。

[2]党国英:《我们为什么要为农民说话?》载《南方周末》2000 年 12 月 7 日。

[3]杜梅萍:《农民增收:"九五"留给"十五"的最大课题》,载《前线》2001 年第 4 期。

①C·RitsonandD.R.Harvey:The Common Agriculture Policy,2edition,CABInternational.

[4]艾伯特·赫希曼:《经济发展战略》,经济科学出版社,1991年版。

[5]曼瑟尔·奥尔森:《集体行动的逻辑》,上海三联书店、上海人民出版社,1995年第1版。

[6]陶文达等:《发展经济学》,四川人民出版社,1992年7月第1版。

(原载《甘肃社会科学》2002年第6期)

从一般要素解放到人的解放

——中国经济体制改革回顾与前瞻

一、中国经济体制改革回顾与前瞻

2001年末中国成功入世，标志着改革开放进入了一个崭新的阶段，2002年中共十六大报告对新时期的改革开放事业进行了全面安排。根据“路径依赖”理论，初始条件影响着制度变迁的路线以及目的的选择与实现。因此，在这样一个承前启后的关键时期，总结回顾过去改革开放的轨迹与特征，探讨改革的逻辑，明确存在的问题，对全面建设小康社会，无疑具有重要的理论与现实意义。

（一）中国经济体制改革三阶段论

中国自1978年开始的渐进式改革，至今已有25年的时间，从原有高度集中统一的传统计划经济体制到社会主义市场经济体制的基本确立，其间曲折起伏，波澜壮阔。由客观的初始条件所决定，中国的改革表现出鲜明的渐进性、时序性、不完全性和双轨过渡性等独有的特点。吴敬琏（1998）根据改革指导思想的变迁，将改革分为5个阶段，清晰而准确地描述了改革的客观进程。根据改革的逻辑顺序，本文将改革分成以下三个阶段。

1. 1978—1992年：以放权让利为核心的市场化改革探索。从改革的指导思想上看，1978年到1992年，虽然改革基本上呈现出市场化导向，但坚持计划经济这一根本目标没有从根本上动摇过，把市场经济等同于资本主义的传统认识处于支配地位。改革的主导思想是“计划经济为主,市场调节为辅”,十二大将其确立为“经济体制改革的一个根本性问题”。在坚持该指导思想的前提下,实践的进展也要求指导思想的相应调整,其演变也表现出“渐进主义”的特点。1984年十二届三中全会通过的《中共中央关于经济体制改革的决定》提出了“有计划的商品经济”观,各级政府、生产经营单位及劳动者的积极性空前高涨,促进了经济的快速发展。1987年中共十三大政治报告又提出了“国家调节市场,市场引导企业”的主张,离市场经济仅一步之遥,但十三届三中全会后的治理整顿使“计划经济为主,市场调节为辅”的传统认识得以暂时强化。

从改革实践上看,是针对传统体制的突出弊端,感性地力图通过分权和引入并加大市场调节的作用。1980年9月中共中央决定允许农民自愿实行家庭联产承包责任制,此后的短短两年时间内,家庭联产承包责任制在全国绝大多数农业人口中取代了人民公社“三级所有、队为基础”的传统制度安排,给予广大农民以前所未有的生产经营自由,极大地调动了农民的生产积极性,农村经济从此迅速发展。同时,在安徽、四川进行了国有工商业“扩大企业自主权”的试点。但由于1980年末国有企业放权让利改革的某些负作用以及“洋跃进”的后遗症,导致了对价值规律和市场调节的批判,城市国有经济改革陷于停顿,改革只能在计划经济薄弱的农村进行,改革由此开始采取了“体制外先行”的“渐进主义”战略。该战略的前提是“要从第一步的部分改革中获得重大劳动生产率收益。这样,它们就会相应地提高人们的收入,进而为今后在自我强化的进程中更加难以进行的改革提高动力。而国家必须有能力在较长的时期中持续不断地进行改革,并同时有选择地限制开放经济所带来的消极影响”。从此,中国的改革表现出在宪法环境(制度环境)松动下(大胆试,勇敢闯),各地方、经济主体以及个人的“犯规”“试错”的过程。

在农村承包经营成功的示范下，城市改革自 1984 年全面启动。为改善国有企业的素质，1984 年 5 月，国务院发布了《关于进一步扩大国营工业企业自主权的暂行规定》，1983 年到 1986 年间，先后推行了两步利改税，扩大企业自主权。放权让利调动了人们的积极性，但国有经济仍旧缺乏活力。从 1987 年开始，国有企业特别是国有大中型企业普遍推行了经营承包责任制，先后组织了两轮承包。由此，广泛而普遍的承包制成为中国改革的基本特征，包括企业与上级行政主管间的“企业承包”以及企业与下属分支组织间的“分包”和“个人承包”，中央与地方间的财政“分灶吃饭”（地方承包），中央政府与所属部委间的“部门承包”。

承包制绕开了当时相当敏感的所有制问题，又在很大程度上增强了经济体制的激励功能，对促进经济的快速发展起到了积极的作用。但承包制是权力主导下的分利化运动或权力支配下的市场化进程，其隐含的前提是承认社会中存在着不同的现实利益主体，传统体制下“自在的”利益主体一跃变为“自为的”利益主体，承包成为一种讨价还价的过程，游戏规则必然由强势主体所主导，难以形成一个统一而公正的游戏规则，存在较大的差别性、随意性和博弈色彩。其局限性表现在微观经济层面上造成短期性经营、掠夺性经营，国有企业的承包者不但没有“种树的积极性”，甚至也没有“种草的积极性”（张维迎，2001），为 20 世纪 90 年代后国有企业的困境埋下了祸根；在区域经济层面上造成诸侯经济、地方保护和市场分割，追求地方及部门本位利益的动机造成了严重的重复建设、恶性竞争和不正当竞争，出现了严重的个体理性与集体理性的冲突，并变得难以治理；在政治上造成分裂主义、裙带关系和腐败风气，形成了巨额的权力资本，经济政策明显地受制于特定的利益集团，流露出“政府俘虏”（state captured)的迹象。

由于这一时期的改革,基本上表现为“帕累托改进”,承包制成为一种代替“全面而统一的市场规则”的次优办法,有其历史合理性,但其历史局限性非常突出。在此背景下,深层次的制度变迁在20世纪80年代末被提上议事日程,产权理论由此被学者们所引入,一场新的变革在所难免。

鼓励一部分人、一部分地区先富起来,在很大程度上采取了政策倾斜的手段,政府为推进改革所采取的政策措施带有鲜明的差别化色彩。为实现市场化而采取的价格双轨制是一次大规模的利益调整过程,在促进了市场化进程的同时,人为助长了“寻租”、“腐败”等社会问题,造就了一大批“权力资本”,扭曲了市场关系,在普遍的“权力揽买卖”的同时,马克思所批判的“权力捉弄财产”的现象调表现得尤其突出。

总之,渐进式改革的双轨过渡、差别化政策,不可避免地造成了不同地区、不同人群、不同企业之间权利和义务的巨大差别,经济活动在多层权利结构构成的等级社会中不平等地运行,虽然调动了各个方面的积极性,但政策的公正性较差,经济运行始终逃不出“一放就活、一活就乱”的恶性循环。1988年的治理整顿,以及1989—1991年经济发展的低迷,反映了渐进改革方式的边际收益已降到了一个非常低的水平,改革需要指导思想(制度环境)、战略目标和思路的重大突破。

2. 1992—2001年:为确立社会主义市场经济体制基本框架而进行的全面制度创新。全面承包制所暴露出来的问题以及改革的停滞不前,要求中国经济寻求进一步快速发展的突破口和新动力。1992年春天,邓小平南方谈话突破了人们对市场经济认识的传统意识形态束缚,有力地推动了人们的观念更新,人们对市场经济的认识日趋理性和科学,从而为重大制度变迁带来了制度环境的改变。1992 年 10 月召开的中共十四大正式宣布,“我国经济体制改革的目标,就是建立社会主义市场经济体制”,使中国经济体制改革的目标得以确立。至此原有的“摸着石头过河”的渐进式改革战略已不能适应客观形势的需要,改革需要尽快把经济运行转移到市场制度的基础之上。以此为开端,中国的改革开放进入到一个为建立社会主义市场经济体制的基本框架而进行的全面制度创新的阶段。

1993 年 11 月,中共十四届三中全会做出了《中共中央关于建立社会主义市场经济体制若干问题的决定》,规划了社会主义市场经济体制的基本框架。为此正式宣布采取新的“整体推进和重点突破相结合”的改革战略,争取在 20 世纪末初步建立起社会主义市场经济体制的基本框架。以此为标志,中国改革出现了一个政治、社会和制度的新体系,使增长具有连续性(罗斯托,1976),中国经济增长相应进入了一个快速而持续的新时期。具体来看,在财税体制方面,围绕建立适应社会主义市场经济发展要求的新型管理体制和运行机制的目标,进行了中华人民共和国成立以来规模最大、范围最广、内容最深刻的一次变革,本着“统一税法、公平税负、简化税制、合理分权”的指导思想,1994 年实行以分税制为核心的新型财政管理体制,取代了原先的财政包干制度,在合理划分中央和地方事权基础上,按税种划分中央收入和地方收入,中央和地方分设税务机构,初步规范了中央和地方各级政府之间的财政分配渠道,增强了中央政府的宏观调控能力,为实施积极的财政政策打下了较为坚实的财力基础,理顺了国家和国有企业之间的利润分配关系。在税制方面,建立了以增值税为主体、营业税和消费税为补充的新型流转税制度。为了保证各地政府最终能够提供大致相同的公共服务,以保证公平和效率,初步建立起了财政转移支付制度。此外,改进和规范复式预算制度也是这次改革的一个重要内容。财政体制改革实现了中央和地方、政府和社会利益体间的重大利益调整,规范了相互间的利益关系,有力地促进了社会主义市场经济的发展。

在金融领域,1995 年 7 月 1 日正式实施了《中华人民共和国商业银行法》,力争把四大国有银行尽快办成适应市场经济要求的商业银行,1998 年中央银行取消行政计划色彩浓厚的信贷限额总量管理办法,对银行实施资产负债比例管理,国有商业银行自主经营、自负盈亏的经营局面基本实现;适应经济、金融国际化的需要,配合银行商业化改革,于 1994 年先后组建了国家开发银行、中国进出口银行、中国农业发展银行等 3 家政策性金融机构将原先由四大银行承担的政策性业务分离出来,由 3 家政策性银行专门承担;1997 年将原有的城市信用合作社统一改组为城市商业银行;1999 年先后组建了中国信达、中国长城、中国东方和中国华融等四大金融资产管理公司,分别收购、管理、处置中国建设银行、中国农业银行、中国银行和中国工商银行的不良贷款,努力降低四大商业银行的不良资产比率。在金融监管方面,1995 年 3 月通过的《中华人民共和国中国人民银行法》,以法律形式明确了我国中央银行从"复合制"改为"单一制"。为了克服中央银行按行政区划设立分支机构所带来的在金融调控、金融监管方面的弊端,1998 年 12 月,中央银行进行了机构改革,下设了 9 个中国人民银行分行和 2 个直属营业部,分别管理辖内人民银行分支机构的金融监管,承办有关业务。同年实行了新的"计划指导,自求平衡,比例管理、间接调控"的信贷管理体制。为了促进保险市场健康发展,1998 年成立了保监会,专门负责保险市场的监管工作。

在外汇管理体制方面,1994 年进行了重要而有深远影响的改革:一是实现了人民币官方汇率和市场汇率的并轨,建立了以市场机制为基础的单一的有管理的浮动汇率制;二是实行银行结售汇制度,取消了外汇留成和上缴制度，实现了人民币经常项目有条件可兑换，建立适应市场经济要求，产权清晰、权责明确、政企分开、管理科学的现代企业制度；三是建立了银行间外汇市场，改进了人民币汇率形成机制。

在外贸管理体制方面，一是通过汇率并轨、取消外贸承包经营责任制，大幅度降低进口关税水平，完善出口退税制度，实行有利出口的信贷政策等改革举措，强化了经济手段，促进了我国经济体制与国际通行规则的接轨；二是加强了立法手段，1994 年 7 月 1 日起正式施行的《中华人民共和国对外贸易法》，标志着我国外贸的发展开始进入法制化轨道，以此为核心，相关配套法律法规相继出台，逐渐形成了一整套外贸法律体系；三是改革了行政手段，如放宽了生产企业经营外贸审批标准，逐步放开商品经营的范围，改革了商品出口管理体制，管理政策的透明度逐步增强。此外，外贸经营体制以及外贸协调体制的改革也不断得以深化。

在社会保障体系方面，1994 年以前的改革只是作为国有企业改革的配套措施单项进行的，1994 年后，尽快建立资金来源多渠道、社会保障多层次的适应中国国情的社会保障体系成为社会主义市场经济体制的迫切要求，社会保障体系的改革和建立进入一个新阶段。

在政府机构改革方面，为适应社会主义市场经济的要求，1993 年 3 月 22 日，八届全国人大一次会议审议并通过了《关于国务院机构改革方案的决定》，根据这个方案，从 1993 年到 1997 年，实施了新中国成立以来的第六次政府机构改革，但机构臃肿、效率低下的问题仍然突出，政府职能的转变与市场经济发展的要求仍旧脱节。从 1998 年 3 月开始，根据十五大报告和十五届二中全会的精神，1998 年 3 月 10 日，九届人大一次会议通过了《关于国务院机构改革方案的决定》，在全国范围内自上而下进行的大规模的第七次政府机构改革全面推开,其目标是建立办事高效、运转协调、行为规范的政府行政管理体系;完善国家公务员制度,建设高素质的专业化行政管理队伍;调整和减少专业经济管理部门,加强经济执法监管部门;裁减冗员,深化人事制度改革。通过近三年的改革,从中央到地方都进行了大规模的调整,国务院组成部门由原来的40个调整为29个,行政机关干部编制减少50%。政府机构改革取得了突破性进展。

在政府机构改革的同时,自1998年以来,政府宏观调控的经验不断积累,调节手段不断增多,宏观调控的能力不断增强,积极的财政政策和稳健的货币政策有机配合,保持了宏观经济的稳定,有力地治理了通货紧缩这一全新的经济难题,保证了国民经济较高的增长速度。以财政和货币政策等经济手段为主的间接宏观调控体系初步形成。

在国有企业改革方面,党和政府在该时期内的改革思路有一个明确的轨迹。中共十四大提出“转换国有企业特别是大中型国有企业的经营机制,把企业推向市场,增强它们的活力,提高它们的素质,这是建立社会主义市场经济体制的中心环节”。从1992年7月开始,在全国范围内开展了落实《全民所有制工业企业转换经营机制条例》的工作。1994年中共十四届三中全会在《中共中央关于建设社会主义市场经济体制若干问题的决定》中明确提出了“建立适应市场经济要求,产权清晰、权责明确、政企分开、管理科学的现代企业制度”的目标,1995年,《公司法》正式颁布实施,现代企业制度的改革试点工作推开。1997年9月召开的中共十五大在国有经济的战略性重组等方面做出了重大决策,把以公有制为主体、多种所有制经济共同发展确立为社会主义初级阶段的基本经济制度,实现了所有制认识上重大的意识形态的突破,为国有企业的改革开辟了新的道路。1998年中共十五届四中全会确定“用三年左右的时间,使大多数国有大中型亏损企业摆脱困境，力争到 2000 年大多数国有大中型骨干企业初步建立起现代企业制度”。为此采取了“债转股”“计改贴息贷款”等多种政策措施。坚持有进有退、有所为有所不为，把国有经济逐步集中到国有经济需要控制的关系国民经济命脉的四大行业和领域，按照“抓大放小”的方针，国有企业分类改革战略开始实施，明确了提供公共物品和服务的企业宜选择国有国营的模式，自然垄断性国有企业宜选择国有国控模式，竞争性国有企业宜进行股份制改造，国有中小型企业宜完全放开。至此，国有企业改革在意识形态上的障碍应该说基本消除。

在农业方面，1998 年中共十五届三中全会把家庭联产承包责任制确立为农村基本经济制度，并鼓励规范推进土地使用权流转机制的建设。为打破改革开放进程中中国存在的对外一体化与“国内市场逆一体化”(Bruce Gilley，2001)的倾向，中央政府努力以制度建设打破国内市场分割，反对地方保护主义，促进市场一体化的进程。中国制定了《反不正当竞争法》《国有企业破产法》《公司法》等一系列维护市场经济秩序的法律，出台了一批在市场经济活动中禁止地区封锁的行政法规，努力完善地方税收体系和财政转移支付制度，减少行政审批，削弱实行地方保护主义的行政权力，破除行政和行业垄断，形成统一、公开、透明的市场准入规定。

总之，经过这一阶段重大而全面的制度创新努力，改革获得了前所未有的突破和进展，社会主义市场经济体制的基本框架得以初步形成。

3. 2002 年以来：为完善社会主义市场经济体制而进行的深层权利重构。以 2001 年 12 月中国正式入世和 2002 年中共十六大召开为标志，中国的改革开放进入了一个全新的阶段，即为完善社会主义市场经济体制而进行的深层权利重构阶段。

入世即要求国民经济的运行必须按 WTO 的基本规则行事,而非歧视原则是 WTO 最为重要的原则,它具体通过 WTO 的最惠国待遇条款和国民待遇条款来体现,这样,国内各种超国民待遇以及次国民待遇必须取消, 以法律的形式重新规范市场经济条件下各个经济主体的权利、义务关系,在法律框架下,享受统一的国民待遇,形成平等的市场主体关系。由此,政府、国有经济、非公有经济以及其他市场经济主体的关系就必须重新进行界定。

国有企业的深入改革,非公有制经济的快速发展,不可避免地遇到产权制度这一核心问题。产权规则是市场经济最基本的游戏规则。一个国家的产权制度保护,是市场发展的基本结构性基础。而"法律缺乏综合症"(世界银行,1997) 极大地影响了产权安排的有效性,修改宪法并把对私有财产的保护置于同公有财产平等的位置予以保护的呼声日益强烈。"权力捉弄财产"的现象以及"法律缺乏综合症"下的产权制度缺陷,导致了市场经济运行中机会主义(opportunism)行为的泛滥,造成了严重的"逆向选择"和"道德风险",成为导致我国市场经济秩序混乱的根源。社会诚信匮乏,严重影响了市场经济乃至国民经济的健康发展。对相关经济主体权利的不当约束严重束缚了其发展经济的能动性。这一切都表明,中国的改革已不可避免地涉及深层次的权利问题。科斯定理(Coase theorem)表明,初始权利的安排以及经济组织形式的选择对资源配置的效率具有重大影响。中共十六大强调指出:"放宽国内民间资本的市场准入领域,在投融资、税收、土地使用和对外贸易等方面采取措施,实现公平竞争","完善保护私人财产的法律制度。"入世一年多来,政府大规模地清理与 WTO 规则不一致的法律、法规和文件,积极减少许多不利于市场经济发展的行政审批,重塑政府与市场的合理关系,推动了社会主义市场经济的发展。2002 年 3 月,变外贸经营权的审批制为登记核准制,为全年外贸的迅猛发展做出了出人意料的贡献，显示了权利重构的巨大威力。

中共十六大提出了“发展社会主义民主政治，建设社会主义政治文明”的重要目标，“保证人民依法实行民主选举、民主决策、民主管理和民主监督，享有广泛的权利和自由，尊重和保障人权”，标志着公民政治权利建设的新开端。

(二)改革的主线——从一般要素解放到人的解放

中国改革过程中第一阶段以放权让利为核心的市场化改革探索与第二阶段的全面制度创新，其基本特点是解放土地、资本等一般生产要素。在第一阶段中，农村家庭联产承包责任制解放了土地、草场等农业基本生产要素，调动了广大农民的生产经营积极性；广泛的承包制同样在一定程度上实现了国有资产以及各级政府的解放，促进了城市改革的深入；由沿海到内地的梯次开放，实现了全国各地发展开放型经济的解放。在此基础上，市场得以从计划经济的框架内获得突围，并最终成为资源配置中的主导力量，释放了市场的活力。第二阶段的制度创新，进一步以制度的方式保证了“差别化解放”的成果，并使其得以在全国范围内展开。

但这样一种一般要素渐进解放的改革路径，在取得渐进性收益、保持相对稳定的同时，由于人的解放相对滞后，使得各种要素的自由配置受到了较大束缚，人力资本成为“要素木桶”中最短的一块。加在人们身上的种种身份的、地域的、行业的、行政性的或观念性的束缚较多，成为充分发挥人的积极性的严重障碍，并最终对经济发展、社会进步造成一系列消极影响。由于对农民发展的体制性约束，经济发展的张力使农民在“下有对策”的博弈中，自主创造出所谓“离土不离乡”的独特的乡村工业化模式。在取得举世瞩目的成就的同时，资源配置中不可避免地产生了某些明显甚至是严重的扭曲效应，工业化与城市化之间关系不合理,城市化明显地滞后于工业化水平。对“三农”的既解放又不解放的状态,导致了数以亿计的农民工候鸟般地在乡村与城市间艰难地飞去飞来,难以实现身份、地位的真正转变,城乡二元结构的转变非常缓慢,国民经济的有机协调、整个社会的结构优化难度很大。同样存在于城市中的诸多对人的限制,使得劳动力市场的扭曲度较高,人们的职业流动性较差,自主选择性普遍较低,人与其他生产要素的自由结合度在一定程度上甚至比农村更差,人的外在依赖性很强,内在主动性较差。社会基本上是从“能做什么”而不是从“不能做什么”的角度为大众的活动行为界定了僵化的区间,在相当大的程度上窒息了人们的创造性和能动性。人的解放的滞后性及各要素解放在时序、地域上的不一致性,还导致了越来越多的人、地区不能分享或仅能分享较少的经济增长成果,社会分化日益明显,收入差距因劳动收入机会的不公、劳动收益权的差别而越来越突出且复杂化。一部分人、一部分地区成为改革与发展中的弱势群体、弱势地区,并在世纪之交成为全社会关注的热点问题之一。

由于人的解放滞后于一般要素的解放,强加于人们身上的种种限制迟迟难以解除。因此,改革开放以来,改革的每次重大推进,无不以党的指导思想的重大调整为先导,“领导人的观念转变——党的代表大会形成共识——政府政策调整——新一轮改革——经济加快发展”成为一个带有普遍意义的转轨模式,政治经济周期特征明显。社会经济发展从而在很大程度上表现为“观念生产力”、“政策生产力”,而自主的“制度生产力”较为低下。

自由这一市场经济体制的关键特征,渗透在自由选择、等价交换、一致同意与自我负责等市场经济体制的主要骨骼之中,它与经济主体的解放、与人的解放息息相关。市场“无形之手”作用的发挥,正是通过无数个分散而独立的经济主体的自我决策、自由选择、等价交换等一系列相关行为而实现的。没有人的解放，就没有经济主体的解放；而没有经济主体的解放，“无形之手”的作用就无从谈起。与市场经济体制相关的自由与解放意味着，经济主体认为是重要和有价值的选择，不能被阻塞和封闭起来，职业选择自由和消费选择自由是大多数人的两类最基本的市场自由与权利，其他的一些自由是这两类基本市场自由的某种扩展或变形。

渐进式改革的适应性效率让我们越来越明确地认识到从一般要素解放过渡到人的解放、经济主体的解放的重要性与迫切性。早在1998年10月5日，我国即已签署了联合国《公民权利和政治权利国际公约》，其中规定“除非依本法律所规定的根据和程序，任何人不得被剥夺自由”，“在一国领土内合法居留之人，在该国领土内有迁徙之自由及择居之自由”。中共十六大报告提出了“必须坚持和深化改革”中的“三个坚决论”，即“一切妨碍发展的思想观念都要坚决冲破，一切束缚发展的做法和规定都要坚决改变，一切影响发展的体制弊端都要坚决革除”，并重申“发展必须相信和依靠人民，人民是历史前进的动力”。由此，2002年以来的改革，标志着中国从一般要素的解放，向人的解放的重大进展。十六大报告重申，包括知识分子在内的工人阶级、农民始终是推动我国先进生产力发展和社会全面进步的根本力量，民营科技企业的创业人员和技术人员、外资企业的管理技术人员、个体户、私营企业主、中介组织的从业人员、自由职业人员等社会阶层，同样是中国特色社会主义事业的建设者。新时期的改革实践，必须将十六大的相关精神，切实转换为意识形态方面的社会共识，转化为严肃的法律，落实为约束有力的相关制度，形成强劲的制度生产力。人的解放，必然要求一系列权利的重新构建，形成权利平等的市场主体，这种权利平等，既包括相同的经济权利，也包括政治地位的平等。只有把一般要素的解放同人的解放有机结合起来，才能保证市场经济的深入发展，充分发挥市场运行的活力，才能“放手让一切劳动、知识、技术、管理和资本的活力竞相迸发，让一切创造社会财富的源泉充分涌流”，才能形成全体人民各尽其能又各得其所的和谐相处的局面。

“发展社会主义民主政治，建设社会主义政治文明，是全面建设小康社会的重要目标。”政治民主与市场自由从而与人的解放是相辅相成的，社会主义政治文明建设必将推动公民权利的全面落实。2002年以来的改革，标志着中国从“有限公正”向“全面公正”方向的改进，各地区、各经济主体，应该在权利平等的基础上，按照统一而规范的市场规则进行公平交易，而不是简单的差别化政策基础上的“一部分人、一部分地区先富起来，”全面公正要求由原先的“关系经济”向“契约经济”的转变。

（三）新时期改革的实质——权利重构

要实现从一般要素的解放到人的解放，从“有限公正”过渡到“全面公正”，就必须进行全面的权利调整和权利重构，并以基本规则、制度的形式加以规范。现有的许多制度安排，尚带有比较明显的权利歧视的色彩，社会等级制度的特点比较明显，城乡之间、工农之间、产业之间、地区之间、所有制之间、政府与市场之间，存在明显的权利差别，人为地造成了社会经济发展中的机会非均等，抑制了经济发展的活力。客观形势要求，改革不能再继续沿用根据不同阶层、不同产业、不同地区的利益和社会突出矛盾而展开的传统模式，社会主义市场经济体制的进一步完善，要求建立新的权利规范及其正义原则，亟须进行权利的重构与重大调整。而权利实际上是社会以肯定的方式对主体自由的限制，权利存在的前提，是人本身具有自由的选择能力。

约翰·罗尔斯（John Rawls）在其名著《正义论》中提出了“社会的基本善”的概念，这些善是“每个理性的人都想要的东西”，其中包括

"权利、自由和机会,收入和财富,以及自尊的社会基础"。这些基本自由的与众不同之处在于,它们具有比其他基本善优先的地位,自由原则具有优先地位,该原则要求"在获得最广泛的、与其他人类似的自由相容的基本自由方面,每个人都必须享有同等的权利"。同时,他认为社会分配的任何不平等不能以牺牲社会中最差成员的福利为代价,不平等应受到谴责,除非它们能对每个人有益,即差别化原则。自由原则和差别化原则构成了罗尔斯社会公正理论的两大原则,成为其理论的核心内容。

罗伯特·诺齐克(Robert Nozick)提出了所谓应得权利理论,不是从结果的角度而是从程序上来评价分配的公平(程序公平),公平的首要问题是基本权利得到尊重,包括生存权、获得个人劳动产品的权利以及自由选择权等,他认为这些权利以及由此而衍生的"应得之物"是神圣不可侵犯的。

阿玛蒂亚·森(Amartya Sen)在罗尔斯理论的基础上进一步提出了"基本能力平等(basiccapabilities equity)",即一个人赖以进行某些基本活动的能力,或一个人有能力做一些基本的事。基本能力的关注点是对罗尔斯"基本善"的自然扩展,把注意力从有益事物转向了有益事物对人类会有何影响。在人与人之间,从善到能力的变化是实质性的,前者的平等与后者的平等之间存有很大差距。

以上这些公平理论,虽然对基本权利的界定存有不同,但都主张必须要对一些基本的权利进行保护,以体现社会公正;他们都强调起点的公正,虽然对于什么样的起点才是公正的有不同的意见。

兴盛的市场经济最重要的是那些能够保障个人权利的制度,这些制度包括财产权,此外,市场经济也要有鉴定各种公平的可实施的契约的权利(奥尔森,1982)。

权利的重构与调整,内容是全面而广泛的,不仅要求经济权利,也包括政治、社会和文化权利在内的社会整体权利规范的结构性调整。其实质就是对个人的自由权利的平等尊重和充分保护。

在经济权利方面,关键是完善市场经济的基本规则——产权规则,完善保护私人财产的法律制度。对各种产权进行同等对待和同等保护,使产权可以通过市场交换自由流动,建立起"恒产"、"恒业"、"恒心"的良性循环,确立经济主体的自由创业权、自由交易权、自由发展权。

在政治生活领域,需要调整"公权"和"私权"的关系,"发展社会主义民主政治,建设社会主义政治文明",让公民成为一个自决、自立的公民,做一个全面的公民。

权利的重构和调整,还要求对权利的司法保护方式和社会道德约束方式实现转变。在法律方面,"建设社会主义法治国家",依法治国,依法行政。法律结构应由公法主导转向私法优先,程序法与实体法并重。在道德方面,道德义务的规定应相对于个人的权利,道德评价应限制在个人应尽的义务范围之内。在文化方面,应保护、提倡个性化和多样化,价值观念和信仰应由严格排他转向宽容与对话。

因此,围绕权利的重构和调整,财产权保护、政制体制改革、户籍制度改革、法律体系改革将成为新时期改革的主体。

这种权利重构的背后,是对现有利益格局的重大调整,制度变迁中的"路径依赖"是深化改革过程中的一大难题,新一届政府首先从政府机构改革抓起,显示了其推进改革、实现权利重构的巨大决心。如何打破强势利益群体的垄断,使大众获取应得的改革收益以取得大众的支持,造就改革强大的社会动力支持,是当前政府面临的关键问题。正如马克思所言:"这里是罗陀斯,就在这里跳罢!"

参考文献：

[1](美)W·W·罗斯托.经济增长的阶段——非共产党宣言[M].北京：中国社会科学出版社，2001.

[2](美)M·奥尔森.国家兴衰探源[M].吕应中等译.北京：商务印书馆，1993.

[3](美)约翰·罗尔斯.正义论[M].何包钢等译.北京：中国社会科学出版社，1999.

[4](美)罗伯特·诺齐克.无政府、国家与乌托邦[M].何怀宏等译.北京：中国社会科学出版社，1991.

[5]Amartya SenInequality Reexamined[M].Oxford University Press，1992.

[6]吴敬琏.改革：我们正在过大关[M].北京：三联书店，2001.

[7]张维迎.产权、政府与信誉[M].北京：三联书店，2001.

[8]吴敬琏.经济改革二十年实践和理论的发展[J].马克思主义与现实，1998(5).

[9]盛斌.中国经济改革的政治经济学分析[J].开放时代，2001(12).

[10]常健.市场经济与权利规范的转型[N].天津日报，1999-07-20.

[11]Bruce Gilley.中国入世：地方保护主义与省际贸易壁垒[J].辛本健编译.国外社会科学文摘，2002(1).

(原载《兰州大学学报(社会科学版)》2003 年第 4 期)

论改革的公正性与公正性改革

效率与公平，是经济学研究中永恒的主题之一，处理好两者之间的关系、寻求二者之间的动态均衡，不仅为经济理论研究所关注，也是各国政府实践中的关键问题。基于中国改革的初始条件及其制度变迁的特殊方式，在处理效率与公平之间的关系问题上，同样存在一个渐进的演变路径，从“让一部分人、一部分地区先富起来”到“全面建设小康社会”，从“东部沿海地区率先发展”到“区域经济非均衡协调发展”，是其基本的表现，改革的公正性问题已成为当前社会经济运行中的一个突出问题。

一、效率与公平观：一个简要评述

（一）两种主要效率观及简要评述

如何对稀缺资源进行优化配置，实现理想的效率，是经济学研究的主题。在经济学研究中，存在着两种具有代表性的效率观。

1. 帕累托效率及其改进。新古典经济学所讲的效率，是指帕累托效率（Pareto efficiency），它要求在交换经济和生产经济中同时实现帕累托最优（Pareto optimum），有效率地配置消费和生产要素，使任何两种商品的边际替代率对于所有的消费者都相等，所有商品的生产中任何两种投入要素的边际技术替代率都相等，最终实现一般效率。

帕累托效率标准虽然是经济学中极为重要且被广泛采纳的一个标准，但由于其依赖的特定的前提条件（道德个人主义、效用的序数测量和不可比性），不可避免地具有很大的局限性。它忽略了各种社会状态（social state）的一些重要方面，只给出了部分次序，会引起“现状独裁”（tyranny of the status quo）。帕累托原则把个人偏好作为社会偏好的唯一基础，由于没有考虑自由和权利，有可能与其他原则相冲突，与“最小自由”原则就不一致。该标准还忽略了社会状态的其他方面，如商品的数量和分配问题，极大地削弱了其应用价值，尤其是在很不公平的情况下。帕累托标准的狭隘性促使阿玛蒂亚·森（Amartya Sen，1982）建议放弃它，而它与收入分配的不相关性，导致森与罗尔斯（John Rawls）等人提出了不同的效率标准。

新福利经济学认识到这一缺陷并对其进行了发展，卡尔多（Kaldor，1939）首先提出了著名的“补偿原则”，又称“卡尔多-希克思标准”。该原则认为，一种导致生产率提高从而使社会的实际收入增加的变化，会增加社会的福利，因为那些从该变化中受益的人能够在补偿那些境况变差的人之后还有净收益。学者们对卡尔多-希克思标准的批评集中在两个方面：一是补偿的有效支付问题，二是从一种社会状态到另一种社会状态的变化是否只根据这种变化对总收入的影响来评价，而不考虑现实的财富分配状况，而且，收入的净增加并不等于福利的增加（Gravelle and Rees，1992）。塞特夫斯基（Scitovsky，1941）指出了卡尔多推理的逻辑问题，提出了“塞特夫斯基双重标准”，进一步完善了“补偿原则”，但它并没有消除对“补偿原则”的一般异议。

福利经济学第一定理表明，完全竞争和完全市场的经济体系中，所形成的竞争性均衡，就是帕累托最优的。由此，帕累托效率只能在条件严格的完全竞争市场状态下才能实现，而现实的市场基本上不具备完全竞争市场所要求的基本条件。

2. 动态效率。动态效率包括两个方面的重要内容，一是适应性效率(Alchian,1950),是指逐渐了解问题的环境和性质并适当地解决这些问题,即边干边学(1earning by doing);二是创新性效率,即创新的能力。创新是指引入新的(降低成本)生产方法(过程创新)或新产品(产品创新)。从宏观经济角度看,动态效率与经济增长能力相对应。根据熊彼特(Schumpeter,1943)的观点,垄断市场是最有利于创新的市场形态,因为它有利于创新者有望获取创新的全部果实,经验性证据表明了这一点(Scherer,1980)。由此,帕累托效率与动态效率之间,可能存在着一定的冲突。

(二)对经济学中的公平观的简要评述

经济学研究中的效率主要与生产相联系,而公平则主要是针对分配而言的。福利经济学的研究表明,试图将公平问题割裂开来而仅研究效率的努力是失败的。尤其是在选择一种或另一种状态意味着使某个人的境况改善而使其他人的境况恶化时,确定完整社会次序就必须界定出能使我们评价所有可能的、可供选择的状况的原则,为评价分配而建立评价标准是必要的。在各种公平理论中,最著名的有功利主义公平(utilitarian equity)、总效用公平(Total utility equity)、罗尔斯(Rawls)的公平理论以及反对道德个人主义(Ethical individualism)的公平标准,如诺齐克(Nozick)的应得权利理论(entitlement principle)和阿玛蒂亚·森(AmartyaSen)的基本能力公平(Basic capabilities equity)观。

1. 功利主义公平观——边际效用平等。功利主义的目标是不考虑分配,而只追求在总体上获得最大功利,即要求使每个人的边际效用相等,这种边际效用平等体现着对每个人的利益的平等对待。当财富的总量与分配相关时,考虑到调整的结果取决于财富的规模与分配,总效用的最大化也要求,在这样一点上实现那些调整,即获得者所得到的边际效用与损失者所失去的边际效用是平等的。新福利主义者哈桑伊(Harsanyi,1953)断言,只有功利主义有能力在一个人和另一个人同样紧迫的人类需要之间避免不公正的歧视。

2. 总效用平等的公平观。总效用平等的公平观与功利主义类似,其所关注的焦点从边际效用转向了总效用,总效用平等可以直接观察,而功利主义公平则需要有一些在不同的假设下事物会是什么样的假说。

3. 平均主义的公平观。这种观点认为,为得到最大的社会总福利,只有在社会的所有成员得到同等数量的商品这一状况才可能,因此,它明确要求平均配置,收入分配越平均,社会福利越大。这集中表现在贝尔努利-纳什社会福利函数(Bernoulli-NashSWF)中。

4. 罗尔斯的公平理论。约翰·罗尔斯(John Rawls)提出了著名的公平“自由与差别两原则”。在自由原则方面,他提出了“社会的基本善”的概念,这些善是“每个理性的人都想要的东西”包括“权利、自由和机会,收入和财富,以及自尊的社会基础”。这些基本自由的与众不同之处在于,它们具有比其他基本善优先的地位,自由原则具有优先地位,该原则要求“在与类似的全体自由制度相容的、最为广泛的基本自由平等的总制度中,每个人都要享有平等的权利”。差别原则包括“应该对社会和经济不平等做出安排并使它们:(1)对最为不利的人产生最大收益……(2)让所有人在机会平等的条件下都有事可做”。(Rawls,1971,p302)差别原则是自由原则的补充。根据差别原则,公平的配置应该是使社会中境况最糟糕的人的效用最大化。如果甲的境况好于乙,只要某种状况或行为能改善乙的境况,那么这种状况或行为就被认为是公平的、可取的,而不管它是否会改善甲的境况。

罗尔斯的公平理论带有明显的平均主义色彩,但又不完全如此,它同时也表现出不太平均的状况,只要这种状况从绝对值上看使境况最差的人受益最多(Stiglitz,1988)。罗尔斯的理论由此又被称为罗尔斯最大最小化原则(Rawls’ maximinimize principle)。

5. 诺齐克的应得权利理论。罗伯特·诺齐克(Robert Nozick)提出了所谓应得权利理论,不是从结果的角度而是从程序上来评价分配的公平(程序公平或形式公平),公平的首要问题是基本权利得到尊重,包括生存权、获得个人劳动产品的权利以及自由选择权等,他认为这些权利以及由此而衍生的"应得之物"是神圣不可侵犯的。只要个人的基本权利得到了尊重,任何分配都是公平的。诺齐克的应得权利理论,旨在保障自由以及权利的行使,不是满足偏好。衡量公平的标准不是个人效用,而是权利的行使和对权利的尊重。

6. 森的基本能力公平观。阿玛蒂亚·森(Amartya Sen)引入了两个创新性的概念"功能(functioning)"和"潜能(capa-bility)",成功地把对物质方面和个人取得的结果的考察与对权利和自由方面的考察结合在一起,在罗尔斯理论的基础上进一步提出了"基本能力平等(basic capabilities equity)",即一个人赖以进行某些基本活动的能力,或一个人有能力做一些基本的事。人们利用物品的一些特点来实现某些功能,而功能的实现标志着人们享有了利益,保证他们可以行使积极自由的权利。而且,重要的不仅仅是有效地实现某些功能,实现这些功能的可能性(潜能)也很重要。基本能力的关注点是对罗尔斯"基本善"的自然扩展,把注意力从有益事物转向了有益事物对人类会有何影响。森认为,在人与人之间,从善到能力的变化是实质性的,前者的平等与后者的平等之间存有很大差距。

7. 市场结果公平观。新古典经济学在公平问题上的看法即为市场结果公平观,它认为,在完全竞争的市场上,按要素的边际产品贡献分配,土地获得地租,资本获得利润,劳动获得工资,各得其所,市场结果是最公平的,虽然可能或必定发生结果的极大不均。

此外,布坎南(Buchanan,James M,1986)认为公平的标准是"一致同意",只要交易遵循"一致同意"的原则,就是公平的。

（三）公平与效率的关系

由于存在众多的效率观和公平观，因此，在效率与公平关系的问题上，难以做出一个一般性的结论。人们通常意义上所讲的“效率优先、兼顾公平”，奥肯定律（Arthur M·Oken，1975）所讲的“效率与公平存在一定的替代关系”等观点，基本上是从帕累托标准或从效用最大化角度看待“效率”，从平均主义或结果的角度看待“公平”，并不可避免地导致了“平等悖论”。森（Sen，1970）指出，帕累托最优下的效率，可能是令人恶心的，福利经济学第二定理由此强调通过政府再分配调整资源的初始禀赋配置，然后通过市场配置达到竞争性均衡，就可以实现效率与公平的统一。但政府进行再分配必须拥有完全信息的难度很大甚至不可能。哈耶克（Hayek，F.A.1976，p142）强调：“由特殊干预行动对自发过程中的分配状况的‘纠正’，就是一个原则同等地适用于每一个人而言，从来不可能是公正的。”阿瑟·奥肯主张把效率与公平置于同等的位置，市场机制在某些情况下需要限制，但也不能过分；收入均等化措施需要保留一些，但又不能过度。

以上观点的前提是坚持在自由原则和应得权利得到充分尊重并实施从而机会平等的前提下，对收入分配领域平均问题的讨论。从某种意义上讲，这种状况下的效率与公平具有同一性。正如布坎南所讲，只要交易严格遵循“一致同意”的原则，就既具有效率，同时也是公平的。

森的公平观之所以具有越来越大的影响力，就在于为了自由原则和应得权利的实现，就必须关注弱势群体的基本能力，只有具备了基本能力，自由和权利才能得以保证，这才是公平的关键所在。在基本能力平等的基础上，效率与公平也就具有了同一性，由此再争论两者的关系问题就显得毫无必要。

二、改革过程中的有限公正性

中国的改革,是在国民经济濒临崩溃的边缘,社会普遍贫穷的严峻形势下开始的。如何以较快的速度改变普遍的贫穷状况以体现社会主义制度的优越性是当时决策层关注的焦点。普遍的贫穷与社会财富总量过小由此成为当时社会矛盾的主要方面,如何让一部分人、一部分地区率先富起来是当时主要的价值取向。

以此为指导,中国的改革是以渐进主义的方式,采取了体制外先行的战略,在缺乏明确改革目标模式、缺乏统一规则的情况下,“摸着石头过河”,鼓励大胆地试,勇敢地闯。改革中所采取的放权让利、差别化承包以及各种各样的试点等措施,均缺乏全国统一的规则,政策的人为因素、偶然因素影响明显,制度变迁一方面表现为自上而下的权力主导型的强制性变迁,也表现为自下而上的倒逼式的诱致性制度变迁,改革不可避免地成为一场广泛而普遍的“犯规”运动,许多今天尚明令禁止的做法,明天即成为全国学习、推广的典型,事前的自主“犯规”往往成为事后的积极追认。个人之间、地区之间、企业之间不存在所谓的机会平等、基本权利平等,更不用说基本能力的平等。起点的不公平、程序的不公平性必然加剧结果(收入分配)的不公平,并且使两者叠加在一起,形成某种程度的恶性循环,造成多重意义上的不公平。中国当前收入差距中所表现出的行业差距、地区差距、城乡差距等方面的特点,就是其集中的反映。由此,改革因其特殊的改革方式与路径而表现出有限公正的基本特点,具体体现在以下几个方面。

(一)广泛的“个别性承包”(particularistic contrating)

为了在不根本触动所有制这一敏感问题的前提下,推动改革顺利进行,在20世纪80年代中后期,中国在产权和权责利明晰之前,采取了“个别性承包”制，如行政主管部门与国有企业之间的“企业承包”，国有企业与下属分支组织与个人之间的“分包”及“个人承包”，中央和地方政府之间在财政上的“分灶吃饭”即“地方财政包干”，中央政府与所属部委间的“部门承包”等，虽然在一定程度上调动了企业、地方以及个人的积极性，但在实践中，由于缺乏统一的游戏规则，承包双方在相关经济指标等承包条件方面存在激烈的讨价还价现象，承包政策存在较浓厚的差别性、随意性和博弈色彩，不可避免地造成了严重的短期化经营、裙带关系和腐败风气。

（二）缺乏统一的法律规则约束，改革一般从解决特定的行业利益、部门利益、地方利益或特定群体的利益矛盾着手

由于各地区、各部门、各行业以及各个利益群体在社会中的权利和地位存在客观的差别，这样一种改革方式所造成的结果，地区有先后，行业与部门有差别，群体有高下，不仅造成改革成本分担的不公平，也导致了改革与发展机会的重大差别。一些弱势地区、部门、行业以及群体被逐渐边缘化，最终导致了大量的弱势地区、弱势部门、弱势行业以及弱势群体，它们不仅在经济发展过程中面临不公平的机会，在基本的能力上也日渐弱化。地区间经济发展水平的差距、行业部门之间的收入差距、城乡之间的收入差距、人与人之间的收入差距在短期内迅速扩大。在短短20多年的时间内，中国从一个收入差距很小的国家变为收入很不平等的国家，这样的速度在世界上是少有的。同时，收入分化因特殊的改革路径而带有明显群体特征、区域特征和行业特征。收入分配问题日益成为最引人注目的问题之一，成为影响社会稳定的大隐患。

（三）权力主导下的改革

改革是在保持中央集权的前提下，将自上而下的强制性制度变迁与自下而上的诱致性制度变迁相结合，各级政府在改革中起主导

作用。从计划经济体制向市场经济体制的转轨过程中，由于缺乏完善的法律与民主监督机制，寻租和腐败大量滋生，形成了大量的“权力资本”“权力揽买卖”“权力捉弄财产”等现象。经济运行的基本特点是“关系经济”而不是公平的“契约经济”，改革与经济运行过程中的公平度与透明度较低。

(四)缺乏统一的国民待遇原则

改革过程中广泛采取的“双轨过渡”，由沿海到内地的梯次开放战略，决定了宏观性国民待遇的缺乏。为吸引外资、为发展个体私营经济等而出台的一系列优惠政策，则又反映出超国民待遇的特征，而对其投资领域、市场准入等方面的限制，又表现出弱国民待遇原则；国有经济一方面承担着改革的成本，制度约束较多，权利较小，仅享有弱国民待遇原则，同时在很多方面又享有特殊的政府“父爱主义”照顾，具有强烈的超国民待遇色彩；在“下海”“创收”的热潮中，政府机构、事业团体等纷纷创办的经济实体，由于有各种各样的背景，基本享受着超国民待遇。

因此，在改革过程中，各地区之间不存在统一的国民待遇，各微观经济主体之间，国民待遇原则也不存在，经济发展缺乏公平的客观环境。

三、公正性改革的内容和目标

由于在相当长的时期内，改革使大部分人的收益增加，基本上呈现出一种“帕累托改进”，这种带有不公正性色彩的改革尚能够获得比较充足的动力支持，改革中的不公正性能够得到社会的容忍。但随着改革的推进，渐进式改革的边际收益在递减，加之改革收益的非均匀分配越来越突出，相当一部分人的利益开始出现绝对减少的迹象，社会不满意感日益强烈。20 世纪 80 年代末 90 年代初，传统体制的支持者发起对市场化改革的责难，而利用优惠政策或特权率先富起来的新兴利益集团与一部分规则制订者合谋,以改革的名义,阻碍统一规则的制订,成为进一步市场化的阻碍者。改革由此面临着严峻的考验。

党的十四大将社会主义市场经济体制确立为改革的目标，市场从计划体制的包围中获得突破。十四届三中全会决定采取新的“整体推进、重点突破”的改革战略。1994 年在财税体制、金融体制、外汇管理体制、外贸体制、企业制度和社会保障体系等重点方面进行了全面的制度创新,改革中的差别化特征得到较大程度的削弱,使社会经济运行中的不公平问题得以初步修正。在制度创新的推动下,中国的经济发展驶入了快车道。1997 年党的十五大实现了所有制问题的重大突破,把以公有制为主体、多种所有制经济共同发展确立为社会主义初级阶段的基本经济制度,基本解决了所有制歧视的问题,并在 1999 年的新宪法中加以确立。2001 年 12 月中国正式加入 WTO,中国政府承诺按照 WTO 基本规则行事,开始大规模的清理与 WTO 规则不适应的政策、法规,积极减少行政审批,落实国民待遇原则,积极打破地区和行政垄断,促进全国统一、开放的大市场的形成,较大程度地促进了机会公平、程序公平。党的十六大报告在政治上强调要发展社会主义民主政治,建设社会主义政治文明,健全民主制度,丰富民主形式,扩大公民有序的政治参与,保证人民依法实行民主选举、民主决策、民主管理和民主监督,享有广泛的权利和自由,尊重和保障人权。充分体现了党对自由、平等、人权、民主、法治等市场经济的核心要素的高度重视。“放宽国内民间资本的市场准入领域,在投融资、税收、土地使用和对外贸易等方面采取措施,实现公平竞争……完善保护私人财产的法律制度”体现了党营造公平的市场竞争环境、遵守国民待遇原则的决心。十六大报告在高度重视机会公平、程序公平、权利公平的同时,非常强调结果公平的重要性,提出了深化分配制度改革、健全社会保障体系的具体要求。再分配必须注重公平,加强政府对收入分配的调节职能,调节差距过大的收入,规范分配秩序,合理调节少数垄断性行业的过高收入,取缔非法收入。以共同富裕为目标,扩大中等收入者的比重,提高低收入者收入水平。这一精神,体现了党坚决实现结果相对公平的宗旨,也符合基本能力平等的要求,力图使人们在经济增长过程中有公平的参与机会,保证经济公平、公正和平等,共享增长的成果,促进人的全面发展和社会经济的可持续发展。

可以说,中国的成功入世特别是党的十六大的胜利召开,标志着改革已进入一个新的阶段,即公正性改革阶段。公正性改革的基本内容是建立起统一、规范而公正的市场规则,包括市场准入规则、市场竞争规则、市场交易规则和市场退出规则。其重点是对经济主体公平而统一的权利调整与重构,反对并打破垄断尤其是非经济性垄断,消除各种形式的社会经济歧视,给予并确保广大经济主体公平参与市场的平等权利,保证其获得并享有更多的发展机会。其深层次问题是政治体制改革与产权制度改革。具体而言,改革的基本内容集中在以下几个方面:

1. 改革并完善市场经济的基础规则——产权规则。尽快实现国有企业改革和金融体制改革的突破,培育和加大对私有财产的保护,完善保护私有财产的法律制度。对各种产权进行同等对待和同等保护,使产权可以通过市场交换自由流动,建立起"恒产""恒业""恒心"的良性循环,确立经济主体的自由创业权、自由交易权、自由发展权。

2. 健全统一、开放、竞争、有序的现代市场体系。发挥市场在资源配置中的基础性作用,实现资源优化配置的前提条件是存在一个统一、开放、竞争、有序的现代市场体系。但目前各类子市场发育不均衡,特别是各类要素市场发育比较滞后,同时行业垄断和地区封锁现象仍然比较突出,市场准入机制不公平。为了尽快健全统一、开放、竞争、有序的现代市场体系,一要靠加快改革步伐,推进要素配置的市场化程度,推进资本市场的改革开放和稳定发展,发展产权、土地、劳动力和技术市场,创造出各类市场主体平等使用生产要素的健康环境,促进各类商品和生产要素在全国统一大市场中的自由流动;二要靠法治,通过法治打破垄断,反对地方保护主义;三是完善有效的财政转移支付制度。

3. 公民权利建设。在政治生活领域,需要调整"公权"和"私权"的关系,发展社会主义民主政治,建设社会主义政治文明。让公民成为一个自决、自立的公民,做一个全面的公民。

4. 户籍制度与人事制度改革。现行的户籍制度与人事制度安排还带有较浓厚的传统计划体制的色彩,在境内自由的迁徙与就业不仅是一项基本的公民权利,同时也是市场经济要素自由流动的基本要求。现行的制度安排不利于调动最能动的要素功能的充分发挥。只有加快户籍制度与人事改革,才能消除劳动力市场中的歧视现象,建立起全国统一而开放的劳动力市场,保证公民身份和劳动权利的平等,实现人们获得收入的机会均等。

深化行政管理体制改革。政府行政管理体制以及政府职能问题已经成为影响中国市场经济体制进一步完善的一个重要因素。通过深化政府行政管理体制改革,进一步转变政府职能,推进机构调整,减少审批项目,改善审批方法,实现依法行政,变"领导管理型政府"为"公共服务型"政府,把政府的职能集中在经济调节、市场监管、社会管理和公共服务等方面,最终实现政府与市场间的功能性分工,实现市场"无形之手"与政府"有形之手"的有机接合。

健全社会保障体系,关注社会弱势群体和地区。需要明确的是,社会保障权是公民的一项基本权利,其意义不仅在于尽可能实现结果相对公平,也关系到机会平等原则的实现,尽可能缩小人们在机会面前能力的巨大差别。通过公正性改革,一个既能实现资源配置的高效率,又尽可能实现权利公平、机会公平、基本能力平等以及结果相对平等的新型社会主义市场经济体制,在21世纪头20年内力争形成,只有如此,全面建设惠及十几亿人口的更高水平小康社会的战略目标的实现,才能得以根本保证,才能真正实现共同富裕的社会主义本质。

参考文献:

[1][意]尼古拉·阿克塞拉著,郭庆旺等译:《经济政策原理:价值与技术》,中国人民大学出版社2001年版。

[2][美]约翰·罗尔斯著,何包钢等译:《正义论》,中国社会科学出版社1999年版。

[3][美]罗伯特·诺齐克著,何怀宏等译,《无政府、国家与乌托邦》,中国社会科学出版社1991年版。

[4]Amartya Sen Inequality Reexamined, Oxford University Press, Oxford, 1992.

[5][美]A·奥肯:《平等与效率》,华盛顿1975年版。

[6][美]James M·Buchanan Liberty, Market and State, Harvester Press, 1986.

[7]盛斌:《中国经济改革的政治经济学分析》,《开放时代》2001年第12期。

(原载《甘肃社会科学》2003年第4期)

“过牧”的制度解释及治理的制度设计
——对玛曲县人草畜紧张关系的制度经济学思考

一、对玛曲县人草畜紧张关系的制度经济学思考

(一)问题的提出

玛曲县是甘肃省甘南藏族自治州所辖的一个牧业县，位于黄河上游。玛曲黄河段总长约433km,流域面积8850km^2,著名的“黄河第一曲”就在其境内。玛曲县从生态地理上属于藏北羌塘草原,草地涵养水源的生态功能强大,是名副其实的黄河蓄水池。但由于人口增长过快和牧业生产经营方式的落后,玛曲县的草场退化和土地沙漠化趋势日益严重,1981年草场平均亩产鲜草量390.7kg,1997年下降为281.6kg,年平均减产速度2%;干旱草场面积由1981年的54513hm^{2}增加到1997年的186100hm^2,年旱化速度平均为7.5%;玛曲县境内的沼泽湿地面积由1981年的68667hm^{2}减少到1997年的34933hm^2,年平均干涸速度为3.9%;境内黄河1980—1985年年均流量为143.4m^2/s,1990—1997年年均流量为119.5m^2/s;进入20世纪80年代以来,黄河玛曲段的土地沙漠化以每年100—120km^{2}的净增速度在扩大,到2001年,已有近70%的流域面积沙漠化。玛曲县草原生态环境持续恶化,不仅制约了草原畜牧业的发展,影响了农牧民收入的增加,而且直接威胁到黄河流域的生态安全。

在分析玛曲草原退化原因的文献中,人为因素被认为是主要驱

动因素,其他因素是诱导因素,这也得到了玛曲县人口增长现实数据的支持。

1949 年,玛曲县人口仅为 6642 人,到 2003 年已达到 42000 人(藏族人口占 86.7%),其中牧业人口 33000 人;玛曲县的牲畜存栏从 1949 年的 240000 头(只)增长到 2003 年的 660000 头(只);超过理论载畜量 360000 个羊单位,超载率达 20%;在如何解决草原退化问题的研究中,牧业现代化、生态治理和草原管理被认为是其主要途径,但已有文献的一个明显不足是,对实现这些途径的政策关注多,对政策的制度基础关注少。

我们的问题是:(1)人、草、畜紧张关系是如何通过要素价格的变化影响牧民行为选择的?(2)牧民行为选择和生产方式的调整与草原生态环境持续恶化同步的制度基础是什么?(3)在制度环境变化的前提下,可持续性制度安排的可能性及必要前提是什么?

本文的结构是这样安排的,第一步提出本文想解决的问题;第二步说明在过牧的情况下,玛曲县牧业生产的制度结构发生了什么变化,这些变化是怎样发生的,并从行为特征上对其进行概括;第三步是对为什么会有这种行为特征的回答,即对制度演进的路径依赖的分析;第四步是制度变迁的供求分析,说明制度创新需求不足同制度有效供给不足是一个问题的两个方面;第五步是在玛曲县的生态价值大于经济价值的前提下,对可持续性制度安排所必须的条件进行讨论,并归纳为简单的结语。

(二)过牧下的草原畜牧业制度运行及特征

玛曲县的牲畜年末存栏自 1974 年超过 600000 头(只)以后,30 年来大部分年份在 700000 头(只)以下,只有个别年份突破了 700000 头(只)。以玛曲县 30 年畜群结构的大致比例(马牛和羊各占一半)计算,当牲畜年末存栏达到 600000 头(只)时,超载量在

150000 个羊单位左右。那么,长期过牧条件下牧业生产的制度结构已发生的变化和正在发生的变化是什么？这是要首先考虑的问题。这里,我们把制度看成是人们行为选择的解释变量,把现行制度的一般形式及其内在结构,同人们面临的真实处境和具体问题结合起来,对人们的行为选择给出一个制度解释。

高寒草原牧业生产面临的最大问题是牧草在季节和空间上的供给不平衡,受到高寒区气候的影响,玛曲县的冬春草场一般要放牧 7 个多月,夏秋草场一般放牧 4 个月左右。冬春草场仅占 42%,且又逢枯草期。早在游牧时代,人们就把草场划分为冬春草场和夏秋草场,并以习惯法来维持不同草场的轮牧制度。当过牧出现后,原有的"冬乏""春死"现象会进一步加剧,遇到灾年,牲畜的死亡率大于商品率是常有的现象。长期的靠天养牧生产方式养成了牧民重畜不重草的习惯,人们并没有认识到这是过牧的后果,反而加大了对冬春草场的进一步掠夺式放牧,草地生态系统被破坏,草地生产力进一步下降。玛曲县用了二十多年使牲畜数量净增三十多万头(只),但后 30 年牲畜数量在 600000 万头左右徘徊不前,说明生态系统的可持续性是高寒畜牧业的强约束。

面对过牧造成的草原生态环境日益恶化的状况，正式制度安排以《草原法》的形式,围绕着草畜平衡制度的具体运作,把草原的生产、建设和保护纳入了法治化轨道。一是要通过禁牧、休牧、划区轮牧、牲畜舍饲圈养等制度的推行,以达到在提高牲畜出栏率的同时增加牧业收入的目的,努力减轻天然草原的放牧压力,逐步恢复草原植被,最终达到改善草原生态环境的目的。二是要进一步完善草原建设制度。一方面,加大对草原节水灌溉、人畜饮水设施的投入,改善牧业生产和牧民生活的基本条件;另一方面,积极开展人工草地、饲草饲料基地建设,不断增加饲草饲料供应量,并结合牲畜品种改良、畜群结构优化、提高饲养管理水平等措施,使畜牧业生产步入增草增畜增效的良性发展轨道,从根本上扭转超载过牧的局面,最终实现草畜平衡。三是要在草原建设和保护的投入制度上,遵循谁投资谁受益的原则,实行以政府投入为主与鼓励个人投资相结合的投资机制。

正式制度要达到畜牧业草、畜资源优化配置的目的,必须通过对人的有效激励和约束来完成。地方政府和牧民们在新的制度环境下,采取的策略性行动才是制度实施的真实世界。

面对草畜矛盾突出、草原生产力下降和草原生态环境不断恶化的现实,玛曲县在政策的诱导下,牧业生产中的制度结构重心正在向草原建设和保护的方向倾斜。从 1998 年到 2002 年,全县累计投入 2338 万元进行草场建设和保护项目。五年累计完成草场围栏 131333hm^2,占冬春草场的 33%,修建标准牲畜棚圈 12000m^2、草原灭鼠 223330hm^2,建成人畜饮水工程 15 处,并利用国家启动生态环境治理工程的机遇,正在实施 200000hm^2 退化草场的禁牧、休牧项目。但是,玛曲县的这一组数据说明,无论是草原建设的力度还是速度,同实现草畜平衡的目标仍有很大差距,显然,这样的建设速度也赶不上草原退化的速度。

我们从草畜平衡制度的几个关键环节来看玛曲县面临的真实困境。

草场围栏是实现划区轮牧的基础。对冬春草地进行围栏,并结合围栏进行草地松耙、补播、施肥等措施,在暖季保护其自然生长,冷季时牧草贮存量和牧草质量都能大幅度得以提高。对于提高草地生产力和合理利用草地资源而言,这是一项基础性的制度安排。早在草场大集体的 20 世纪 80 年代,玛曲县就推行过村与村、组与组之间的草场围栏,但当时草场围栏的功能除了界定产权外,主要是减轻放牧的劳动强度,应该说群众对草场围栏好处的认识是明确的。但草场承包到户后给草场围栏带来了一系列制度上的障碍，影响了草场围栏的普及。首先是承包户的四季草场在空间上相分离，提高了围栏的成本。在亩均投资成本 30 元、户均草场 133hm^2、牧民年人均收入 2400 元的情况下，承包户因草场分散而使围栏总成本增大，影响了草场围栏的积极性；其次，由于草原生态环境的恶化，加之自然水源分布的不均，玛曲县一年四季草场有充足水源的承包户不到 50%，由人畜饮水紧张关系引起的承包户联户用水制度已成了制约草场围栏的主要因素。最后，由于草场围栏率不高，给“大户”吃“小户”提供了方便，一些有能力围栏的养畜大户也没有了围栏的动力。

建设人工草场和发展暖棚养畜是提高草原生态效益和牧业经济效益的有效途径。经过多年的推广和示范，牧民已从以前的抵触情绪变成了自觉的行动。但牧民仍将其作为减少雪灾中牲畜死亡率、仔畜繁活率、提高羔羊存活率的一种辅助手段，并没有将其作为转变牧业生产方式的发展方向。

出现这一状况的原因有四，一是高寒草甸的人工草场目前普遍存在使用 3~5 年后即发生迅速退化的现象，使人工草场还达不到稳产高产的效果，成为大面积推广的技术障碍；二是同靠天养牧的游牧方式相比，这种集约化的生产方式将极大地提高劳动强度。以一个承包户饲养 400 个羊单位，一个羊单位每天补饲 0.5kg 的青贮料计算，一个冷季至少需要 20000kg，一个承包户则至少要种植 0.66hm^2 人工草场再加 4hm^2 天然草场，这对于已经习惯于游牧生产方式的牧民而言，无疑是很大的负担。三是季节性畜牧业生产和商品畜育肥发展滞后，影响了牧草资源的转化效率，制约了草产业的发展。四是一些暖棚养畜示范点只图形式，不顾建设中的棚、草、水的配套，致使暖棚的使用效果差，完好率低，不但没有达到示范的作用，反而影响了牧民的积极性。

通过以上分析可以看到,当草资源稀缺程度不断增强时,玛曲县的人、草、畜关系趋于紧张,虽然产权制度上的私人使用权安排,解决了草地资源的初次分配问题, 但并没有彻底解决草地资源的优化配置。而产权结构的变化,已经引起了牧民行为方式的变化和技术选择路线的变化。首先,牧民行为选择的市场导向倾向增强,同时,这种以经济效率为目标的行为选择同可持续性目标的不协调性也在增强。在畜种结构的调整上,市场导向同生态目标的不协调性已很明显。玛曲县的畜种结构一直以羊为主,同牛相比,羊对不同草场的适应性强、出栏快,但对草原生态的压力也大。玛曲县目前的结构调整口号是稳定牛,发展羊,这虽然符合增加畜牧业效益的目标,但在舍养制度不完善的情况下,对于由过牧造成的植被稀疏、土壤干燥、沙砾化程度较高的高寒草原而言, 这样的畜种结构必然在草地生产力和牲畜之间形成恶性循环。在草原建设的观念上,重建设轻保护的倾向更加明显,目前的草原建设都是围绕着进一步提高草地生产力的思路进行的。其次,牧民接受现代技术的能力和自觉性在提高,但对行政性的技术推广仍持怀疑态度。玛曲县在 1961 年开始进行藏绵羊改良时,牧民对这项新技术难以接受,偷骗种公羊的事时有发生,致使藏绵羊改良几起几落,直到 1978 年,全县改良藏绵羊仅占绵羊总数的 8%;现在,牧民对新技术普遍有了认同感,同过去相比,对新技术的接受能力也普遍提高。但由于过去在技术引进和推广上的形式主义,牧民在面对行政性的规定时,仍以策略性行为应对。最后,在提高畜牧业效益的技术选择上,由过去的重畜不重草正在向草畜并重转变,但游牧的粗放经营观念并没有从根本上改变,像对草场进行水、肥投入这种极为简单的集约化经营方式仍难以推行,说明粗放经营观念有着根深蒂固的制度基础。

(三)草原牧业制度变迁中的路径依赖分析

诺思(1990)借鉴技术创新理论中的路径依赖概念,提出了制度变迁的路径依赖理论,其核心内容是一种被选择的制度,一旦具有了自我增强机制,就会被锁定在既定的轨道上,难以摆脱。诺思认为,自我增强机制来自制度的四个效应,即规模效应、学习效应、网络效应和预期效应。诺思的分析框架是一个制度内在结构的功能分析,它暗含的结论是制度演进是趋同的,这对于制度的一般分析是适用的,但对于区域性制度的差异及原因的分析,除了得到像诺思一直坚持的结论"在制度变迁中历史是重要的"外,并不能对一些低效但有长期生命力的制度形成及演变给出新解释。当制度分析的框架随着对制度认识的深化越来越复杂时,人们往往会忽视影响人类行为选择的一些基本因素,面对长期的、固化的高寒区草原牧业制度,我们借鉴要素禀赋理论和地理因素决定论,在其变迁的路径依赖分析中,引入一个生态环境的因素,并对其路径依赖和锁定问题做一新的解释。

1. 在没有人口压力的前提下,"逐水草牧牛羊"制度的自洽性特征分析。科尔内(2000)认为,不同文明背景下的制度有着不同的制度品质,这一点对分析区域性制度变迁富有启发意义。我们沿着这样的思路就会发现,高寒区草原"逐水草牧牛羊"制度的特征是低投入,低产出。低投入是同草场资源的丰裕度自洽的(20 世纪 50 年代初,玛曲县的人均草场面积为 133hm^2);低产出首先同高寒区牧草的生态规律是自洽的,其次是由于牧业生产环境的恶劣所决定的;玛曲县不但海拔高(平均海拔 4300m),无明显无霜期,而且夏天多雹灾,年平均 10 次以上,冬天多大风,年平均 8 级以上大风日数 77 天,三年一遇的雪灾年,一般都会使 1/3 的牲畜死亡(1961—1983 年)。生存环境决定了生产的制度特征,进而又决定了人们对待生活的态度。按照马克思的解释,在这样的生产方式中,个人还不能完全同自己的劳动对象和劳动产品相分离,因此,同生产制度品质自洽的财富观,消费观就是个人仍依附于自然环境的具体反映。通过人们的生产生活实践,这种制度品质又被不断地再生产出来,演变成了一种习俗经济。

艾尔斯特(1979)从制度功能演化的角度,对制度复制过程给出了一组条件,他认为,对一个群体 z 而言,当满足下列条件时,一个制度(行为模式)x 和它的功能 y 之间会出现复制过程,(1)y 是 z 的结果;(2)y 对 z 是有利的;(3)y 是产生 x 的参与者无意识产生的;(4)y 是在 z 中的参与者没有认识到的;(5)y 通过一个传递到 z 的因果反馈维护 x。

显然,在玛曲县,这些条件是能够满足的。生产资源的丰裕、生产作业范围的广袤、生产结果的极不确定性是生产制度特征形成的基础,生存条件的严酷、生活环境的封闭又迫使人们的价值观趋向重来世轻今世。于是,人们的价值体系、行为结构、生产方式同生存环境之间相互协调,生产、生活与生存环境进入自洽的状态。制度品质的自洽性说明,在区域特征明显的制度变迁中,地理环境因素比历史因素更为重要。

2. 草资源稀缺程度提高对制度变迁的作用机理分析。按照诱致性制度变迁理论,当人口压力增大时,稀缺性资源的制度安排会向两个方向演进,一是稀缺性资源的产权制度安排会趋向明晰化,二是在产权明晰化的基础上,对稀缺资源的替代将会沿着技术创新和组织创新两条途径,使稀缺资源的利用不断集约化。从玛曲县三十年过牧的历史看,草地资源经历了由草场和牲畜都为大集体到草场大集体牲畜家庭承包,再到草场和牲畜都为家庭承包这样的演变过程。产权的明晰化引起了玛曲县牧民行为的明显变化,部分草场因投入的增加而使草地生产力得以提高,生产方式的改进使牲畜的成活率、出膘率得以提高,财富观念的变化使牲畜的出栏率得以提高,甚至还出现了少数的草场流转现象。但更为明显的是玛曲县仍没有摆脱自洽性制度品质对粗放经营的锁定(2003 年,玛曲县的每公顷草地产值不足 150 元),于是,在玛曲县我们看到的是,当产权趋于明晰时,人草畜紧张矛盾诱发的要素替代的集约化速度,远远赶不上其诱发的对草地资源的进一步掠夺式经营的速度。我们认为,正是自洽性制度品质的锁定特征,注定了粗放经营方式转变的低速率,并且,在这种粗放经营的环境中,人口压力反而会变成人口增长的动力,使人口、经济增长和生态环境之间步入恶性的循环,即越贫穷,人口再生产的成本越低;人口增长越快,生态压力越大。

同由技术选择的方向性决定的锁定不同,区域自洽性制度的锁定效应是一种前置锁定和选择锁定的结合。就牧业的现代化方向而言,对这种区域是没有选择机会的。但选择何种途径(具体的产权安排)向现代化迈进却有锁定效应。自洽性制度给牧业的粗放经营进入集约经营至少预备了两种前置成本,一是由自洽性制度决定的经济自给性对以交换效率为目标的技术进步的排斥;二是生产和生活环境的黏性进一步加大了粗放经营的转化成本;选择锁定是就草场产权明晰化的制度选择而言的,一旦选择了人均分配的形式,人口压力会使这种制度安排被锁定在无效制度的状态中。因为草地和农地的不同在于水和草的空间分布不完全匹配,细碎的人为分割既影响了产权的真正明晰,又给规模化经营增大了交易成本,但在人口压力和粗放经营的前提下,草场产权明晰下的动力机制反而会转化为加剧生态恶化的力量。

(四)外源型制度与内源型制度的分离:高寒牧区制度变迁供求特征分析

历史上,整个甘南藏族地区长期处于联盟与部落二元并存,政权与宗教合二为一的制度形态中,民主改革以来,中央政府由原来的统而不治变为全面介入,又使传统与现代制度交织在一起,这无疑增加了制度变迁供求分析的难度。

为了易于把握高寒牧区制度变迁的复杂性，对制度结构进行必要的抽象是进入制度供求分析的前提。从行为约束机制的角度可以把制度区分为正式制度和非正式制度,正式制度一般是外设的,非正式制度一般是内在的。从制度变迁的角度看,非正式制度只能转化,正式制度却能进行革命。从制度的具体运行看,非正式制度总是那些起着实际作用的制度,正式制度有时会流于形式。这个现成的结构分解方法虽很有解释力,但在制度供求分析中不易把握。因此,我们对制度结构做一个易于操作性的分解,把制度分解为内源型制度和外源型制度。这种区分是在借鉴正式制度和非正式制度概念的基础上,结合区域性制度变迁的特点,对制度结构的重新划分。内源型制度是指基于地方性制度知识的规则和习俗,它既有正式制度的内容也有非正式制度的内容,外源型制度是指国家的法律、法规和政策。它主要是正式制度。

在区域性制度变迁中,内在的演化与外在的安排既可以形成互补,又可能形成分离。外源型制度与内源型制度的互补性,既取决于地方性制度的转化方向和速度,又取决于外源型制度同内源型制度的结合和互动。

从玛曲县制度变迁的具体实践过程看,外源型制度除了民主改革和家庭承包得到了牧民的普遍认同外,其他的外源型制度安排即使附以一定的利益诱导,仍难以得到牧民的普遍认同。这首先说明外源型制度与内源型制度在目标设定上存在着制度供求的错位。初步的分析发现,在提高牧业效率的制度安排上,内源型制度受锁定效应的影响,其转化速率往往难以达到外源型制度实施主体的期望值,是诱发二者供求错位的直观原因;在提高生态效率的制度安排上,两者的冲突在于，地方性制度安排的目标同生态目标的偏离度在不断提高。由于地方性制度安排有很强的路径依赖性，在发展的口号下，追求效率的手段只能是粗放的，是以牺牲生态为代价的。外源型制度安排的一些举措虽以生态保护为目标，但经过地方性制度安排的转化，在具体的实施中往往变成了单纯追求地方效率的工具，使外源型制度安排的目标落空。

进一步的分析发现，在中央政府、地方政府和牧民的制度博弈中，内源型制度的创新需求不足同外源型制度的有效供给不足是一个问题的两个方面。结合具体的制度变迁过程，这一问题将会得到充分的解释。在藏绵羊改良的制度创新中，正式制度的实施者关切的是，藏绵羊对牧草的转化率低，羊毛的品质差。但牧民关切的是，羊肉的可口和羊皮的保暖。当产品的自给比率很高时，牧民对新技术创新需求的不足就成了一种理性选择；在游牧到定居再到集中的制度创新中，外源型制度的目标是实现牧民城镇居住、草原放牧，为牧业产业化经营创造社会化条件，但牧民面临的困难是，在现有的生产条件下，如何解决生产和生活的空间分离问题；在禁牧制度的博弈中，地方政府和牧民总是选择那些生产力已丧失殆尽的草场享受来自外源型制度的优惠政策，使草原保护的制度安排陷入了像国企改革一样的怪圈（不到难以经营不改革，不到资不抵债不重组），不到无草不禁牧。

基于以上的分析，结合高寒区牧业制度的自洽性特征，我们得出的基本结论是，内源型制度与外源型制度互动性差的主要原因是外源型制度的有效供给不足。

（五）玛曲县可持续制度安排的重新设计

1. 玛曲县生态问题的困境。当公共产品由私人供给时，由于外部性的反馈系统在价格体系之外，它影响的是“下期（或下代）”生产要素供给。价格体系仅对即期资源的稀缺程度高度敏感，对环境的稀缺并不敏感，公地的产品供给曲线规律说明，由开放式产权引起的“公地悲剧”的大部分问题可以用产权明晰来解决，即当私人利益和社会利益的矛盾不太突出时，产权明晰能通过外部性内化的途径解决公共产品私人供给的部分问题。即使如此，在产权清晰的前提下，仍然有生态的代际“贴现”和区际“补偿”问题(生态的代际问题和区际问题都是博弈主体的“不在场”问题)。以制度均衡为理论基础的分析方法，当主体不在场时，所谓的均衡分析就缺乏基础，但如果离开了均衡，所有的效率问题又没有了理论基础。生态问题的制度困境说明，要想找到可能的既有效率又能可持续的制度安排，首要的是经济行为本身是有效率的；其次是分配(区际补偿)是可持续的；最后是制度本身的运行是良好的。显然，这三个条件在玛曲县都不存在或不完全存在。由于地处黄河源头，玛曲县的森林、湿地、草原等自然资本与实物资本的替代性弱，自然资本的生态功能远大于其转化的产品价值。环境可持续应是其首选目标，即首先应维持的是湿地、草原等资源的实物流量，使其保持在一个可持续的水平上，而不是牧业的价值量的增长。但现实的挑战是，玛曲县因长期过牧，在人口压力和牧业粗放经营的双重约束下，要在代际保持总资本(自然资本和物质资本)的不下降，已没有可能。在弱可持续性的条件都还不能满足的情况下，怎样实现玛曲县的环境可持续，确实需要对该地区的可持续制度安排进行重新设计。

2. 现行可持续制度安排的缺陷。如果说由人口压力诱发的过牧是玛曲县生态环境恶化的客观原因，那么，现行可持续制度安排的缺陷则是玛曲县生态环境恶化的主观原因。我们认为，玛曲县现行可持续制度安排至少有三大缺陷。一是没有充分考虑高寒区生态环境的脆弱性，过分强调了效率和可持续性相容的一面，只看到了不可持续性同玛曲县牧业的低效行为之间的关系，没看到这种低效行为同生态环境之间有自洽性的一面。当效率和可持续性的相容既缺乏生态环境的保障，又缺乏生产方式的基础时，建立在相容性假定之上的政策导向，反而成了加速生态环境恶化的直接原因。二是以生态项目投资代替区际补偿，在降低了生态补偿功能的同时，也不利于区际补偿机制的逐步完善。在项目投资的体制中，成本补偿（禁牧、休牧）与效益补偿（增加的生态价值）未能得到很好的区分，不利于调动牧民进行生态保护的积极性，项目投资的随机性又增大了地方政府和牧民的机会主义行为倾向。三是忽视人口压力对可持续性制度安排的深远影响。在人口压力过大的情况下，牧业效率提高所必需的草场产权明晰、草场流转、规模经营都难以进行，草场产权选择上的锁定效应，又进一步加剧了对生态的破坏。

3. 一个提高制度有效供给，实现可持续发展的基本框架。这一思路的基点是，把解决人口对草原的压力问题和建立区际补偿机制结合起来，给高寒牧区的可持续发展提供一个基本的制度环境，使其在制度的有效供给诱致下，尽快步入可持续发展的轨道。这一思路的出发点是，把牧区人口的转移作为实现可持续发展的前提。根据我们对自洽性制度的分析，尽快提高玛曲县牧业效率的可能途径有二，一是尽量减少牧业人口。自然的城镇化速度是不能在短期内解决人口对草原压力的，因此，须另辟途径。二是要尽快实现牧业的规模化经营，靠草场的市场化过程在短期内也难以实现。只有提高外源型制度的有效供给，才能打破目前制度安排上的低水平均衡。

首先，要建立黄河流域生态保护补偿基金，明确生态保护的具体目标，稳定生态建设资金的来源渠道，确保黄河源区生态保护资金的正常供给，给形成黄河源区生态保护的社会预期创造条件。

其次，要改革现有生态保护投资方式。在区分成本补偿和效益补偿的基础上，提高补偿资金投入的生态效率。成本补偿要用于牧区人

口的转移,为高寒畜牧业提供一个可进入人口、资源、环境良性循环的基本条件。效益补偿的目标是提高牧民保护生态环境的积极性,要把生态保护同产权制度的深化结合起来,为各种同生态保护相关的权利的流转创造条件。

最后,要加强草原管理的现代化,重点是管理手段的现代化和管理措施的法治化。目前的草场分散状况会随着人口转移而改变,如果不改变草原管理方式和方法,自由放牧状态仍难以改变。要结合草原管理的特点,围绕着草畜平衡制度进行管理创新,提高草原管理的效率,降低管理的运行成本,为可持续发展提供体制保障。

本文的一个基本结论是,对于区域特征明显且有自洽性的制度,其变迁过程的路径依赖和锁定都同该区域原有的生态环境状况密切相关,因此,当因人口压力引起生态环境恶化时,制度创新的重点应围绕着人口对生态环境的压力进行,而不是围绕着提高区域内产业的效率来进行。对于像玛曲这样的高寒牧区,没有生态补偿机制对人口压力的消解,草原生态环境的恶化就不可能得到遏制。

参考文献:

[1]杰克·J·佛罗门.经济演化[M].李振明等译.北京:经济科学出版社,2003.

[2]诺思.制度、制度变迁与经济绩效[M].上海:三联书店,1994.

[3]马克思恩格斯全集,第46卷(上)[M].北京:人民出版社,1979.

[4]汤姆·惕藤伯格.环境经济学与政策[M].朱启贵译.上海财经大学出版社,2003.

[5]张曙光.中国制度变迁的案例研究[M].北京:中国财政经济出版社,2003.

[6]玛曲县牧业区划办公室.玛曲县牧业区划成果汇编(内部资料)[Z].1989.

(原载《兰州大学学报(社会科学版)》2004年第4期)

制度量化、供求均衡与制度变迁

制度供求与均衡是研究制度变迁的重要方面。新制度经济学把制度分析建立在个人主义有限理性和机会主义倾向等的假设之上，使用传统的边际方法来分析制度的需求、供给及制度均衡，建立了制度变迁需求诱致型和供给主导或强制型模型。不过这一学派放弃了新古典经济学变量均衡与行为均衡相统一的分析方法，只偏重于制度供求行为分析而忽略了供求的变量分析。

一些学者认为，制度作为约束人类行为的规则是无法量化的，对制度及其变迁的分析只能在行为均衡与非均衡的基础上进行。然而，制度变迁的连续性不仅仅是变迁行为的连续性，同样是一种量的连续性，制度既然是一种变量，就应当而且能够像普通经济资源那样进行变量分析。因此，建立制度供求的变量分析模型，有助于分析不同制度之间，或同一制度在不同国家和地区之间供求变动的量的差异。

一、制度的量化与度量

制度的行为分析方法是研究制度变迁的非常有效的方法，但这并不排除对制度进行变量分析。要把不同性质的制度加以量化并进行对比，就必须从中找出统一的计量单位。

制度就其最一般的定义而言无非是人类社会行为的规则[1]，它规制着人与人之间竞争与合作行为，把个人和组织的行为限制在一定的选择集内，降低和消除人类行为的不确定性。这就意味着任何制度不管其性质如何都是作为人类社会活动范围的约束而发挥作用的,都是对当事人的自由活动之维度进行限制的规则。自由①[2]是人在某一时空范围内根据自己的意志从事各种活动的一种权利,也是一种有价值的稀缺资源。人始终生活在一个社会中,并且不得不和其他人发生关联[3],如果赋予个人无限的自由权利,就意味着对其他人自由权利的侵犯和剥夺,从而会产生无法估量的外部性,其结果便是人类社会的无序甚至毁灭。为了避免极端的个人主义的自由,摆脱人与人之间在获得自由权利方面的霍布斯状态,就需要对个人的自由权利加以限制,这些限制最终通过集体行动而变成制度。可见制度是社会对个人自由的约束,这种约束构成了一切制度的共同属性,也是对制度进行量化分析的基础。

制度的同质性在于其对个人和组织自由权利的约束,而且这种约束是可以度量的,这种量既可以用制度赋予个人和组织的自由度来衡量,也可以用制度对个人和组织的约束度来衡量。制度把个人和组织的行为划分为两部分——一部分是制度所允许的,另一部分是制度所不允许的,在制度允许的范围内个人和组织的活动是自由的,在制度不允许的范围内个人和组织的活动是不自由的。这样在自由与不自由之间便形成了一定的维度界限。如果把制度所赋予个人或组织的获利机会选择集看作自由的一个维度,那么机会集越大则意味着自由度越高或反言之约束度越低,机会集越小则意味着自由度越低或者约束度越高。由此可见,自由度和约束度是同一问题的两个方面,二者呈现为逆向变动的关系。可以据此来分析和判断某一具

①本文中所使用的“自由”一词与哈耶克“自由”的定义有所区别,哈耶克认为“自由”是一种人的状态。本文所说“自由”不仅仅是独立于强制而存在,而且是不受任何约束的行为或愿望。

体制度是否为高自由度或高约束度的制度，也可以把制度变迁过程看作是自由度或约束度的调整。根据其变迁的方向不同，可以把制度变迁分为两种类型：制度从较低自由度向较高自由度转变的过程叫做“正向性制度变迁”，从较高自由度向较低自由度转变过程叫做“逆向性制度变迁”。

因此，把制度定义为对人的自由权利空间的约束或限制，这与诺思等人将制度定义为行为规则根本不存在任何矛盾，同时对制度的本质特征有了更明确的认识，这有助于从众多不同的制度中找到同质性并能对不同制度使用相同的衡量尺度来作比较分析。把制度的具体形式抽象掉，则任何制度都是对人的自由权利的约束，其区别只在于对个人自由约束的度。对于任意一种制度，其变迁的轨迹无非是扩大个人或组织的自由度，或者缩小其自由度。

为了分析方便起见，设自由度为 F，约束度（负向自由度）为 G，$F\in(0,\infty)$，$G\in(0,\infty)$。二者互为替代，如果 $F\to0$，则 $G\to\infty$，意味着个人或组织没有任何自由，是极端专制性的制度；如果 $F\to\infty$，则 $G\to0$，为个人或组织的行为不受任何约束，即极端无政府状态或者说霍布斯丛林状态。

二、制度的需求量与供给量

制度变迁是制度的替代、转换过程，也可以被理解为制度供给和需求的互相反应和交易过程。现实制度的供求往往表现为同一主体，制度的需求者同时是制度的供给者，这种情况在需求诱致性制度变迁模型和民主国家表现得尤为明显。但是，由于不同的个人和组织在社会政治经济中的地位不同，从而在制度变迁中扮演的角色也有差别[4]。为了简化分析，将制度供求主体分开，假定国家（政府）是制度的唯一供给者，同时是拥有独立经济利益的制度生产者或供给主体，而非国家(政府)组织和个人仅仅为制度的接受者和需求者。寓于新制度经济学的研究,这里的假设前提依然是经济人、有限理性以及个人的机会主义倾向,只是把所有制度(包括宪法秩序、制度安排、行为性规则)均作为内生变量①[5],侧重于经济制度的分析。

(一)制度的需求量

所谓制度的需求量是指在一定的社会经济、政治和技术条件下,理性人对某种制度的自由或约束的需求量。在一个国家一定时期,社会需要增加制度的约束度还是增加自由度,或者保持现有约束或自由度不变,取决于政治、经济、技术等多种因素,从经济人角度分析,对于制度约束或自由度的需求量主要取决于需求者对于制度的效用与价格的计算。

制度的效用是制度给予当事人或组织带来的各种好处。由适度的自由和适度的约束所构成的制度可以使制度的消费者享受到许多好处:制度划定每个人和每个组织的活动空间,使其在规定的范围内享有充分的自由权利,实现自身利益的最大化;制度又使每个人和组织的行为限制在可预期的空间内,使其相互间联系的成本和摩擦费用降低。制度效用亦可分为总效用和边际效用。制度的边际效用即制度每增加一个单位的自由度(正向性)或每减少一个单位的自由度(逆向性)可能给需求者带来的满足程度。在正向性制度变迁中,对于制度的需求者来说,制度每增加一个单位的自由度可能给其带来更大的选择空间,从而该制度的边际效用可能大于原有制度;同理,在逆向性制度变迁中,新制度每增加一个单位的约束度可能会降低他人行为的不确定性,减少负的外部性,从而会给需求者带来较大的效

①菲尼根据新制度经济学的一些文献,勾画了一个制度供求分析的框架,该框架将宪法秩序和非正式规则看作外生变量,而将制度安排当作内生变量。

用或收益。

制度的边际效用存在着递减的倾向[6-7]。在一个极端专制和独裁的社会里,当制度赋予当事人的自由度很小时(即 F→0,G→∞),每增加一个单位的自由度的效用是很大的。随着制度变迁,当制度给予人们越来越大的自由度时,自由带给人们的边际效用必将呈现递减;相反地,在一个毫无约束的社会里(F→∞,G→0),负的外部性可能带给当事人很大的损失,从而增加约束度的制度的建立对于需求者而言其边际效用可能很大,但当约束超越一定限度时,约束度的继续增加会使其边际效用递减甚至会出现负效用。在其他条件不变的情况下,新制度的边际效用越大,则理性需求者对新制度的需求欲望就越大,反之越小。制度同样存在着边际替代率的递减趋势,因为自由度与约束度是互为替代的,在专制社会中,自由的边际效用大于约束的边际效用,人们宁愿用更大的代价来换取自由;而在低制约社会中,约束的边际效用要大于自由的边际效用,人们愿意用更大的代价来换取约束。

制度又是一种有价值的稀缺资源,人们要获得自己所需要的制度必须有所付出。制度需求价格是制度需求者为了增加某种自由度或约束度的制度需求量而预期支付的代价,亦即制度需求的机会成本,包括制度搜寻费用、为获取新制度而可能花费的谈判成本和寻租成本,以及其他可能发生的损失。对于制度的需求者而言,有些制度需求价格极其高昂,甚至会牺牲需求者的生命,因而经济人或者隐瞒自己的制度需求,或者通过机会主义和“搭便车”来实现自己的需求;有些制度需求价格则较为低廉。制度的需求量与其价格之间呈反方向变动关系,在其他条件不变时,价格较低,则需求量大,反之则需求量小。

作为理性的需求者在制度变迁的过程中需要增加多少自由度或

约束度仍然是以成本-收益的计算为基础的,其最大化条件是自由和约束的边际效用与价格之比相等。

可见,新古典经济学的需求定理同样适用于理性人对制度的需求,即在其他条件不变时,人们对某一制度的需求量与人们获得该制度的需求价格呈反方向变动的关系。制度的需求曲线依然是一条向右下方延伸的曲线,斜率为负。其变动情况如图 1 和图 2 中的 D 曲线。需要说明的是,这里的制度需求量有两种情况:一是正向性制度变迁过程中的制度需求量,即理性人增加现有制度自由度的愿望和要求,在这一情况下,需求量大意味着自由度的增加,需求量小意味着自由度的减少。另一种是逆向性制度变迁过程中的制度需求量,即理性人增加现有制度约束度的愿望和要求。同理,需求量的大小意味着约束度的增加或减少。

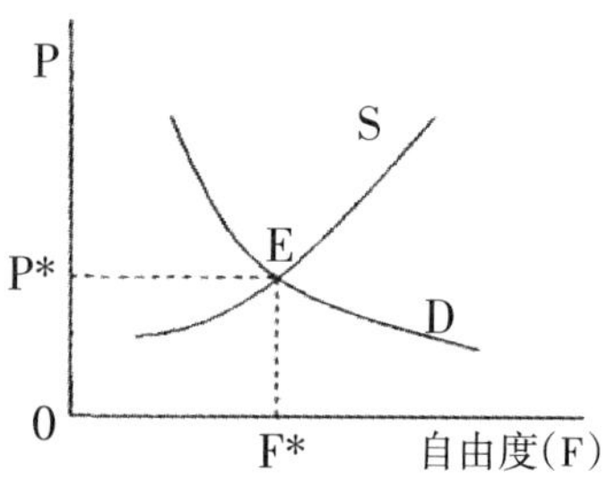

图 1　正向制度变迁的需求、供给与供求均衡

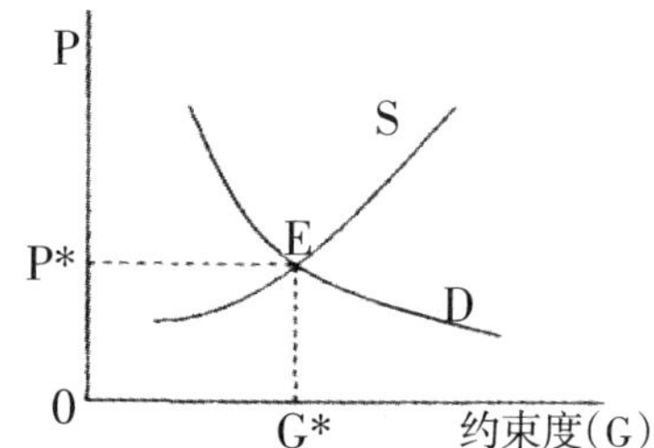

图 2　逆向制度变迁的需求、供给与供求的均衡

(二)制度的供给量

制度的供给量是国家(政府)愿意且可能提供给社会的制度数量。一定时期一个国家(政府)所愿意且可能提供的制度量的大小取决于如下基本因素:

第一,制度供给的边际收益。制度的边际收益是制度每增加一个

单位的自由度或约束度预期给供给者所能带来的收益。

对于制度的供给者来说,制度的边际收益是递减的。在正向性制度变迁中,由于初始制度严重制约着个人和组织的行为空间,束缚了制度接受者,因而增加自由化制度的供给量就能极大地调动当事人的积极性,提高其他生产要素的效率,最终会带来经济效率的大幅度提高。在税率一定的条件下,经济效率越高,政府的财政收入便越多,因此,政府愿意提供旨在增加自由度的各项制度。相反地,在一个极度自由化的国度里,增加约束性制度的供给量能够维护统治者的政治统治,从天下大乱达到天下大治,随着约束性制度的不断增加,其所带来的收益亦将呈现递减。

制度供给的边际成本。所谓制度供给的边际成本是指制度创新、设计、推行过程中所需的交易成本,亦即供给者每增加一个单位的自由度(正向性制度变迁)或者每减少一个单位的自由度(逆向性制度变迁)可能产生的成本费用①。

制度供给的边际成本存在着先递减后递增的现象。以正向性制度变迁为例,制度供给者在增加自由性制度的供给时,最初往往会遇到较大的阻力。由于国家统治者的有限理性,预见不到自由化制度变革的好处,担心制度变革会引发社会动荡或动摇执政根基,在国家代理人集团中旧制度的既得利益者会反对制度变革,再加上由意识形态偏好所造成的政治负效应,因而启动变迁的成本是极高的;当制度变迁开始启动,统治者通过制度比较,或实际看到了增加自由度会给自己带来更多的收益时,旨在增加经济自由化制度的供给便变得容

①关于制度变迁的成本问题,我国学术界已有许多卓有成效的研究,具有代表性的人物有樊纲、张曙光、刘世锦、张旭昆等。本文宗旨不是探讨制度改革的成本构成问题,而是沿着新古典的方法探讨制度变迁的边际成本。

易一些，同时被统治者从新制度的实施所带来的自由度的提高中得到了实惠,其认同感便会增强,从而制度供给边际成本就会下降。而当自由化制度供给量超过限度,以至于带来了较大的外部负效应时,就会遇到越来越大的阻力,甚至会出现反抗变革的力量,因而制度变迁的摩擦成本或反抗成本就会迅速增大。

按照理性人假定，制度的供给者提供制度的条件是收益与成本的计算,如果制度变迁所能带来的边际净利益为正,则政府会不断增加相应的制度供给量,直至边际收益等于边际成本。

新古典经济学的供给定律同样适用于制度供给。供给量也是随着价格的提高而增加,随着价格的下降而减少。图 1 中 S 为正向性制度变迁的供给曲线,图 2 中 S 为逆向性制度变迁的供给曲线,都是一条向右上方倾斜的曲线,斜率为正。如果考虑到成本因素,则制度供给曲线会因成本增加而左移,因成本下降而右移。

三、制度供求量的均衡与非均衡

拘泥于制度供求的行为分析，新制度经济学家及其追随者都无一例外地将制度供求均衡定义为行为均衡[8]。然而,制度均衡不仅仅是行为均衡,而且也是变量均衡。从变量角度来看,制度均衡当是指制度市场上供给量等于需求量所形成的相对静止的一种状态,亦即在给定外部条件下制度所蕴含的自由度和约束度恰到好处,使供求双方都能从中获取利益的最大化。

在图 1 中,D 和 S 分别代表正向制度变迁的需求与供给曲线,两者的交点 E 便是制度均衡点,该点决定了制度变迁的均衡价格 P* 和均衡的制度自由量 F*。同理,图 2 是逆向性制度均衡,在 E 点处形成了均衡价格 P* 和均衡的制度约束量 G*。

制度供求均衡是暂时的、既定各种约束条件下的短期均衡。从长期来看，随着外生变量的变化，如人口数量增减、资源的相对价格的变化、技术进步以及市场规模的变化等，影响着人们的成本-收益计算，从而社会对制度的需求和供给也会发生变化，产生制度的非均衡，反映在供求图中则是供求曲线的左右移动。制度变迁是制度从非均衡状态向均衡状态的变动过程，是打破原有均衡到形成新的均衡的不断运动过程。

从行为分析来看，制度的非均衡是人们对现存制度的一种不满意或不满足，欲意改变而又尚未改变的状态，从变量分析角度来看则是社会对现存制度的自由度或约束度的需求量与国家所能提供的自由度或约束度不相一致，或供小于求，或供大于求。在正向性制度变迁中，供大于求表现为制度供给的自由度过大，引发外部负效应或其他秩序紊乱；供小于求表现为自由度供给过小，使经济活力得不到有效释放。在逆向制度变迁中，情况刚好相反。

当制度非均衡产生时，制度变迁就成为必要。但在实际变迁中经常存在着制度供给量不足的现象，甚至无效率的制度会长期存在。国家一般并不提供能促使经济接近其技术生产边界的制度。现在将芬德雷和威尔逊模型[9]加以改造来探过这一情况。

假设经济社会在某一时期投入劳动 L 和资本 K，产出为 Y，按照传统的生产理论，其生产函数是 $Y=f(L,K)$。然而产出 Y 的大小不仅取决于 L 和 K 的投入，而且取决于包含有某一自由度或约束度的制度的供应量，这种制度的数量是由政府来提供的。假设政府提供的是自由化的制度 F，$F\in(0,\infty)$，在考虑到制度投入的条件下，该社会的总生产函数可表述为：

$$Y=f(L,K)\varphi(F)$$

再假定该社会所投入的 L 和 K 的数量不变，即 $f(L,K)$ 为一固定产量 1，则产出 Y 完全取决于制度的投入量，这样可得到：

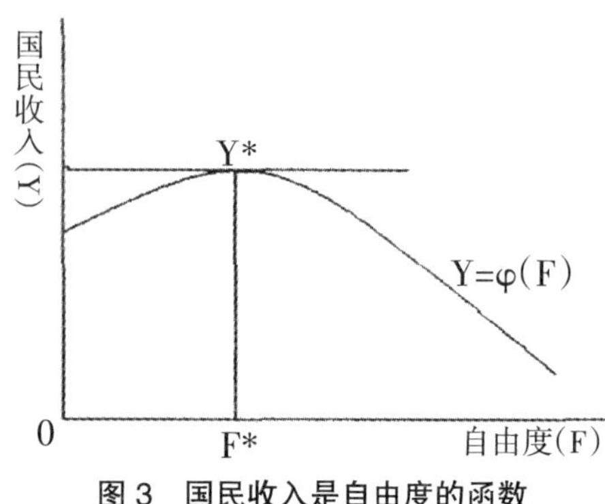

图 3　国民收入是自由度的函数

Y=φ(F)

图 3 描绘了 Y 与 F 之间的关系。自由化制度供给的增加在最初使国民收入 Y 增加,在经过某点后又使之降低。当制度的自由度为 F* 时,社会的产量达到最大 Y*。

然而,国家作为制度资源的垄断供给者,受制于其目标函数和约束条件,其所提供的制度量与经济社会产出最大化所要求的制度量很可能不相一致，这种情况在以国家为主体的强制性制度变迁中表现得尤为显著。国家在收益计算中除了经济收益最大化外还有政治收益最大化。维护政治统治是国家在增加制度供给量必须考虑的基础性因素，只有在保持政治稳定的前提下，国家才愿意追求财政收入最大化来增加制度的自由度以达到社会产出最大化。然而自由化制度在使政府经济利益最大化目标实现的同时,可能会影响政治利益最大化目标,给予微观经济主体更大的政治或经济自由度而导致维护政治稳定的成本加大,如权力的扩散弱化了国家统治的权威性,经济自由化所诱发的多元化政治力量可能会对执政者的执政地位产生某种潜在威胁,由利益关系调整引发的社会不稳定因素所产生的不安全感等。当自由化制度的提供使国家的预期政治成本等于或超过预期政治收益,国家就会减少自由化制度的供给量。

图 4 可以说明国家提供给社会的有效制度量低于帕累托状态。假定国家提供自由化制度的总收益(经济收益和政治收益)为 Gr,Gc 为国家增加自由化制度所花费的经济成本和政治成本,由于国民收

入 Y 是制度自由度的函数，因而 Gr、Gc 也是制度自由度 F 的函数。当自由化制度的供给增加到使社会产出达到最大化的 F* 点，此时的制度供给量处于帕累托状态，或者说不考虑国家的制度变迁成本，则此点的经济和政治收益之和最大，社会收益亦达到最大。但把制度变迁的政治和经济成本 Gc 考虑进去，则 F* 对政府而言并不是最佳选择。由于在 F_0 处政府净收益最大化，在该点上政府收益曲线和政府成本曲线之间垂直距离最大，即 F_0 处收益成本之差（b–d）大于 F* 处收益成本之差（a–c），因此政府的最佳选择是 F_0。

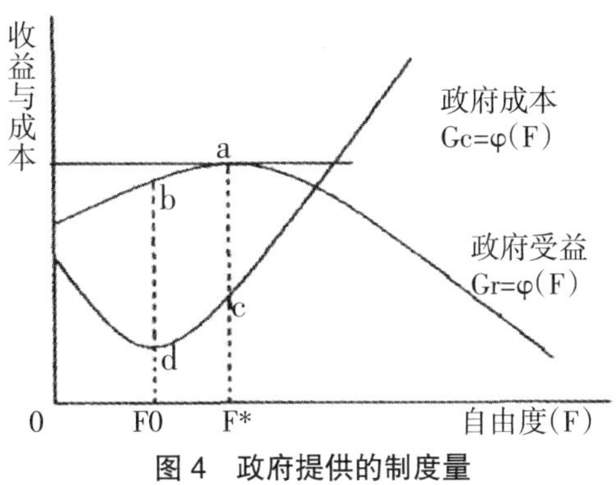

图 4　政府提供的制度量

从这个基本模型可以得到如下结论：

1. F_0 会总是在 F* 的左侧，而 F* 对应于经济最大产出 Y*，这就意味着 Y_0 小于 Y*。

2. 统治者向经济提供的自由度不足，从 F_0 向 F* 的移动（因此 Y_0 向 Y*）会趋向帕累托效率。经济产出最大化可以通过增加制度供给量来实现，但这一调整常常因政治收益减少和（或）政治成本剧增而受阻。

四、制度变量分析的意义

运用变量方法来分析研究制度的供求及均衡问题，其实是对于行为分析的一种补充，使制度的供求分析建立在更为坚实的基础之上，而且这种分析方法对于正确认识中国体制改革具有现实意义。

首先,任何事物的发展变化都要经历由量变到质变的过程,制度变迁也不例外。如前所述,缺乏制度的变量分析,就只能从行为角度认识到制度变迁的根源,而难以了解某一国家某一地区制度在多大程度上发生变化,变迁的方向是什么。即便是同一方向的变迁,也存在着同一时间不同国度和地区的程度差异。以苏联、东欧和中国的体制改革为例,两者之间都是以自由化为主的正向性制度变迁,但在变迁程度上存在着巨大差异,激进式改革的特点在于迅速增大自由化制度供给量以至于在短期内超过了社会对该种制度的需求量,从而导致了社会经济政治秩序的紊乱;而渐进式改革则是逐步增大自由化制度供给量,但这种改革往往存在着制度供给量小于或滞后于需求量的现象,从而社会经济的运行总是处于一种"次优"状态之中。人类社会制度变迁史其实是正向性制度和逆向性制度的交替的过程,不同时期不同国度人们对自由和约束的经济评价是不同的,从而导致制度变迁的方向和程度有差异。例如早在20世纪30年代以前,亚当·斯密及其信徒把自由化看作是最理想的制度,因而国家在制度变迁上一切都是围绕着提高经济自由度而进行的,最主要的是国家明确界定和保护私有产权,并使产权向着排他性产权转变。然而经济危机的频频爆发,使崇尚自由市场经济的斯密教条理论一度濒于崩溃。凯恩斯理论出现后,强调了国家在经济运行中的重要作用,罗斯福新政的初步成功,使二战后的西方资本主义世界出现了逆向制度变迁的浪潮,最明显的是国有制经济和其他政府干预制度的建立,这实际上是对私人产权的分割和弱化。然而国家干预过度或者说制度约束的增大,又限制了竞争,导致了经济效率的次优,且给经济发展带来了沉重的财政负担。

中国的经济体制改革是从计划经济向市场经济的变迁,属于正向性制度变迁。回顾改革发展的历史,在高度集权的计划经济制度下，初始的制度改革无论从农村到城市，都是通过放权让利，给微观经济单位松绑为特征的。自由化的改革政策使中国充分享受到了 20 世纪 80 年代初期和中期的高速增长，90 年代初中央又提出了建立社会主义市场经济体制的目标，进一步大力发展非公有制经济，把国有企业推向市场自主经营、自负盈亏。然而在提高自由化的过程中，有效约束缺乏所暴露出来的问题愈益严重，统一开放、竞争有序的市场体系尚未建立起来；国企改革中的国有资产流失日趋严重；地方政府在角逐经济增长的比赛中，一味求“发展”，忽视自然生态保护与建设，侵犯弱势群体利益，使外部负效应加重，等等。所有这些问题都值得反思，中央提出的以人为本的“五个统筹”的科学发展观正是这种反思的结果。

其次，中国的改革是学者们所公认的渐进性制度变迁，这种渐进性不仅表现在时间序列上的渐进，而且也表现为空间安排上的渐进。从区域经济来看，东部地区通过各种方式所获得的经济自由度最大，向西部依次递减。而由于制度变迁的边际收益递减的作用，同一种优惠政策在最早实施的地区，其政策效应最大；在最迟实施的地区，其政策效应最小。因此，国家在推进落后地区的经济发展时，在政策的自由度上必须更大一些，才能保持政策的有效性。

再次，这一模型有助于正确把握制度变迁的度。无论是正向的还是逆向的，都无非是约束多一点或自由多一点的选择。但是，国家作为制度的最大供给者，在从计划经济向市场经济变迁的过程中必须适时提供符合国民经济发展需要的制度或政策，在制度自由与约束度的选择上，一定要统筹兼顾。针对制度供给不足的行业和领域，必须加快改革步伐，继续提供自由度的制度；针对制度供给过大的行业和领域，则应加强制度约束。现阶段改革开放中暴露出来的深层次矛盾，其实就是没有正确把握好制度变迁中的自由度和约束度。

最后,制度变量分析模型不仅仅适合于经济制度变迁的分析,而且也适用于包括政治制度在内的其他制度变迁,它突破了各种制度无法比较的理念,从而完全可以对一个国家的政治制度、经济制度、社会制度进行横向的比较。

参考文献:

[1][8]D·C·诺思:《制度、制度变迁与经济绩效》,上海三联书店,1994年,第3页。

[2]哈耶克:《自由秩序原理》,上海三联书店,1997年,第27—28页。

[3]Justin Yifu Lin,"An Economic Theory of Institutional Change:Induced and Imposed Change"Cato Journal,Vol.9,No.1(Spring/Summer1989).pp.4—5.

[4]张曙光:《论制度均衡和制度变革》,《经济研究》1992年第6期,第30页。

[5]奥斯特罗姆·菲尼·皮索特:《制度分析与发展的反思》,王诚等译,商务印书馆,1992年,第23—25页。

[6] 黄少安:《关于制度变迁的三个假说及其验证》,《中国社会科学》2000年第4期,第37—49页。

[7]张旭昆:《制度的实施收益、实施成本和维持成本》,《浙江大学学报》(人文社会科学版)2002年第4期,第56页。

[9]D·C·诺思:《经济史中的结构与变迁》(中译本),上海三联书店、上海人民出版社,1994年,第21页。

[10]Findlay,Ronald,and Wilson,John D.(1984),"The Political Economy of the Leviathan."Seminar Paper No.285.pp.112 –118.Stockholm:Institute for International Economic Studies.

(原载《改革》2006年第9期)

三、国家区域战略研究

中国区域差距:基于金融视角的考察

金融是现代经济的核心,而经济也会影响金融发展。我国各地区经济发展不平衡,如何缩小区域差距成为经济研究中的热点问题。已有的研究集中于市场发展程度[1]、政府的区域发展政策[2]、资本等要素区域分布[3]、外商直接投资[4]等方面,本文从金融视角考察我国各地区的不平衡状况及其解决途径。具体结构如下:第一部分考察我国金融区域差距的现状,第二部分结合金融与经济的关系,分析金融区域差距与经济区域差距的相互作用,第三部分探讨我国金融体系在改革开放后的演变对金融区域差距的影响,最后提出应通过实施差异性金融政策,缩小金融区域差距。

一、我国金融区域差距的现状

这里用金融机构人均存贷款合计、上市公司家数和股票市场筹资额来反映一个地区金融发展水平[5]。银行等金融机构作为金融中介为企业提供间接融资服务,一方面吸收存款,另一方面发放贷款为企业提供融资渠道。一个地区的存贷款余额反映了该地区从银行等金融机构可获得的资金资源。同时,资本市场的发展为各地区提供了直接融资渠道。从表 1 可以看出,人均存贷款最高的是北京,2004 年达到了 229289.92 元,而最低的是贵州,2004 年仅为 11123.58 元;拥有上市公司最多的广东共 151 家,而最少的是西藏仅有 8 家上市公司;从股票市场筹资最多的是上海,共筹资 801.68 亿元,占全国的

11.72%,最少的是西藏,共筹资18.6亿元,仅占全国的0.27%。表2进一步反映了东中西三大区域金融发展情况,东部以占全国37.69%的人口却占有全国61.75%的存贷款,拥有全国58.46%的上市公司,2004年A股IPO筹资额占到了全国的62.41%;相反,占人口28.91%

表1　各地区金融发展水平

地区	2004年人均存款合计(元)	2004年底上市公司家数	1996—2004年股票市场累计筹资额(万元)	占全国筹资额比(%)
北京	229289.92	82	7730666	11.30
天津	91694.71	23	922200	1.35
河北	22620.33	35	2037560	2.98
山西	29467.98	23	1517660	2.22
内蒙古	20198.50	21	1996100	2.92
辽宁	42557.58	53	4447300	6.50
吉林	26742.25	33	1914100	2.80
黑龙江	24504.11	33	1435200	2.10
上海	228986.68	147	8016823	11.72
江苏	42639.76	88	3506040	5.12
浙江	66928.49	84	3097584.01	4.53
安徽	14364.00	44	1634136	2.39
福建	29506.81	45	1583397	2.31
江西	15436.56	24	868900	1.27
山东	28699.23	76	3766942.03	5.51
河南	16182.05	31	1664599.06	2.43
湖北	20629.66	63	2672562.84	3.91
湖南	14569.84	44	2530966.13	3.70
广东	64438.15	151	7347620	10.74
广西	13157.78	22	693540	1.01

续表

地区	2004年人均存款合计(元)	2004年底上市公司家数	1996—2004年股票市场累计筹资额(万元)	占全国筹资额比(%)
海南	23379.34	21	572000	0.84
重庆	23172.26	29	857148	1.25
四川	17379.30	65	2345711.07	3.43
贵州	11123.58	17	874630	1.28
云南	17672.24	22	786582.8	1.12
西藏	20103.97	8	186000	0.27
陕西	24857.93	27	898630.4	1.31
甘肃	16761.12	19	895608	1.31
青海	22664.21	9	326600	0.48
宁夏	27280.50	11	401060	0.59
新疆	26358.38	27	890310	1.30
合计	32281.60	1377	68418176.34	100.00

的西部地区仅占有全国17.57%的存贷款，上市公司占全国的20.12%，2004年A股IPO筹资额也仅占全国的15.22%。这些都充分说明我国各地区金融发展水平相差很大，金融区域差距十分明显。

为了量化我国金融发展地区差距及其改革开放以来的变化情况，计算金融机构存贷款合计的基尼系数和变异系数。基尼系数和变异系数通常用来衡量各地区的收入差距，这里用来衡量各地区在金融发展上的差距。基尼系数的计算公式为：

$$G=\frac{1}{n^2\bar{y}}\sum_{i=1}^{n}\sum_{j\leq i}(y_i-y_j)=\frac{1}{n^2\bar{y}}\sum_{i=1}^{N}\left(iy_1-\sum_{j=1}^{1}\right)$$ [8]

其中 y_i、y_j 分别为第 i 个省和第 j 个省的人均存贷款合计，而 $\bar{y}$ 为各省的人均存贷款的平均数。变异系数为各地区某一年金融机构存贷款的标准差除以平均数(计算结果见表3)。为了更直观地反映我国人均存贷款及人均贷款的地区变化趋势,以表3的数据作图1。可以看出,不论是人均存贷款还是人均贷款,我国各地区的差距均经历了先缩小后扩大的过程,从1978年的较大差距逐渐缩小,到1991年达到最小,之后又慢慢扩大,特别1998年前后差距扩大速度明显加快,近年来又接近1978年的较大差距水平。

表2　2004年东、中、西部分地区金融发展情况[7]

	人口所占比重(%)	存贷款合计所占比重(%)	人均存贷款余额(元)	上市公司家数	上市公司所占比重(%)	A股IPO发行量所占比重(%)	A股IPO筹资额所占比重(%)
东部	37.69%	61.75%	49343.7187	805	58.46	63.72	62.41
中部	33.40%	20.68%	18652.3787	295	21.42	22.84	22.37
西部	28.91%	17.57%	18305.29	277	20.12	13.44	15.22

数据来源:根据《新中国五十五年统计资料汇编》和《中国证券期货统计年鉴(2005)》相关数据计算

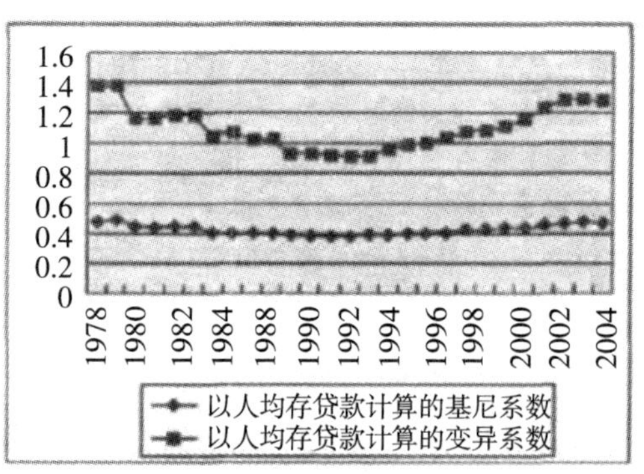

图1　我国人均存贷款地区差距变化趋势图

资料来源:根据《新中国五十五年统计资料汇编》相关数据计算

二、金融区域差距与经济区域差距

落后地区金融不发达可能会造成当地资金瓶颈约束、风险无法得到有效规避和分散、交易不便利、公司治理水平低等[9],这会使落后地区的发展进一步受到影响。为了分析我国区域经济不平衡中金融差异的影响,借用刘夏明等的研究成果。刘夏明等(2004)主要利用外文文献从地区发展战略和政策、全球化和经济自由化、要素市场的扭曲、地区特定因素和累积性因果循环等 5 个方面分析了形成我国地区差距的原因。表 4 中的第三列为刘夏明等利用同样的方法以各省人均 GDP 计算的基尼系数,反映了我国的经济区域差距。从图 2 可以看出,我国金融区域差距与经济区域差距的变化基本一致,金融差距较小的时期(20 世纪 90 年代初期),经济差距也较小;近年来金融差距不断变大,经济差距也呈现同一变化趋势。

运用计量方法实证可以检验金融发展与经济增长的关系[10]。构建回归方程:G=a+b*F,其中被解释变量 G 为经济发展水平,数据为我国 31 个省份 1978—2004 年人均 GDP 的平均值(按当年价格计算),解释变量 F 为金融发展水平,数据为我国 31 个省份 1978—2004 年人均存贷款合计的平均值,得到回归结果 Y=1739.98+0.2432*X1,相关系数达到了 0.88,F=219.12 可以通过方程的显著性检验。可知,20 多年来平均金融发展水平越高的省份其经济也越发达。同时可以检验初始金融发展水平能否预测未来的经济发展情况,以 31 个省份 1978 年的人均存贷款合计为解释变量 F,仍然以 31 个省份 1978—2004 年人均 GDP 的平均值(按当年价格计算)为被解释变量 G,得到新的回归结果 Y=2179.716873+3.987988915*X2,相关系数也达到了 0.83,F=149.32 可以通过方程的显著性检验。说明,在 1978 年人均存贷款越多的省份其之后二十多年的经济发展水平也越高,初始的金

表 3　改革开放以来我国金融资源地区差距的变化情况

年份	以人均存贷款计算的基尼系数	以人均存贷款计算的变异系数
1978	0.4789	1.3683
1979	0.4827	1.3626
1980	0.4399	1.1547
1981	0.4379	1.155
1982	0.4398	1.1789
1983	0.4404	1.1804
1984	0.4063	1.0385
1985	0.4047	1.0606
1986	0.3987	1.0163
1987	0.4012	1.0142
1988	0.3882	0.9198
1989	0.3853	0.9183
1990	0.3779	0.9106
1991	0.3778	0.909
1992	0.391	0.9149
1993	0.396	0.9502
1994	0.3996	0.9805
1995	0.3988	0.9909
1996	0.4072	1.0272
1997	0.4198	1.0674
1998	0.4227	1.0763
1999	0.4337	1.1041
2000	0.4396	1.1518
2001	0.4519	1.2188
2002	0.4673	1.2795
2003	0.4765	1.286
2004	0.4697	1.273

数据来源:根据《新中国五十五年统计资料汇编》相关数据计算

融发展水平可以很好地预测未来的经济发展情况。这也就意味着如果我国目前的区域金融差异不能得到扭转，未来会使经济发展不平衡现象更加严重。

与此同时，我国区域经济发展十分不平衡，各地区工业化、城市化和市场化水平存在较大差异，在市场力量作用下必然会导致金融发展的地区差异。

表5显示出我国各地区在产业结构、城市化水平和市场化程度方面存在的较大差距。东部二、三产业发达，城市化和市场化程度均高于中西部地区，这与我国总体经济差距是一致的。

这种不同地区发展水平的差异必然影响到金融发展。东部地区在改革开放后优先发展，工业化水平高使得该地区资金收益率和利用效率均较高，城市化水平高使城镇对金融组织有更多需求，而市场化程度较高也使得该地区经济发展环境较好，这些因素共同决定了东部地区金融发展程度更高，而发展滞后的中西部地区由于工业化、城市化水平和市场化程度低，金融发展较落后。

以英国经济学家琼·罗宾逊(Joan Robinson)为代表的一些学者认为，“企业引导金融跟随”[12]。这种“需求尾随型”观点认为，金融发展是对经济增长的被动反应，实体经济部门随着分工细化、交易范围扩大，对金融系统提出了动员储蓄、便利交易、风险管理等需求，而金融系统在满足这些需求的过程中也不断发展壮大。不同区域的经济发展处于不同的阶段，要求不同的金融发展，也伴随着不同的金融需求层次、金融供给能力和金融资源利用程度。

就金融需求层次而言，一个地区经济发展会经历不同的增长阶段，表现为不同的工业化水平和城市化水平。美国著名经济学家H.钱纳里等指出，“从历史上看，工业化一直是发展的中心内容”[13]，我国各地区从落后的农业为主的经济向工业化发展的转变可以推动产业

表 4　1980—2001 我国区域金融差距与区域经济差距

年份	区域金融差距(以人均存贷款计算的基尼系数表示)	区域经济差距(以人均 GD 计算的基尼系数表示)
1980	0.4399	0.2883
1981	0.4379	0.2813
1982	0.4398	0.2714
1983	0.4404	0.27
1984	0.4063	0.2713
1985	0.4047	0.2698
1986	0.3987	0.2692
1987	0.4012	0.27
1988	0.3882	0.272
1989	0.3853	0.2688
1990	0.3779	0.2683
1991	0.3778	0.2767
1992	0.391	0.282
1993	0.396	0.2882
1994	0.3996	0.2963
1995	0.3988	0.3039
1996	0.4072	0.3074
1997	0.4198	0.3118
1998	0.4227	0.3158
1999	0.4337	0.3173
2000	0.4396	0.3193
2001	0.4519	0.3192

数据来源:第二列根据《新中国五十五年统计资料汇编》相关数据计算,第三列引自刘夏明(2004)

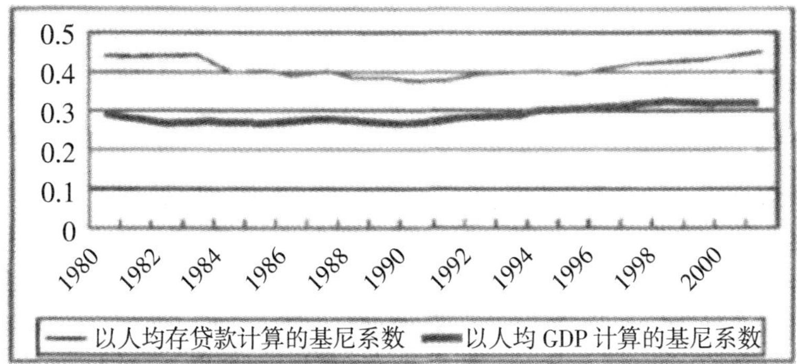

图 2　我国地区经济差距与地区金融资源差距的变化趋势图

资料来源:根据表 4 相关数据作图

表 5　改革开放以来我国各地区产业结构、城市化、市场化情况

	工业化水平					城市化水平(%)			
	第二产业产值第一产业产值			第二产业就业/第一产业		城镇人口/(城镇人口+乡村人口)		市场化程度	
年份	1978	1990	2004	1990	2004	1978	2004	1999	2000
东部	2.659	2.112	5.8242	0.5482	0.8858	22.79	55.32	6.88	7.16
中部	1.3028	1.2097	2.8872	0.3301	0.4287	17.74	40.01	5.34	5.47
西部	1.1593	1.0062	2.2812	0.1732	0.2515	13.39	30.68	4.51	4.71
全国	1.7137	1.5382	3.4855	0.3561	0.4797	17.92	41.76	5.6	5.81

资料来源：工业化水平和城市化水平根据《新中国 55 年统计资料汇编》相关数据计算，市场化程度引自《中国市场化指数——各地区商场花进程报告(2001 年)》

结构升级,提高地区竞争力。同时城市化是一个国家和地区现代化水平的重要标志,通过使人口有序向城市聚集,可以有效转移农村剩余劳动力,缩小城乡差距。不论是工业化还是城市化通常要求金融部门以资金提供金融支持,随着工业化和城市化的推进,金融需求也会从初级的动员储蓄需求向更高级的分散风险、便利交易、多种融资工具提供等综合需求发展。

就金融供给能力而言,储蓄作为最主要的金融资金来源,取决于人们的收入水平,而收入水平又取决于经济发展水平。可见,不同地区处于不同的经济发展阶段决定了该地区可利用的金融资源,金融资源受到地区经济发展水平的制约。就金融资源的利用程度而言,不同地区经济发展水平不同,决定了不同地区市场化程度不同,通常具有不同的信用水平、投资回报率和风险程度,各地区的金融资源利用程度和资金利用效率必然也是不同的。

三、金融体系演变下的金融区域差距

改革开放以来,我国在金融领域也进行了重大改革,四大国有商业银行从中国人民银行中分立出来,三家政策性银行设立专门执行政策性业务,以上海、深圳股票交易所成立为标志的资本市场发展迅速,金融体系门类齐全功能不断完善。这种金融体系随时间的演进对金融区域差距的影响可以分为三个阶段:

第一阶段(1984 年以前)改革开放初期,我国的资金配置呈现出"强财政、弱金融"的格局,金融更多服从国家的经济发展战略需要,由于片面推行均等化的同步发展战略[14],这一阶段金融发展由 1978 年的比较不均衡转变为 1984 年的均衡程度大大提高。以人均存贷款为例,表现在基尼系数和变异系数上就是分别从 1978 年的 0.4789 和 1.3683 下降到 1983 年的 0.4404 和 1.1804。

第二阶段(1984—1997年)这一阶段我国开始"分财于民",城乡居民收入在国民收入中的比重提高。为了获取城乡居民储蓄存款,弥补随改革进行出现的财政能力的迅速下降,由国家控制并占垄断地位的国有银行体制便发挥了制度替代的作用[15]。同时随着意图增加国有企业资金成本的"拨改贷"政策开始在全国推开,金融部门在国民经济中的作用大大提升。尽管这一时期国家在区域发展战略上已开始从"均衡发展"转向"东部优先发展",但为了动员储蓄国家银行的分支机构按行政区划分布,为国有企业提供信贷支持的潜在约束也使得金融资源并没有向东部转移。尽管这一时期东部经济发展迅速,但更多是由私营企业等民营经济带动,而恰好这一部分经济主体很难从主要面向国有企业的国有商业银行获得资金。如果考虑到中西部分布着大量国有企业及这些企业在20世纪90年代以来亏损程度比东部更严重,从而需要更多资金弥补亏损,1984年以来我国金融差距没有很大变化甚至在20世纪90年代我国经济差距迅速扩大的时期也没有随之扩大也就不奇怪了。

第三阶段(1998年至今)长期以来我国为了限制信贷投入量,一直由中国人民银行统一编制信贷计划,再下达给商业银行作为指令性计划要求其严格执行不得突破。这种信贷控制削弱了商业银行根据区域资金供求决定信贷供给的自主权,是造成1998年之前我国金融资源地区分布较均衡的重要原因。1997年12月24日中国人民银行决定从1998年1月1日起取消信贷规模控制的指令性计划,中国人民银行按年下达的指导性计划只供国有商业银行自己编制资金时作参考,各商业银行以总行为法人单位实行资产负债管理对资金来源和资金运用自求平衡[16]。这种贷款限制放开,从区域金融资源配置上讲,必然使贷款资源从贷款收益较低、风险较高的中西部地区向收益高、风险低的东部地区转移。同时国有商业银行进行的机构改革主要是退出落后地区,有统计表明以中国工商银行为例,2002 年与 2001 年相比,东部地区各省平均机构数量由 1463 个减为 1401 个,减少了 4.2%,而中部地区各省平均机构数量由 1044 个减为 883 个,减少了 15.4%,西部地区各省平均由 601 个减为 515 个,减少了 14.3%。考虑到除四大国有商业银行之外的股份制银行和外资银行进驻分布情况(见表 6),这种机构分布地区间的变化会十分有利于金融资源向东部地区的集中。

四、实施差异性区域金融政策,缩小金融差距

从金融区域差距与经济区域差距的关系看,金融发展的区域差距对区域经济发展不平衡有重要影响,金融较发达的东部地区也是我国经济发展最快的地区,而东部地区经济发展速度较快也会吸引和利用更多金融资源,从而使经济增长与金融发展处于良性循环;而中西部受制于金融不发达经济发展也大大落后于东部地区,同时较慢的经济发展也使得其对金融资源的吸引力不足。因此,在市场力量的作用下金融资源在逐利性动机作用下必然会在空间分布上呈现出较大的不均衡,中西部会陷入较慢经济增长与落后金融发展的恶性循环。要摆脱这种"恶性循环陷阱",纠正市场失灵,需要政府这只"看得见的手"发挥作用。鉴于我国金融区域差距的现状,要使中西部地区经济增长与金融发展能够良性循环,在缩小金融区域差距的同时促进区域经济协调发展,就要求从以下方面在不影响金融系统效率的前提下实施差异性金融政策。

1. 实行差异化的金融宏观调控政策

政府通过宏观调控可以有效贯彻国家的产业政策、促进经济稳定增长,但是在我国"经济较发达地区在中国经济中占举足轻重地位,我国宏观调控政策的制定更多地是以经济较发达地区的经济运

表 6　我国股份制银行和外资银行分支机构的地区分布情况

	股份制银行分支机构		外资银行分支行	
	招商银行	浦东发展银行[17]	汇丰银行	花旗银行
北京	31	22	4	3
天津	14	8	2	1
河北				
山西		2		
内蒙古				
辽宁	29	12	1	
吉林				
黑龙江	7	2		
上海	40	110	5	5
江苏	28	36	1	
浙江	33	49	1	
安徽	9	2		
福建	17		1	1(厦门代表处)
江西	10			
山东	24	10	1	
河南	7	10		
湖北	20	6	1	
湖南	11	2		
广东	85	36	7	4
广西				
海南				
重庆	16	12	1	
四川	15	4	1	1
贵州				
云南	10	7		
西藏				

续表

	股份制银行分支机构		外资银行分支行	
	招商银行	浦东发展银行[17]	汇丰银行	花旗银行
陕西	15	4		
甘肃	14			
青海				
宁夏				
新疆	7			

资料来源:股份制商业银行数据来自各自2005年年报.外资银行数据来自各自网站(http://www.hsbc.com.cn/cn/sc/general/gn04001b.htm 和 http://www.citibank.com cn/portal/citiwn__home__center.jsp)

行为参照系"[18]。这种从全国总量出发不考虑地区差异的宏观金融政策往往对金融资源较少的中西部地区更为不利。如由过度投资引发的经济过热分地区看,通常开始于东部地区,其可能造成的产能过剩在东部也更严重,但国家统一的信贷收缩政策可能造成投资并不过度的中西部也不得不收缩投资规模,从而使中西部地区的经济增长被迫放缓。考虑到东部除银行信贷外有更多渠道获取资金而中西部主要依赖银行信贷,这种出于控制东部地区经济过热的统一金融宏观调控政策可能一方面有效性大大减弱,另一方面严重影响中西部地区的经济稳定增长。这就要求金融宏观调控政策应根据各地区经济形势的差异区别对待,在利率调整、信贷窗口指导等实行差异化的政策,避免"一刀切"。

2. 实行差异化的金融管理政策

为了从金融发展的角度促进区域经济差距的缩小,要求我们在准备金比率、利率等方面实行地区的差异化金融管理政策。从国外经验看,"美国曾实施过会员银行法定准备金率,不但根据银行规模大小,而且根据银行所处的三类地区分别制定,如1935年纽约、芝加哥、圣路易斯的国民银行都属于'中央储备城市银行',活期准备金率为26%,其他16个城市较大的国民银行为'储备城市银行',准备金率最高为20%,其余不发达地区如阿肯色州、俄克拉荷马州、得克萨斯州国民银行为'乡村银行',准备金限额为14%"[19]。"80年代初法国政府为推动老工业区'再工业化'计划和老工业企业技术改造,专门设立了优惠的'再工业化'贷款基金,以两种方式发放:一种是直接发放给企业,利率为9.75%(通常利率为16.18%);另一种是间接提供,即先按9.75%的利率发放给有关信贷公司,再由信贷公司贷给企业,利率为13%~14%"[20]。但我国目前的货币政策不论是利率还是存款准备金率管理,更多是统一的,即使有差异也主要是根据金融机构类型以及金融机构的风险管理水平。以存款准备金率为例,自2006年6月份以来,我国已6次调高,目前法定存款准备金率已达到10.5%,但并没有根据金融机构的区域分布实施差异化规定。我国应逐步借鉴美国和法国的做法,对处于中西部的金融机构实行较低的存款准备金比率和优惠利率,从而增加中西部可利用的金融资源,吸引股份制商业银行和外资商业银行在中西部设立分支机构,促进区域经济发展的平衡。

3. 实行差异化的市场准入政策

在落后地区适当放宽市场准入,对于促进当地经济的发展显得十分必要,这样可以有效降低进入门槛、引入社会资本,利用其规模小、机制灵活为地方经济服务。中国银监会2006年12月份出台了《关于调整放宽农村地区银行业金融机构准入政策更好地支持社会主义新农村建设的若干意见》,从机构种类、资本限制等方面,大幅放宽农村金融机构的准入政策:允许设立村镇银行、社区性信用合作组织和大银行专营贷款业务的子公司等三类新型农村银行业金融机构;放开了准入资本范围,鼓励各类资本到农村新设村镇银行;大大降低了注册资本,新设立的信用合作组织最低资本金只需 10 万元。首批试点选择在四川、青海、甘肃、内蒙古、吉林、湖北等中西部的农村地区。今后应坚持这一改革方向,使各类金融机构不断进入中西部地区,从而缩小区域金融差异。

4. 扩大政策性金融业务,发挥政策性银行作用

1994 年国家为了实现政策性金融与商业性金融的分离设立了国家开发银行、中国进出口银行和中国农业发展银行,利用国家信用筹集资金,从事政策性金融业务,但经过十多年的发展,其生存环境发生了很大变化,三家政策性银行在其功能定位、业务范围和发展模式上存在争议,终于在 2007 年年初的中央金融工作会议上正式启动了政策性银行的改革。按照国务院的要求,国开行将全面推行商业化运作,自主经营、自担风险、自负盈亏,主要从事中长期业务;而中国进出口银行和中国农业发展银行按照分类指导、"一行一策"的原则,深化内部改革。随着政策性银行的改革,应当更加强调其"促进欠发达地区发展"的目标,这也是政策银行依靠国家信用赖以存在的重要基础,避免强调商业化运作的同时忽视对中西部地区的金融支持。

总之,解决我国区域发展不平衡问题离不开区域金融的协调发展,应该实施差异性金融政策,缩小区域金融差距,进而推动区域经济协调发展。

参考文献:

[1]许召元、李善同:《近年来中国地区差距的变化趋势》,《经济研究》,2006 年第 7 期。

[2]刘夏明、魏英琪、李国平:《收敛还是发散?——中国区域经济发展争论的文献综述》,《经济研究》,2004 年第 7 期。

[3]王小鲁、樊纲:《中国地区的变动趋势和影响因素》,《经济研究》,2004 年第 1 期。

[4]沈坤荣:《外国直接投资与中国经济增长》,《管理世界》,1999年第5期。

[5]周立:《中国各地区金融发展与经济增长(1978-2000)》,清华大学出版社,2004年。

[6]受资源所限,1996—2004年股票市场累计筹资额中2003年和2004年仅为IPO筹资额。

[7]这里东部包括北京、天津、河北、辽宁、上海、江苏、浙江、福建、山东、广东、海南;中部包括吉林、黑龙江、山西、安徽、江西、河南、湖北、湖南;西部包括内蒙古、广西、重庆、四川、贵州、云南、西藏、陕西、甘肃、青海、宁夏、新疆。

[8]引自徐宽:《基尼系数的研究文献在过去八十年是如何拓展的》,《经济学(季刊)》,2003年7月,第2卷第4期。

[9](美)博迪(Bodie,Z)、莫顿(Merton,R):《金融学》,中国人民大学出版社,2004年。

[10]拉古拉迈·拉詹、路易吉·津加莱斯:《从资本家手中拯救资本主义——捍卫金融市场自由,创造财富和机会》,中信出版社,2004年。

[11]由于1978年河北、浙江、陕西城乡数据缺失,使用的是《新中国50年统计资料汇编》数据,重庆市只有1978年总人口,计算时使用四川省城乡人口比近似计算,同时2004年吉林、海南城乡人口数据缺失,在计算2004年各地区城市化水平时分别以2000年和2003年数据代替;樊纲等在计算中国市场化程度指数时由于缺少某些重要数据而没有计算西藏的指数。

[12]Levine,Ross 1997 Financial Development and Eco-nomic Growth:Views and Agenda,Journal of Economic Literature,June pp688-726。

[13]H.钱纳里、S.鲁宾逊、M.赛尔奎因:《工业化与经济增长的比较研究》,上海三联书店、上海人民出版社,1995年。

[14]巴曙松、刘孝红、牛播坤、王天赐:《金融转型期中国区域资本配置差异与区域发展非均衡格局》,中国(海南)改革发展研究院中国改革国际论坛第59次会议论文集《中国公共服务体制:中央与地方关系》。

[15]张杰:《中国金融制度的结构与变迁》,山西经济出版社,1998 年。

[16]杨再平:《效能观点:透视中国金融前沿问题》,经济科学出版社,2002 年。

[17]浦东发展银行在江西和广西分别设有南昌分行和南宁分行,但所属机构数却均为零。

[18]巴曙松:《转轨经济中的非均衡区域金融格局与中国金融运行》,《改革与战略》,1998 年第 4 期。

[19]张企元:《区域差距与区域金融调控》,《金融研究》,2006 年第3 期。

[20]李正友:《区域经济协调发展中的金融政策》,《金融研究》,1998 年第 9 期。

(原载《学习与实践》2007 年第 6 期)

改革30年来中国区域经济合作的回顾与展望

改革开放前中国区域经济的组织和运行是指令性计划主导的，垂直关系高度强化，横向联系十分微弱，部门经济和地区经济长期在比较封闭的条件下运行。追求地区平衡的区域经济合作主要是作为实施计划经济、确保资源调配和供给的政治手段而行使，全国范围内合理的分工合作格局迟迟难以形成，各区域之间经济联系薄弱，与国际市场的联系更是微乎其微。

一、政府主导的区域合作

改革开放前实行的区域均衡发展战略使得中西部地区的落后面貌大为改善。尤其是“三五”、“四五”时期的“三线建设”，使得广大中西部地区基本上建成了以国防科技工业为重点，交通、煤炭、电力、钢铁、有色金属工业为基础，机械、电子、化工为先导，门类比较齐全的工业体系，促进了我国工业布局的整体均衡。但是这种均衡发展的战略影响了对东部沿海原有经济、技术存量优势的充分利用。1978年召开的党的十一届三中全会做出了将工作重点转移到社会主义现代化建设上来的重大战略决策。纵观1979年到1991年这12年的中国体制改革和区域经济发展，在效率优先、东部优先的非均衡发展战略实施过程中，以经济高速增长为目标的政府主导型区域经济合作成为该时期中国区域经济合作的主旋律。

改革开放以后，中国的经济体制和经济运行机制发生了重大的变革。着眼于放权让利,中国的经济体制围绕着诸如财政、税收、信贷、价格等进行了一系列重大变革,这些改革措施承认和突出了个人、企业、地方等微观主体独立的利益追求,极大地提高了各个地区发展地方经济的积极性和主动性,并对区域经济发展的制度环境产生了巨大的影响,国家区域管理体制和区域经济发展战略政策也随之发生了深刻的变化,这些变化影响和决定了该时期中国区域经济合作的格局和走向。

(一)区域合作历程回顾

1. 十六字方针:揭开序幕

以 1979 年国务院提出的“扬长避短、发挥优势、保护竞争、促进联合”十六字方针为标志,中国各经济区开始摒弃追求独立工业体系与国民经济体系的传统思维与战略,开始寻求地区之间的协作。在 1980 年 3 月国务院召开的关于中长期计划的座谈会上,邓小平同志进一步指出要“发挥比较优势,扬长避短,要承认不平衡”。为了推动地区之间、城乡之间的物资调剂和加强技术、资金协作,1980 年国务院颁布了《关于推动经济联合的暂行规定》。“暂行规定”首次赋予企业可以在国家计划外自主选择合作伙伴组织生产,企业开始享有经营自主权。

2. 华北经济技术协作区:中国第一个区域经济合作组织

1981 年,在呼和浩特市召开了华北地区经济技术协作会议,并成立了中国第一个区域经济合作组织——华北经济技术协作区(由京、津、冀、晋、蒙组成)。自此,中国区域经济合作的范围开始扩大,上海经济区、东北经济区、西南五省六方经济协作会、西北五省经济协作联席会、中南五省二市经济技术协作联席会等也相继成立。

3. 从“六五”到“八五”:横向经济联合一统天下

“六五”计划中明确指出:在总结以前经验教训的基础上,要有计划、有步骤地开展地区经济协作;地区协作的主要形式有物资协作、技术协作和经济联合;开展地区间经济协作,必须坚持"全国一盘棋",加强计划管理,认真实行合同制,逐步建立全国的经济协作管理系统,搞好地区间经济技术协作的立法工作。同时开始编制部分地区国土开发整治规划,首先是编制以上海为中心的长江三角洲的经济区规划,还有以山西为中心,包括内蒙古、陕北、宁夏、豫西的煤炭、重化工基地的经济区规划。另外,还开展对重点地区的综合考察和专题研究,进一步搞好农业资源调查和农业区划工作。

1984 年 5 月国务院发布了《进一步扩大国营工业企业自主权的暂行规定》,明确了发展横向经济联合的必要性,赋予了企业参加和组织经济联合体的自主权。这也意味着企业可以自己组织生产经营方面的联合、协作、配套。这种与过去政府与企业之间上下级纵向关系不同的企业与企业之间的相互平等的经济联系被学界称之为"横向经济联合"。

1984 年 9 月,原国家经委与国家计委、国家民委和国家物资局联合召开了"全国经济技术协作和对口支援会议"。十二届三中全会通过的《中共中央关于经济体制改革的决定》指出:"对外要开放,国内各地区之间更要相互开放。经济比较发达地区和比较不发达地区,沿海、内地和边疆,城市和农村,以及各行业各企业之间,都要打破封锁,打开门户,按照'扬长避短、形式多样、互利互惠、共同发展'的原则,大力促进横向经济联系,促进资金、设备、技术和人才的合理流动,发展各种经济技术合作,联合举办各种经济事业,促进经济结构和地区布局的合理化,加速现代化的进程。"

在各级政府的推动下,地区、城市与企业之间不同层次、不同规模、不同内容的合作纷纷涌现,1987 年,区域经济合作组织发展到 100 多个,地域分布也打破了以前区域经济合作组织基本上集中于东部沿海地区的格局，中西部地区也开始积极开展区域经济合作工作。

为了加快经济体制改革，推动区域经济合作的深入发展，1986年国务院颁发了《关于进一步推动横向经济联合若干问题的规定》，对横向经济联合的原则和目标、维护企业横向经济联合的自主权、基建计划管理和统计方法、促进物资的横向流通、加强生产与科技的结合、发展资金的横向融通、调整征税办法和保障经济联合组织的合法权益等问题做出了具体、明确的规定，收到了较好的实践效果。

为了更好地加强地区协作，《中华人民共和国国民经济和社会发展第七个五年计划纲要》要求制订协作计划，使地区协作同国家计划更好地衔接。鼓励地方、部门之间联合兴办国家急需的能源、交通、原材料建设项目，所需投资指标由国家给予照顾；同时进一步推动上海经济区、东北经济区、以山西为中心的能源基地、京津唐地区、西南“四省（区）五方”地区等全国一级经济区的形成与发展；形成以省会城市和一批口岸与交通要道城市为中心的二级经济区网络；同时发展以省辖市为中心的三级经济区网络。

1986 年，国务院做出了《关于进一步推动横向经济联合若干问题的规定》，明确指出企业之间的联合是发展的重点。对企业、行业、地区之间开展横向经济联合的有关原则与方法做出了全面的规定，使中国地区经济协作进入了有章可循的阶段。

“八五”计划围绕着横向经济联合与协作做出了全面详细的规划和要求，提出要正确处理发挥地区优势与全国统筹规划、沿海与内地、经济发达与较不发达地区之间的关系，促进地区经济朝着合理分
21 区、各展其长、优势互补、协调发展的方向前进；防止追求大而全的地区经济体系，更不能搞地区市场分割；提出要在全国统一规划和政策指导下，提倡各地区之间按照互惠互利、风险共担、发挥优势的原则，开展多领域、多层次、多形式的横向联合与协作，推动生产要素

的优化组合,加快地区产业结构的合理化进程;互相开放市场,使货畅其流,促进全国统一市场的形成与发展;继续完善和发展区域经济合作,以省、区、市为基础,以跨省、区、市的横向联系为补充,发展各具特色、分工合理的经济协作区;提倡经济较发达的沿海省、市与内地较不发达的省、区开展经济联合;巩固、完善和发展区域合作组织和各种经济网络;并且对横向经济联合与协作的重点和协作形式作了要求,指出要进一步在计划管理、统计办法、投资指标、税利和产品分配等方面制定有利于促进地区协作和联合的规定与办法,加强经济预测和信息发布,并运用经济政策和法律手段,对地区协作和联合进行宏观指导与调控[3]。

(二)政府主导的区域合作特征

1. 鲜明的政府主导型特色

在1979—1991年的12年内,以中央政府主导为发展动力是中国区域合作的突出特征。“七五”计划开始强调区域合作的地方主体,提出地区协作实行中央和地方分级管理、以地方为主的原则,鼓励地方、部门之间联合兴办国家急需的建设工程,地方政府的主动性、参与性和积极性有了很大提高。总体上看,中央政府在该时期内仍然扮演着区域经济合作主要推动者的角色。

《中华人民共和国国民经济和社会发展第七个五年计划纲要》在第二十章《地区协作和经济区网络》中明确指出,要在国家计划指导下,促进资金、物资、技术和人才的经济技术合作,联合举办各种经济事业,促进经济结构和地区布局的合理化。

1984年5月国务院发布的《进一步扩大国营工业企业自主权的暂行规定》中明确要求各级政府都要加强对横向经济联合的领导,制定推动横向经济联合的政策。

1986年《关于进一步推动横向经济联合若干问题的规定》颁布

后，根据国务院要求，财政部、国家统计局、物资局、工商行政管理局、商业部、体改委、审计署、中国人民银行等部门相继制定了一系列有利于企业横向经济联合的政策措施，为企业联合的发展提供了更具体的制度保障。“八五”期间国家设立了国家横向联合贷款，每个约1亿元，用于支持横向联合重点项目，1996年后，不再设此专项资助。

2. 以弥补制度缺陷，打破地区分割为主要目标

20世纪80年代国家在物资流通和生产要素供给方面的价格“双轨制”是中国经济体制改革中的一个重要过渡阶段，这项制度在给中国国民经济发展带来新活力的同时，也导致了政府失灵和市场扭曲。面对当时国有经济与非国有经济部门发展遇到的资本、劳动力和技术等资源短缺约束和价格双轨制带来的弊端，为了促进和支持城市国有经济和非国有经济的共同发展，先后于1980年、1984年和1986年三次颁发了促进横向经济联合的规定。

3. 区域合作与区域冲突并存

这一时期中国的区域经济合作虽然是以促进横向经济联合为主旋律而展开的，较之1978年以前，合作领域、方式和内容等也都有了很大的变化和发展，但是由于我国传统体制下长期形成的“条块分割”直接引发了改革开放以后的地方保护主义。从20世纪80年代初的盲目引进与重复布局、80年代中期的地区原料大战，再发展到80年代末的地区市场分割，区域冲突不断升级，不仅严重妨碍了区域经济发展与区域关系协调，而且引发了经济生活中的许多“并发症”，加剧了诸如“三角债”、假冒伪劣产品泛滥、通货膨胀等问题。为此，国务院先后于1982年和1990年分别发出了《关于在工业品购销中禁止封锁的通知》和《关于打破地区间市场封锁，进一步搞活商品流通的通知》，要求“各地区、各部门自觉制止和纠正地区封锁的错误做法”。这些政策对缓解当时较为激烈的地区冲突起了一定的作用，但仍未

能消除地区冲突的根源。而且随着地方分权化趋向体制改革的进一步加深,进入 20 世纪 90 年代以后地方保护主义不降反升。

4. 区域经济合作的规范性较为低下

在体制改革不断推进的背景下,中国的区域经济合作逐渐兴起并得以快速发展,不同区域经济合作组织内部在机构设置、合作手段与内容等方面表现出灵活多样的特征。但是由于体制的过渡性质以及区域经济利益关系的相对模糊,导致区域经济合作的规范性不强。从合作的范围来看,1979—1991 年间区域经济合作的范围主要囿于国内,参与国际经济合作的程度较低。

二、政府和市场双重力量推动的区域合作

改革开放以来实施的非均衡发展战略实现了中国经济的高速增长,但这种效率优先、东部优先的战略选择所带来的负面效果也逐步显现,东西部差距显著扩大,这在 20 世纪 90 年代中后期表现得尤为突出。在这一背景下,各地寻求区域经济合作的内在动力不断增强,市场开始成为促进中国区域经济合作的重要力量。中国的区域经济合作由此表现出政府和市场双重主导推进的阶段性特征,其核心目标是缩小区域差距、促进区域经济一体化。

以 1992 年邓小平同志南方谈话为标志,中国进入了一个体制变革和制度突破的全新阶段。1992 年党的十四大明确提出了我国经济体制改革的目标是建立社会主义市场经济体制。江泽民同志在十四大报告中要求"各地区都要从国家整体利益出发,树立全局观念,不应追求自成体系,竭力避免不合理的重复引进。积极促进合理交换和联合协作,形成地区之间互惠互利的经济循环新格局"。

(一)政府与市场双重推动下的区域合作进程

1992—1999 年这一阶段中国区域经济合作经历了以下几个阶段。

1. “七大区”的提出:投石问路

1992年,国家计委提出了以经济、自然联系、资源与区位优势互补为纽带的七大经济区概念,这七大区分别是:西南和华南部分地区、长江三角洲和长江沿岸地区、环渤海地区、东南沿海地区、西北地区、东北地区、中部地区。这次划分是继“六五”提出沿海与内地、“七五”提出三大经济带划分的基础上,着眼于区域经济一体化目标,对中国区域进行的一次尝试性的经济区划,但由于种种原因,这一区划最终未能进入真正的实施阶段。

2. “九五”计划:重拳出击

为了正确处理中国区域经济发展中的公平与效率问题,摆脱市场失灵与政府失灵的双重困境,“九五”计划国家明确提出要引导地区经济健康发展,促进全国经济合理布局。要按照统筹规划、因地制宜、发挥优势、分工合作、协调发展的原则,正确处理全国经济总体发展与地区经济发展的关系,正确处理建立跨省(区、市)的具有特色的区域经济与发挥各省(区、市)积极性的关系,正确处理地区与地区之间的关系。

这一时期国家在政策导向上侧重于动员经济发达地区协助经济落后地区脱贫和发展,其中最有代表性的就是三峡库区移民的对口支援。国务院以及各部委分别制定和颁布了许多相关文件,号召在三峡库区实行开发性移民,鼓励项目投资。在继续倡导和促进区域经济合作组织建立与发展的同时,还提出要全面推动跨地区的经济技术合作,重点发动和组织东部与西部跨地区的经济技术合作,尤其是对重点地带的产业转移和技术经济扩散给予足够的重视。这一阶段国家计委还组织有关力量对长江沿江地区、东北经济区、西北经济区、西南和华南地区、环渤海等地区进行了统一规划。

(二)政府与市场双重推动下的区域合作的特点

1. 中央政府主导型的区域经济合作组织向地方政府和市场主导型转变

这一时期虽然表面上仍是以中央政府推动的自上而下的区域经济合作为主,但是基于地方利益和辖区效益最大化考虑的省级地方政府是接受并配合区域经济合作的真正“幕后的推动者”。尤其是20世纪90年代区域经济协调发展战略提出以来,各地在80年代中期“横向经济联合”的基础上纷纷将“加强地区经济技术合作”作为重要的地方发展战略,一些省份如上海、天津、河北、安徽等还编制了经济协作的专项规划。同时,各省份之间或省份内部以地方政府为主要力量相继成立了许多经济协作区和协作网络(见表1),在人员、信息、原材料、能源、基础设施、劳务输出、企业合作等方面进行了合作,取得了良好的效果。总体来看,虽然不同的省份和地区对于市场力量的反应程度不同,但是进入20世纪90年代中期后,在市场规律作用下,以企业为主体、地方政府专业职能部门为指导的新型区域经济合作格局基本形成。

2. 区域经济合作以实现地区协调发展战略为主要目标

这一阶段各地区在国家规划和产业政策的指导下,选择发展适合本地条件的优势产业,其中东北、西南、西北等地区老工业基地和粮食、棉花、煤炭、石油等资源富集地开始形成若干个各具特色的重点产业区。国家要求各地区要避免产业结构趋同化,积极推动地区间的优势互补、合理交换和横向经济联合。

3. 区域经济合作开始突破行政区划界限,区域整合趋势明显

按照市场经济规律和经济内在联系以及地理自然特点,这一阶段区域经济合作突出重围,逐步打破行政区划界限,在已有经济布局的基础上,以中心城市和交通要道为依托,进一步形成若干个跨省

(区、市)的经济区域,包括以上海为龙头的长江三角洲及沿江地区经济带,以珠江三角洲和闽东南地区为主的东南沿海经济区,以辽东半岛、山东半岛、京津冀为主的环渤海经济圈,以亚欧大陆桥和京九等铁路大干线为纽带的经济带。

进入21世纪以后,以上经济带更是焕发出勃勃生机,成为带动中国经济发展的“发动机”。

表1 20世纪90年代中国部分省域经济合作的内容

时间	推动者	合作内容或项目
1992	湖南	以沿海为地区为重点,全面展开省际的联合协作,“东引、西联、南出、北进”
1992	辽宁	以上海、沿海省市的协作为重点,“东引西联,南北交流”
1996	河北	以环京津、环渤海为重点全方位对内开放,依托京津、紧挂部委、联盟周边、面向全国
1995	云南	以上海、广东和山东为重点,开展更大范围、更高层次的合作
1995	上海	发展和各省市尤其是长江三角洲和长江流域的横向经济联合
1995	广东	加强与东北、西北的物质协作,加强与华东、中南的市场、物资联系
1995	黑龙江	进一步密切与东南沿海省市的联合与协作,充分利用东南沿海省市资金、技术、人才、产品等优势
1996	天津	天津以京津冀周边地区和“三北”为合作重点
1997	上海	强调打“长江牌”“中华牌”,重点是长江三角洲和沿江地区、国内主要经济中心城市尤其是国务院指定的对口支援帮扶地区
1997	沈阳	以“吸资”“引制”为重点,加强与东南沿海一线的合作

4. 区域经济合作步入规范化时代

1993年通过的《中共中央关于建立社会主义市场经济体制若干问题的决定》,确定了中国社会主义市场经济体制的基本框架,这标志着我国区域经济合作与消除地区冲突有了规范的体制依据。

从1992年开始,许多建立于20世纪80年代的区域经济合作组织开始消亡或者成为摆设,这些经济组织大都是政府主导型的区域经济。究其原因,一方面是由于在政府机构改革中许多地区的经济协作组织受到"株连",导致撤销或合并,另一方面也是因为在以上区域经济合作组织中,原有动力机制已难以发生作用,需要寻找新的"兴奋点"。这种现象在预示着中国区域经济合作格局变动的同时,也使优胜劣汰的竞争法则在区域经济合作规律中得以体现,这也是中国区域经济合作走向规范化的有力说明。

三、全方位、多层次、国际性的区域合作

经济全球化和区域经济一体化是当今世界经济发展的两大趋势。进入21世纪后,随着中国加入WTO,市场经济体制改革的进一步深化,科学发展观的树立和落实,统筹区域协调发展成为中国区域经济发展的核心目标,中国区域合作越来越紧密,其范围和领域不断拓展、规模不断增大,形成了以长江三角洲、珠江三角洲、环渤海地区为代表的重要的经济区域,国际区域经济合作也呈现出了前所未有的崭新局面。

(一)21世纪初区域合作背景扫描

以1991年党中央提出的区域经济协调发展战略为标志,自1992年以后中国开始全面转向区域经济协调发展战略,东西部差距扩大的趋势仍在继续,中国区域差距与区域冲突问题日益严峻。为了彻底缩小东西部差距,使中国区域经济走上全面协调的发展道路,

1999 年 9 月,在党的十五届四中全会上正式提出了西部大开发的战略,提出了西部大开发的基本目标和重点内容。“十五”计划进一步指出:“要实施西部大开发战略,加快中西部地区发展,合理调整地区经济布局,促进地区经济协调发展。”同时还明确提出:“西部大开发要从实际出发,积极进取、量力而行,统筹规划、科学论证,突出重点、分步实施。力争用五到十年时间,使西部地区基础设施和生态环境建设有突破性进展,科技、教育有较大发展。要开拓新思路,采用新机制,着力改善投资环境,扩大对内对外开放,大力发展多种所有制经济,积极吸引社会资金和外资参与西部开发和建设”,要求“充分发挥中部地区承东启西、纵贯南北的区位优势和综合资源优势,加快发展步伐,提高工业化和城镇化水平”,“东部地区要加强与中西部地区全方位的经济技术合作,支持和参与西部开发,更好地发挥对中西部地区的辐射带动作用”。为了全面贯彻区域经济协调发展的战略,2002 年党的十六大分别对西部大开发、中部地区发展、东部地区发展、东北老工业基地振兴等问题提出了明确的要求。从 2003 年党的十六届三中全会中央提出坚持“五个统筹”到 2004 年“中部崛起”的正式提出再到 2005 年制定的“十一五”规划,中国区域发展正在一步步实现从“单级突进”到“四轮驱动”的转变,区域经济协调发展战略也全面形成。随着 2001 年中国的入世,近年来中国的区域经济合作格局发生了显著的变化,开始走向一个新起点。

(二)全方位、多层次、国际性区域合作进程

1. “十五”计划:重塑新型地区经济关系

20 世纪 90 年代后期,以长江三角洲、珠江三角洲和京津冀三大经济圈为代表,特别是长江三角洲、珠江三角洲先发地区区域经济合作发展进程迅速,经济增长速度明显加快,推动区域经济一体化不断向前发展,基本形成了区域互动的良性循环。

“十五” 计划中指出要促进经济特区和浦东新区增创新优势，进一步发挥环渤海、长江三角洲、闽东南地区、珠江三角洲等经济区域在全国经济增长中的带动作用，在“推进西部大开发”“加快中部地区发展”“提高东部地区的发展水平”的同时，进一步指出为了“形成各具特色的区域经济”“要打破行政分割，重塑市场经济条件下的新型地区经济关系。改变追求经济门类齐全的做法，发挥比较优势，发展有市场竞争优势的产业和产品，防止结构趋同。通过区域规划和政策，引导和调动地方的积极性，形成各具特色的区域经济，并先行在生态功能保护区、专业化农产品生产基地、旅游经济区等方面取得突破”。

2. 加入 WTO：开创国际区域经济合作新局面

伴随着经济全球化的加速和世界市场的整合，组织或参与区域经济一体化成为各国或地区的必然选择。无论是发达国家，还是发展中国家，没有一个国家能长期游离于区域经济一体化的浪潮之外。中国从 20 世纪 90 年代开始积极参与国际区域经济一体化。进入 21 世纪，尤其是中国成功加入 WTO 以后，中国加快了参与区域经济合作一体化的进程。除参加亚太经济合作组织、亚欧会议外，中国还正式成为《曼谷协定》的成员国，组建了中国—东盟自由贸易区和上海合作组织。

“十一五”规划中进一步指出要“推进国际区域经济合作。统筹规划并稳步推进贸易、投资、交通运输的便利化，积极参与国际区域经济合作机制，加强对话与协商，发展与各国的双边、多边经贸合作。积极参与多边贸易、投资规则制定，推动建立国际经济新秩序。增加我国对其他发展中国家的援助，进一步加强与发展中国家的经济技术合作”。

3. “十一五”规划：健全区域协调互动机制

“十一五”规划中指出，对“已形成城市群发展格局的京津冀、长江三角洲和珠江三角洲等区域,要继续发挥带动和辐射作用,加强城市群内各城市的分工协作和优势互补,增强城市群的整体竞争力”。此外,“十一五”规划明确指出要“健全市场机制,打破行政区划的局限,促进生产要素在区域间自由流动,引导产业转移。健全合作机制,鼓励和支持各地区开展多种形式的区域经济协作和技术、人才合作,形成以东带西、东中西共同发展的格局。健全互助机制,发达地区要采取对口支援、社会捐助等方式帮扶欠发达地区。健全扶持机制,按照公共服务均等化原则,加大国家对欠发达地区的支持力度。国家继续在经济政策、资金投入和产业发展等方面,加大对中西部地区的支持”。

总体来看,21世纪头几年,中国区域经济合作发展已逐步走出“诸侯经济”,开始从各自为政的区域行为走向国家战略层面,区域内外的合作、整合与协调发展成为主流。

（三）特点定位

盘点进入21世纪的中国区域经济合作,虽然仅仅几年,但也取得了令人欣喜的成绩,区域经济合作格局中的一些关键元素也呈现前所未有的变化。

1. 区域经济合作中市场力量难以抗拒,以企业为主导的多元主导力量逐步显现

中国区域经济合作的推动者从计划经济时期以行政命令为主要形式的政府推动型到中央政府、地方政府平分秋色,再到以政府、地方和企业等多种主体的格局,在这种较量与变化的过程中,企业的主体地位和推动作用日益提升。这也表明随着中国市场经济体制改革的深化,市场的力量超越政府的力量,成为推动区域经济合作的坚强后盾。

2. 全方位、多层次、国际性的区域经济合作格局开始形成

进入 21 世纪以后，中国的区域经济合作已经从改革开放初期简单的政府主导型地区间物质串换发展为多种多样的地区间经济技术联系[5]，各种区域合作组织和合作区域从资源、能源、交通、教育、人才、信息、技术等各种要素全面展开，长三角、珠三角、京津冀内部及其相互之间的合作达到一个新高峰，对外经济合作也取得了很大的进展，合作范围和领域也进一步扩大和延伸。

3. 立足于主体功能区的合作开始形成

“十一五”规划中提出根据资源环境承载能力、现有开发密度和发展潜力，统筹考虑未来我国人口分布、经济布局、国土利用和城镇化格局，将国土空间划分为优化开发、重点开发、限制开发和禁止开发四类主体功能区，按照主体功能定位调整完善区域政策和绩效评价，规范空间开发秩序，形成合理的空间开发结构。主体功能区的提法更加重视区域发展的社会、生态要素，充分体现了突破行政区谋发展的理念[4]。“十一五”规划中的这一大亮点也预示着中国区域发展与区域合作的导向发生了质的变化，立足于主体功能区的合作正在开始突破以往以行政区和经济区为主要空间指向的区域合作。

4. 城市经济圈和区域经济带成为促进区域经济合作的主力军

1957 年，法国学者戈特曼（Gottman）提出大都市圈的经济学说，经过 50 年的丰富和发展，“大都市圈”已经成为衡量一个国家或地区社会经济发展水平的重要标志。大都市经济区域是以经济中心（大都市）为核心，以经济网络为纽带，联结周边中小城市，构成一个经济区域。在我国，“都市圈”这一概念的最早提出见于 1996 年 4 月出版的《中国区域经济发展战略研究》。当时的国家计委经济研究所课题组提出，到 2010 年中国将会形成九大都市圈。

按照戈特曼提出的大都市圈形成的基本标准，中国目前称得上“大

都市圈”的地区只有3个:京津冀、长三角和珠三角。三大都市圈各有其竞争力优势,聚集竞争力最高的都市圈是京津冀都市圈,区位竞争力最高的是长三角都市圈,而制度竞争力最高者则属珠三角都市圈。

按照“十一五”规划纲要,京津冀以及长江三角洲的区域经济规划正在积极编制之中。随着相应城市群(圈)规划的编制和实施,加之新高速城际铁路客运专线的建设与开通,中国的区域经济版图将被改写。

中国现已规划中的城市群(圈)有10个,即长三角、珠三角、京津冀、辽中南、成渝、关中(西安咸阳宝鸡等)、中原、武汉、长株潭、山东半岛城市群等。此外,也有可能增加天山北城市群(乌鲁木齐为中心,为边疆服务)。

四、结论与展望

纵观改革30年来中国区域经济合作的历程,我们看到中国区域经济合作的推动者、形式、内容、格局都发生了巨大的变化,区域经济合作由务虚走向了务实,区域经济合作组织也从培育期、形成期走到了发展期和成熟期[2]373。回眸中国区域经济合作发展30年的历程,我们可得出以下结论:

(一)中国区域经济合作的发展与中国经济体制改革的历程如影相随

回顾中国区域经济合作走过的30年,不难发现区域经济合作的进程与中国经济体制改革的进程是同步而行的,二者之间互相促进,互为因果,共同推动中国社会主义市场经济体制的完善和中国区域经济合作格局的不断创新。

(二)行政经济是阻碍中国区域经济合作的现实障碍

长期以来,中国经济发展始终在行政区划的框架内进行。作为整个中国“行政经济区”发展模式的一个缩影，泛珠三角区域的中国内地9省区以各自的行政区划为限，相互展开经济发展的激烈竞争，没有形成优势互补、产业结构合理布局的局面，尽管在这种地方分散主义的体制格局中也取得了骄人的经济增长业绩，但也为这种分散主义的竞争格局付出了重大的发展成本：不仅阻碍了统一市场的形成，而且造成大量低水平不合理的重复建设，造成资源的严重浪费，地方政府的行政力过强，制约区域合作的内容和方式，是中国区域经济合作存在的主要问题之一。而政府与企业分工合作的好与坏，往往是区域经济合作能否成功的关键，只有打破由行政区划造成的地方保护主义与“诸侯经济”，从体制上消除限制区域之间要素自由流动的制度根源，才可避免各地产业雷同、重复建设、无序竞争等弊病。所以在企业与政府的分工上，只有注重市场作用与政府推动的协调统一，才能加强区域间的合作。为了促进经济区域合作，必须消除区域之间自由流动的体制制约和区域壁垒。

(三)区域经济合作的规划与政策仍需进一步完善

改革开放以来，我国实行的区域合作政策的执行效果表明，必须把进一步发挥市场的资源配置功能，特别是培育市场机制，消除地方保护主义作为区域合作的首要目标。这需要我国宏观管理体制和区域政策的进一步调整，也需要地方政府和企业在区域合作组织的建立方面进行行之有效的制度创新和广泛的合作。

(四)基础设施的完善是区域经济合作的“助推器”

以交通运输为核心的基础设施的完善，对促进和加强区域经济合作具有重大的推动作用。30年来各个时期的区域经济合作区(带)基本上都是通过连接各区域之间的交通通道建立起来的。目前长三角、珠三角和环渤海地区等具有综合优势的经济区也面临着进一步提高合作水平和层次的问题。而这种提高很大程度上依赖于交通体系的进一步完善,以提高空港程度和形成快速运输系统为目标,形成多种运输相互配套的综合运输体系,构建区域间的大交通体系是强化区域经济整合的关键所在。

回顾历史,区域经济合作是不可阻挡的潮流,也是中国经济可持续发展的重要支撑。展望未来,中国正处于一个区域发展空间结构剧烈变化,市场对地区关系塑造力迅速上升的时期。在未来一段时间内,由于地区产业集聚规律的作用,地区差距扩大的压力将长期存在,在这个背景下,推动区域合作的战略意义就显得更加突出,而与此同时政策措施也面临着市场力量的严峻挑战。

未来几年中国区域经济合作将会达到一个更高的层次和水平,区域经济一体化将不断加快,大城市圈将成为区域经济发展的主导力量,随着区域板块的重构,原先的经济圈规划范围会被突破,大企业在跨区域资源配置中的作用更加突出。

参考文献:

[1]张中华.中国市场化进程中的市场行为[M].长沙:湖南人民出版社,1997:159-170.

[2]陈秀山,孙久文.中国区域经济问题研究[M].北京:商务印书馆,2005:352-359.

[3]李鹏.关于国民经济和社会发展十年规划和第八个五年计划纲要的报告[M].北京:人民出版社,1991.

[4]马洪,刘中一,陆百甫.中国宏观经济政策报告[M].北京:中国财政经济出版社,1997.

(原载《西北大学学报(哲学社会科学版)》2008年9月,第38卷第5期)

中国区域30年:发展战略的嬗变

纵观改革开放30年,中国秉承"摸着石头过河"的渐进精神,取得了改革开放的巨大成就。在这种渐进性思想的指导下,中国区域发展战略经历了一个非均衡、协调、统筹区域发展的嬗变过程。这样一种战略嬗变,决定了中国区域政策的转变,深刻地影响着中国区域经济的现实格局,也反映了中国区域经济发展理论的不断深化。全面认识改革开放以来中国区域经济发展战略的嬗变及其现实效应,将为中国区域经济理论的发展提供丰富的历史素材和理论启示。

一、30年来中国区域发展战略的嬗变

任何一个区域发展战略的制定,都必须建立在特定区域的客观条件和经济发展的现实基础之上,同时,发展战略制定者关于区域发展理论的接受程度也对其形成了较强的主观约束。因此,在不同历史时期,一国区域发展战略必然会有所不同。中国自20世纪70年代末改革开放以来,各区域的客观条件发生了巨大变化,与此同时,中国对有关区域发展理论的认识也不断深入,由此,一条沿着非均衡发展、协调发展、统筹发展的中国区域发展路线形成了。

(一)效率优先导向的区域非均衡发展战略

由于社会历史和自然地理因素,中国近代工业的分布极不合理,沿海与内地形成了差异极大的不协调的经济格局。中华人民共和国成立以后,为了强化国防和改变原有的生产力布局,同时也迫于当时

的国际政治和经济格局,出于赶超战略的需要,国家对内地特别是对大西南、大西北采取了“大推进”式的战略来促进这些地区的发展。在客观上限制沿海地区经济发展的前提下,国家通过优惠的财政政策和大量的投资加快内地经济建设特别是工业建设步伐。然而,这种服从于国防安全需要、追求区域均衡发展的战略,事实上并没有考虑到各个区域自身的发展优势和区域之间发展关系的问题。随着经济向更深层次的发展,人们逐渐认识到,由于中西部地区自然环境和经济基础较差,投资回报率明显低于沿海地区,不顾东西部地区的客观差异而人为推行均衡发展的战略,虽然可以在表面上缩小区域发展差异,但最终却必将导致整体发展速度的迟缓及效率的低下。同时,由于后续资金短缺、基础设施落后、能源供给紧张等因素的制约,这种发展战略本身也难以为继。20 世纪 80 年代以后,随着中国地缘政治军事形势的相对趋缓,决策层越来越认识到了发展战略转型的必要性和紧迫性。

邓小平同志的“让一部分人、一部分地区先富起来”的概括[1],标志着中国区域经济发展战略从均衡发展到非均衡发展的转变。从 20 世纪 80 年代开始实行的非均衡发展战略主要经历了两个阶段:“六五”时期(1981—1985 年)和“七五”时期(1986—1990 年)。

“六五”计划充分考虑到了利用区域比较优势,进行产业上的区域分工来加速整体经济增长,明确提出了优先发展沿海地区并通过沿海地区的发展带动内地发展的区域发展战略方向。在此期间,区域非均衡发展战略的一个具体措施,就是设立经济特区。正是由于经济特区特别是深圳特区的巨大成就,在实践上证明了区域非均衡发展战略在促进特定区域经济跨越式发展方面的显著效果,才直接催生了各种经济开发区和各种非均衡发展具体模式的出台,并促使中国非均衡发展战略不断走向成熟和完善。

“七五”计划继承了“六五”计划中通过优先发展沿海地区带动内地地区发展的战略思想，并进一步根据地区发展水平差异把中国划分为东部、中部和西部三大区域，强调东部地区继续作为当时开发的重点。“沿海地区经济发展战略”成为这一时期区域经济发展战略的主要特征。该战略是在1988年3月国务院召开的沿海地区对外开放工作会议上，作为国家方针被正式提出的。在这一战略的推动下，沿海经济开放地区的范围被大大扩展，成为涵盖面积为32万平方千米、拥有1.6亿人口的广大地带[2]。

（二）缩小差距的区域协调发展战略

进入20世纪90年代，非均衡发展战略的弊端逐渐受到学术界和决策层的普遍关注。

区域非均衡发展战略的实施，导致东西部发展差距越来越大。从人均GDP看，1984年东部为中部和西部的14.5倍和9.7倍，1994年上升为18.7倍和22.7倍；从人民生活水平看，1995年，城镇居民可支配收入最高的5个省份均在东部地区，而最低的5个省份4个位于西部，1个位于中部。农民家庭人均收入最高的5个省份也全部位于东部，最低的5个省份则全部集中于西部；从城市化水平看，中西部地区的城市化水平也远低于东部地区，中国东部地区城市占全国总数的50%，平均每100万平方千米有各级城市230个，而中西部总数的比重分别为30%和20%，平均每100万平方千米仅有各级城市80个和30个。

区域非均衡发展战略的实施，还诱发了其他相关问题。例如，在区域间经济发展差距不断扩大的情况下，为了加快当地经济增长速度，缩小同发达地区的差距，一些欠发达地区地方政府在项目投资上置全局性资源浪费、生产能力过剩而不顾，盲目布点，低效益低水平地重复引进、重复生产、重复建设，导致了产业结构趋同化现象加剧，直接带来了资源的严重浪费和宏观投资效果的下降。地区差距的扩大刺激和强化了各区域发展经济的短期行为，加剧了区域间争夺人、财、物的摩擦和矛盾，导致和助长了区域经济发展中的地方保护主义，各种类型的地区封锁和市场分割愈演愈烈，不仅造成流通渠道堵塞，各种商品和生产要素不能自由流动，而且削弱了区域之间的相互支持，阻碍了全国统一大市场的形成。同时，在片面追求经济增长的过程中，也产生了日益严重的资源耗竭、生态破坏和环境污染等问题。

针对东西差距日益扩大的现象，社会各界逐渐形成了经济社会发展过程中效率与公平兼顾的目标取向，更加强调区域经济的协调发展，在充分发挥各地区优势的基础上，采取有效措施逐步缩小地区差距。

区域协调发展战略，是以江泽民为核心的第三代中央领导集体，在总结我国区域经济发展的经验教训的基础上，综合考虑我国政治、经济和社会发展的迫切需要的结果[3]。大致而言，从20世纪90年代开始实行的区域经济协调发展战略主要经历了两个阶段："八五"时期（1991—1995年）和"九五"时期。

"八五"计划时期，中国区域经济发展战略的指导思想是：按照统筹规划、合理分工、优势互补、协调发展、利益兼顾、共同富裕的原则，逐步实现生产力的合理布局。在后来的实施过程中，这一指导思想下的政策又经过了不断调整、修正、完善和具体化。1992年10月，江泽民同志还强调："东部沿海地区要大力发展外向型经济，重点发展附加值高、创汇高、技术含量高、能源和原材料消耗低的产业和产品，多利用一些国外资金、资源，求得经济发展的更高速度和更好效益。中部和西部地区资源丰富，沿边地区还有对外开放的地缘优势，发展潜力很大，国家要在统筹规划下给予支持。"①但1995年9月，江泽民同

①江泽民.江泽民论有中国特色社会主义[M].中央文献出版社，2002:169.

志就指出，“解决地区发展差距，坚持区域经济协调发展，是今后改革和发展的一项战略任务”。要把“东部与中西部地区的关系”作为社会主义现代化建设中应正确处理的十二个重要关系之一[①]。与此同时，国务院还做出了《关于加快发展中西部地区乡镇企业的决定》，制订了一系列支持中西部乡镇企业发展的优惠政策。

“九五”计划继承了“八五”时期中国区域经济发展战略的指导思想，继续坚持区域经济协调发展的思想，并重点提出了西部大开发的战略措施，为缩小东西部地区经济发展差距指明了切实的发展方向。

1995 年 9 月，中共十四届五中全会通过《中共中央关于制定国民经济和社会发展“九五”计划和 2010 年远景目标的建议》，提出了指导今后十五年经济和社会发展的九条基本方针，其中第八条是坚持区域经济的协调发展，逐步缩小地区发展差距。在通过的《国民经济和社会发展“九五”计划和 2010 年远景目标规划纲要》中，把“坚持区域经济协调发展，逐步缩小地区发展差距”作为一项基本指导方针，并指出从“九五”开始，逐步加大中、西部地区发展力度，促进区域经济协调发展，提出了逐步缩小地区发展差距，促进区域经济协调发展的战略思想，即引导地区经济协调发展，逐步缩小地区发展差距，最终实现共同富裕，是体现社会主义本质的重要方面。1999 年 6 月，江泽民同志在视察陕、甘、宁、青、新五省区时，在西安发表讲话，指出：“现在，加快中西部地区发展步伐的条件已经具备，时机已经成熟。如果我们看不到这些条件，不抓住这个时机，不把该做的事情努力做好，就会犯历史性的错误。在继续加快东部沿海地区发展的同时，必须不失时机地加快中西部地区的发展。从现在起，这要作为党和国家

---

①江泽民.正确处理社会主义现代化建设中的若干重大关系[N].人民日报，1995.10.09，第一版.

一项重大的战略任务，摆到更加突出的位置。”西部大开发战略的明确提出，标志着中国区域经济发展进入了一个新的发展阶段。

（三）以科学发展观为指导的区域统筹发展战略

十六届三中全会首次明确提出了科学发展观，提出了“坚持统筹兼顾，协调好改革进程中的各种利益关系。坚持以人为本，树立全面、协调、可持续的发展观，促进经济社会和人的全面发展”的发展方向，强调按照五个统筹的原则推进改革和发展，建立社会主义和谐社会。以科学发展观为指导的统筹区域发展战略的提出，标志着中国区域经济发展战略的又一次转变。

区域统筹发展战略，涵盖了区域协调发展战略的基本内涵，是在区域协调发展战略的基础上，对区域协调发展战略的进一步深化。同时，区域统筹发展战略也是从中国区域经济发展的实际情况出发所做出的必然选择[4]。

2005 年 10 月，党的十六届五中全会通过《中共中央关于制定国民经济和社会发展第十一个五年规划的建议》，十届全国人大四次会议于 2006 年 3 月表决通过《关于国民经济和社会发展第十一个五年规划纲要》。“十一五”规划纲要中，将促进区域协调发展单独列为一篇，提出“根据资源环境承载能力、发展基础和潜力，按照发挥比较优势、加强薄弱环节、享受均等化基本公共服务的要求，逐步形成主体功能定位清晰，东中西良性互动，公共服务和人民生活水平差距趋向缩小的区域协调发展格局”，并将中国区域总体发展战略界定为“坚持实施推进西部大开发，振兴东北地区等老工业基地，促进中部地区崛起，鼓励东部地区率先发展的区域发展总体战略，健全区域协调互动机制，形成合理的区域发展格局”。

按照区域经济发展水平及地理位置，中国经济区域可以划分为东部沿海地区、东北地区、中部地区、西部地区四大地带。在“十一五”

规划纲要中,依据这一划分对中国未来区域经济发展进行了宏观上的战略部署:西部地区继续推进西部大开发,中部地区实施中部崛起战略,东北地区实施振兴东北地区等老工业基地战略,而东部地区,则是鼓励其率先发展。

二、反思渐进性区域发展战略

回首改革开放 30 年,与中国不同发展阶段相适应,中国采取了不同的区域经济发展战略。不可否认,在这短短 30 年间,中国区域发展实现了大突破,给人印象最深的莫过于深圳的崛起和浦东的开发开放。确实,这些城市的荒凉仿如昨天,一转眼,眼前景色竟已大变。

中国在区域层面的改革同样秉承了"摸着石头过河"的渐进精神,从经济特区试验,到沿海开放纵深,再到如今全国大开放;从效率优先,对东部沿海进行政策、资金倾斜,到注重公平,实施了西部大开发战略、东北老工业基地振兴战略、中部崛起战略;这些无不显示了中国区域改革的渐进性。

渐进性改革让中国以较低的成本实现了高速发展,但无疑,也正是这种渐进性导致了中国区域的若干"顽疾":东部沿海率先开放,为了打造区域发展的样板,中央通过政策、资金倾斜,东部沿海"剥削"了自然资源相对丰富的中西部地带,拥有先发优势的东部沿海将中西部越抛越远;经济特区、沿海开放城市、浦东开发开放等政策的实施令这些区域屹立在中国区域之巅,随后,西部大开发、东北老工业基地振兴、中部崛起等政策相继实施,一系列政策的实施进一步强化了政府在区域发展中的主导作用;改革开放初期,中国还没有保护生态环境的意识,生态环境保护被置之脑后,环境问题日益严重……如此之多的问题,渐进性发展难辞其咎。

因此,反思中国的区域发展战略,认识区域发展中存在的问题,并解决这些问题,是我们的当务之急。

我们现在就是要认识区域发展中存在的问题,并想方设法解决这些问题。

首当其冲的就是区域发展差距问题。区域发展差距问题已经成为国人的心头之痛。我们不会忘记,毗邻香港那个小渔村仿佛一夜之间崛起的高楼大厦,繁华街上的车水马龙;我们也不会忘记,大西北风沙之中瑟瑟颤动的矮土房,摇摇欲坠的教室里满脸菜色的孩子,这是中国区域发展差距的真实写照。如今,中国实施旨在缩小区域发展差距的区域发展战略已有一段时日,但区域之间的差距仍然非常大。以人均 GDP 为例,我们将 2007 年中国各地区人均 GDP 进行排序(见表 1)。2007 年,中国人均 GDP 最高的地区为上海,达 64592 元,比人均 GDP 最低的贵州高 57757 元,是贵州的 9.45 倍。差距之大,令人瞠目结舌。这还是较大区域层次的比较,如果用城市数据进行比较,结果将更加令人难以接受。

另一个需要我们思考的问题是,政府在区域发展中应该充当的角色。回顾中国改革开放 30 年,不难发现,中央的区域政策在相当大程度上主导了中国区域的经济发展轨迹。经济特区的崛起如此,浦东的崛起同样如此,乃至最近的天津滨海,又是如此。有了这些榜样,各区域在发展过程中就形成了依赖,注重的不是着力形成自我发展能力,而是期待中央给予各种支持。所以,就有了中国独特的"跑部进京"现象,就有了中国各区域之间的明争暗斗,这也导致了地方产业结构趋同[5]、市场分割[6]等问题。政府在区域发展过程中的重要作用我们不能否认,但是,像中国这样,区域发展以政府为主导的则甚是少见,我们应该相信市场的力量,限制政府在经济发展中的作用。

此外,环境问题也日益困扰着我们。改革开放初期,我们并没有意识到环境保护的重要性,在效率优先思想指导下,特别注重工业发

表 1　2007 年中国地区人均 GDP 排序

位次	地区	人均 GDP(元)	位次	地区	人均 GDP(元)
1	上海	64592	17	河南	16060
2	北京	56044	18	湖北	16055
3	天津	45829	19	海南	14631
4	浙江	37128	20	重庆	14622
5	江苏	33689	21	湖南	14405
6	广东	32713	22	陕西	14350
7	山东	27723	23	青海	13836
8	辽宁	25725	24	宁夏	13743
9	福建	25662	25	四川	12926
10	内蒙古	25092	26	江西	12562
11	河北	19967	27	广西	12408
12	安徽	19436	28	西藏	12109
13	吉林	19168	29	云南	10496
14	黑龙江	18510	30	甘肃	10335
15	新疆	16860	31	贵州	6835
16	山西	16835			

资料来源:各省市区 2007 年国民经济和社会发展统计公报

展。而且,当时建设的绝大多数都是技术含量较低、污染排放严重的项目。于是,也就有了中国如今满身的创伤:曾经风景如画的河流变成了死气沉沉的“黑水”,它们在呜咽;曾经的良田变成了一望无际的荒漠,它们在哀嚎;曾经葱翠的山头变成了裸露的岩石,它们在哭泣。黄河断流、太湖蓝藻、北京沙尘暴……令人触目惊心的环境事件挑战着我们的神经。

以上所述远远不能穷尽中国区域发展过程所遭遇的难题,如资源型城市遭遇资源枯竭、工业城市发展模式难以持续、各区域产业结构趋同、农村经济起步艰难等。而且,随着中国区域改革的推进,一系列我们难以想象的问题仍然埋伏在前方。以上所述问题固然有相当部分是由渐进性区域发展战略所引起的,但也从一个侧面说明了中国改革的未来方向。以科学发展观为指导的区域统筹发展战略正在力求解决其中的部分问题。

三、结论及展望

纵观中国改革开放以来区域经济发展战略的演变,基本上经历了非均衡发展战略-协调发展战略-统筹发展战略三个阶段。不同演变阶段,既体现了作为发展战略必须具有的继承关系,也体现了随经济社会发展的实际情况对发展战略所做出的必要的调整和完善。在计划经济体制下,中国的区域发展战略基本上遵从重工业发展和国防安全的需要,具有比较明显的均衡特征。但是由于区域均衡发展战略忽视了各个区域自身的发展优势,导致区域经济活力不足、效率低下和整体发展速度迟缓等一系列问题。所以,改革开放之后,在以提高经济效率为基本目的的大背景下,中国从根本上改变了计划经济体制下的区域均衡发展战略,实行非均衡的区域发展战略。国家将发展重点向东部沿海地区尤其是重点开放地区倾斜,从而加速了沿海地区经济的高速增长,并进而促进了中国总体经济的快速增长。然而,随着非均衡发展战略的全面实施和市场自发作用的逐步增强,区域发展差距问题开始凸显并日趋严重,促使社会各界对这种战略本身进行反思,并催生出以处理好东部与中西部发展关系问题为核心内容的区域协调发展战略。同时,结合改革和发展过程中所出现的社会、资源、生态和环境等方面的问题,统筹处理改革进程中的各种关系包括区域之间的关系,其重要性越来越被社会各界所认同。在这种情况下,以科学发展观为指导的区域统筹发展战略应运而生。

区域经济发展战略的演变,反映了社会各界特别是决策层不断总结区域发展的经验教训,对区域发展内在规律认识的逐渐深入,也从一个特定的角度反映了中国人民对建设有中国特色社会主义的探索过程。

总之,改革开放三十年以来,区域经济发展战略的演变过程是有承继性和转折性的。如果从战略形成到战略执行的时间跨度观察,战略演变的三个阶段之间并不存在明确的界限, 特定阶段新的发展战略的实施,并不绝对拒绝和排斥上一阶段发展战略及其相关政策继续发挥作用,只是在不同的阶段发展战略有所侧重。这也正是部分学者提出诸如区域非均衡协调发展战略、区域协调统筹发展战略等观点的原因所在。这个判断在战略实施的空间模式方面表现得非常突出。点轴开发模式、“菱形”发展模式、“开”字型发展模式、三沿战略、四沿战略、三环战略等,显然既可以被理解为非均衡发展战略的空间模式,同时也可以被理解为协调发展战略的空间模式。

特别应当指出的是,考虑到发展战略对特定区域发展和总体国民经济发展所具有的重大影响,不同阶段区域发展战略之间的这种承继性和包容性,正是避免由于发展战略在较短时期内发生巨大转折,从而引致经济运行和社会活动的不正常震荡的必然要求,也是保持经济社会稳定发展的必然要求。

以科学发展观为指导的区域统筹发展战略,继承了非均衡发展战略和协调发展战略的最具有价值的内涵,是对非均衡发展战略特别是对协调发展战略的进一步完善。虽然,区域统筹发展战略在中国的具体实施仍然处于初始阶段,在某些地区和领域甚至还处于部署阶段,但是这种新的区域发展战略,已经初步在实践中表现出了其巨大的作用。例如,振兴东北地区老工业基地的政策措施,已经发挥了其预期的作用，东北地区经济发展开始步入良性循环的轨道。这使我们可以预见，在区域统筹发展战略的指导下，我国区域经济将会真正形成因地制宜、各展所长、优势互补、协调发展的格局，区域差距和城乡差距的扩大趋势将会得到根本性的抑制，经济发展、社会进步和生态环境保护之间将会建立起良好的互动关系，在改革、发展和对外开放过程中出现的各种矛盾和问题将会得到最终的解决。

参考文献：

[1]邓小平.邓小平文选(第三卷)[M].北京：人民出版社，1994.

[2]冯之浚.区域经济发展战略研究[M].北京：经济科学出版社，2002.

[3]黄丽芬.江泽民区域经济协调发展观探析[J].常熟理工学院学报，2005(5)：29-33.

[4]高新才，滕堂伟.西部大开发：国家战略的变迁与完善[J].兰州大学学报(社会科学版)，2005(3)：14-19.

[5]胡向婷，张璐.地方保护主义对地区产业结构的影响——理论与实证分析[J].经济研究，2005(2)：102-112.

[6]徐现祥，李郇.市场一体化与区域协调发展[J].经济研究，2005(12)：57-67.

（原载《社会科学家》2008 年第 11 期）

四、西北区域经济研究

试论西北地区向西开放中的政策协调

横穿中国的亚欧第二大陆桥于1990年9月全线贯通以来，引起了国内理论界的极大关注。毫无疑问，这座大陆桥从长远看为我国打通了一条东西双向开放的道路，对中国东、中、西部经济的协调发展，特别是对我国西北地区的经济发展必将产生深远影响，并将由此逐步形成我国对外开放的新格局，其意义将是古代“丝绸之路”所无法比拟的。

西北地区作为我国利用大陆桥向西开放的前沿，如何科学地认识第二大陆桥的地位，从而采取较为协调的政策，使这座钢铁大道在开发西北资源，发展西北经济中发挥应有的作用，是一个需要迫切加以研究和回答的重要课题，本文拟在这一领域试作初步探讨。

一、从第二亚欧大陆桥的前景看西北地区政策协调的必要性

第二大陆桥横贯数国，仅在我国境内这条大动脉就跨越相连江淮、华中、西北三大经济区，东部在徐州与京沪线相通，辐射到上海和江浙沿海；中部分别在郑州和洛阳与京广线和焦柳线相接，辐射到广州、深圳、厦门、香港地区和广西地区；西部分别在宝鸡和兰州与宝成线与包兰线贯通，辐射到云、贵、川和宁夏、内蒙古等地区。不难看出，第二大陆桥在我国经济建设和对外开放中具有举足轻重的地位。

正因如此，近年来国内理论界在对第二大陆桥进行研究时，总免不了列举：

——它比通过印度洋和苏伊士运河的海路近5000海里,运期缩短二分之一,运费节省20%。

——它比途径西伯利亚的第一座欧亚大陆桥缩短运输距离2000千米。

——它的西桥头堡是大西洋东海岸的世界第一大港鹿特丹,而东桥堡连云港一年四季可作业,因而对东南亚一些国家和地区有着强大的吸引力。

第二大陆桥的前景果真如此美妙?冷静地思考,这座大陆桥还有不少的隐忧:

虽然这座大陆桥的路轨已经接通,但要达到有效益的营运状态,大量的配套设施并没有跟上。仅以阿拉山口站为例,这个大陆桥中国段的西桥头堡,不但用于国际贸易往来的配置机构,如海关、商检、卫生防疫等尚未就位,而且铁路运输调度系统、通信联络系统、水供给系统、仓储条件、后勤服务保障、车站建筑等也几乎是空白。至于阿拉山口站至乌鲁木齐沿线各段的必备设施也十分简陋,无法满足国际联运的基本要求,正式营运至少要推迟到1993年以后。

另一方面,第二大陆桥的贯通,并没有使原有铁路运输条件得到相应改善。以兰新线为例,目前,单线的兰新铁路已造成新疆的东出运输处于超负荷运转状态。尤其是张掖—武威、天水—宝鸡两个路段,“瓶颈”制约影响尤其严重,致使新疆每年准备输往内地的1400多万吨物资中有300多万吨难以出疆。随着塔里木油田的开发,石油、天然气东运量必将增大,这就更会加重兰新铁路的运输压力,而油、气输送管道的铺设完毕尚需时日。尽管国家已将兰新铁路的增建改造工程列入了“八五”计划,但要交付使用需得1995年以后。而塔北油田通往内地的4000千米油气输送管道的开通,要等到2000年前后方可实现。

无疑,以上因素将严重阻碍亚欧第二大陆桥东西向的畅通使用。

实际上,除了上述不利因素之外,我们还应看到,作为横跨多国的亚欧第二大陆桥,也为国际政治环境所左右。近年来,苏联、东欧政局的动荡,使这座大陆桥的使用风险值加大,从而也弱化了它招揽货源的吸引力。

另外,国际运输竞争的日趋激烈,海运费用的进一步下调,也会使曾对亚欧第二大陆桥颇感兴趣的一些东亚、东南亚国家普遍持观望态度。

总之,国内铁路运输基础的薄弱、沿线国家政局的安定及其对第二大陆桥的态度,使得这座大陆桥不但面临一个如何保证畅通的困难局面,也存在一个国际市场竞争的经营问题。因此,我认为在“八五”和“九五”期间,亚欧第二陆桥的经济影响将会受到很大制约,它真正发挥影响,要到21世纪。

基于以上的分析,西北地区对第二大陆桥贯通的乐观为时尚早,应当冷静地面对现实,实事求是地制定适合本地区经济发展的经济政策,踏踏实实地抓好后续工作的准备,以便为下一世纪利用好第二大陆桥振兴本地区经济和社会,使本地区能有一个全面的腾飞打下一个坚实的基础。为此,从现在开始,注重研究西北地区的政策协调问题,就十分必要。

二、建立西北经济综合协作区:政策协调的前提

政策协调必须以组织协调为基础,因此,为了使西北地区的政策协调能有组织保障,进行组织的再造至关重要。

我认为,西北地区作为我国对外开放中“走西口”的门户,虽然有着得天独厚的地理优势,但面对日益拉大的“东西差距”和其本身落后的经济基础,如果仍像目前一样各自为政,相互竞争,不仅使这一

地理优势不能得到发挥，而且于全国对外开放不利。因此，面对第二大陆桥提供的良机，西北五省区联合起来，建立西北经济综合协作区，势在必行。

我提出这一建议的根据是：

第一，从我国经济发展战略和“六五”计划的要求看，都强调为了提高国民经济的整体效益，应当以省、自治区、直辖市为基础，以跨省、区、市的横向联合为补充，加强地区经济的合理分工，形成有利于发挥地区特色和区域协作的经济体系，把全国经济的统一性和地区经济的特色结合起来，逐步实现全国范围内的资源合理利用和优化配置。设立西北经济综合开发协作区就体现了这一方针的要求。

第二，西北地区矿产资源十分丰富，而且具有分布广、储量大、品位高的特点。前已探明的西北矿产资源品种占全国的79%以上。仅甘肃目前已探明的64种矿产中就有23种的储量为全国前五位，其中金川镍矿床中的镍、铂，保有储量居全国第一位，铜、钴、铬、铅、锌等金属保有量在全国占有重要地位①。新疆是全国矿种较多、配套基本齐全的省区之一，在全国已知的149种矿产中，新疆就有122种，其中铍、白云母等7种矿产储量居全国首位②。青海有钾盐、镁盐、锂、碘、自然硫、化工石灰岩、硅石、石棉等8种矿产资源名列全国第一③。陕西已发现的117种矿产资源中，有25种矿产保有储量居全国前5位，46种矿产储量居全国前10位④，特别是陕北神府煤田，储量大，质量好，是世界上罕见的煤田。宁夏石膏储量居全国第一位，煤、石油、

①《甘肃四十年》第2页，中国统计出版社1989年版。

②《新疆资源经济数根对比分析》第87页，中国计划出版社1990年版。

③《中国自然资源手册》，科学出版社1990年版。

④《陕西国土规划》第4页，陕西人民出版社1989年版。

磷矿石、石灰石等资源也十分丰富①。另外,西北地区还有着十分丰富的水力、风能等资源,仅从龙羊峡到青铜峡的1000公里黄河段上,就可新建15个梯级大电站,总装机容量可达1400万千瓦。可见,西北地区由电、煤、石油、铝、镍、铁合金等因素形成的高耗能原材料空间组合优势,发展的条件是得天独厚的,但由于现行的行政区划的人为分割以及产业结构盲目趋同,使西北地区作为我国统一的原材料生产基地的独特优势未能充分显现,其结果只能是制约了各个省区的合理发展。如果西北地区能够联合起来建立西北经济综合协作区,统筹规划,对产业结构进行合理调整,扬长避短,克服产业结构趋同化的弊端,西北地区的发展速度和经济效益必将大为改观。

第三,西北地区是汉、回、藏、维等多民族聚居区,这一地区的发展问题,在相当程度上是少数民族的经济发展问题,我国少数民族工作的质量和成就,在一定程度上体现在这里。由于历史上政治、经济、文化、地理、自然等多种因素的作用,西北地区的经济社会发展相对落后,而经济发展的不平衡显然是不利于民族和睦的。所以,通过设立西北经济综合开发协作区,促进这一地区的经济社会获得较快发展以从根本上保证民族和睦,不仅是促进民族团结,使我国民族大家庭共同富裕的需要,而且对巩固国防具有重要意义。因为现代国防已不再是简单的军事国防,只有把强大的军事国防和政治国防、经济国防相结合,才能真正保证边境的稳固。另一方面,由于西北地区各少数民族在宗教上大多与中东或其他地区有着密切的联系,在我国对外开放尤其是向西开放过程中,为了能够发挥优势,也必须对整个地区的政策加以协调。

---

①《中国自然资源手册》,科学出版社1990年版。

第四，从宏观经济格局上看，目前全国的能源非常紧张，而一些高耗能工业又亟待发展，但我们不可能把对原材料的大量需求全部寄希望于进口上，东部地区也难以承受每吨镍耗电 4000 度这样的沉重负荷，所以全国能源及原材料工业的现状及其发展趋势，必将迫使高耗能工业向西北地区转移，从而为西北地区充分发挥能源与有色金属资源的空间组合优势提供极为有利的机会。如果新疆的石油、青海的电力、甘肃的有色金属和陕西宁夏的煤炭等，能借助于协作区统一的政策优势很好地组合起来，充分地释放能量，这一经济开发区在我国未来的发展中必将扮演重要角色。相反，西北五省区如果各自仍然只把发展局限于局部地区，片面强调局部利益，就会重蹈“大而全”、“小而全”的覆辙，使西北地区独特的优势得不到发挥。

综上所述，西北五省区交臂相邻，历来政治、经济、文化交往密切，尤以经济联系更紧。目前，在国家政策实行地区倾斜格局已定的形势下，西北各省区都面临着东、西部地区经济差距继续拉大的现实，都面临着市场竞争的严峻挑战。因此，五省区有着加快发展，振兴区域经济的共同愿望。从系统论的角度看，西北五省区是有同类相聚特征的整体。不仅土地和地下矿产资源等天赋要素相对充裕，而且还是一个共性极强的自然—经济—社会复合系统。其中，丰足的自然资源与短缺的社会经济资源同在，产业性二元结构与区域性二元结构并存，民族经济与国民经济交织等等，在使西北五省区经济具有结构和功能上的复杂性的同时，也使它们具有高度的相似性。五省区作为中国向西开放的前沿，同属资源型产业区域，在自然资源的供求方面，也有着不可分割的互补依存关联。正因如此，随着经济体制改革的深入，五省区之间的横向联合也大大加强，产业组织和要素组合在区内的运动频率在加快，许多棘手的经济难题，都需要五省区的协商合作，才能顺利解决。尤其是面对第二亚欧大陆桥开通的现实，建立西北经济综合协作区，重点对该地区经济发展进行统一规划和布局，是进行区域经济政策（包括外贸政策）协调的基本前提。

三、区域政策：政策协调的核心

西北经济综合协作区建立后，从目前的情况看，迫切要解决以下政策的协调问题：

1. 制定正确的经济发展战略

从全国经济发展上看，西北地区具有三大明显优势：一是自然资源组合优势；二是向西开放的地缘优势；三是民族地区的政策优势。同时，西北地区在经济发展中也存在很多制约因素：经济基础薄弱，财力明显不足；交通设施落后，经济运转不灵；生态环境脆弱，水利建设滞后；开发条件艰苦，效果级差明显；科技教育落后，人才严重短缺。经济发展的优势和亚欧大陆桥开通后双向参与国际循环态势的形成以及世界产业结构调整和周边诸国扩大对外合作交流的国际机遇，将会使西北地区外向型经济发展进入新的阶段，但是，经济发展的制约因素又使西北地区在短期内大力开拓变化莫测的国际市场的难度很大，这就决定了至少在20世纪内，西北地区的经济必须以参与国内循环为主。这是西北地区选择近期经济发展模式的立足点。

基于以上分析，西北地区在经济发展战略上，我认为必须注意以下政策的协调：一是综合评价，重点开发；二是以点带面，强化辐射；三是双重导向，多层交流；四是重视科技，双腿走路。

所谓综合评价，重点开发，就是从立体空间的角度对区内各种已知资源的潜在经济价值、开发条件、投入产出效益、市场前景、对经济增长的作用等多种因素，从整个西北地区经济发展的宏观角度进行综合评价，优选开发重点，逐步形成优势产业和拳头产品。

所谓以点带面，强化辐射，就是要从西北地区的实际出发，以已有的工业基地和主要城市为依托,逐步培养起一些开发点,使之成为经济发展的“培养基”,成为区域经济成长的生长点和辐射源。目前尤其要注重发挥国有大中型骨干企业的这种辐射作用。因为自 20 世纪 50 年代以来,国家在西北地区兴建的一大批工矿企业在传统体制下都与地方隔离分割,并没有对当地的经济发展和人民生活带来太大变化,墙内墙外的落差很大,矛盾很多,因此充分利用一大批工矿企业的辐射和渗透作用,对促进西北地区的经济发展,大有可为。

所谓双重导向,多层交流,是指西北地区地广人稀,市场狭小,优势资源转换必须一头在内,一头在外,有进有出,进出结合,积极利用国内、国际两个市场,参加国内、国际两个循环。近期内要以开拓占领国内市场为主,以初加工型产品的输出,求得资金、技术、人才等生产要素的输入,当然也要充分利用亚欧大陆桥的“一线两口”的优势,努力开拓国际市场,做到两个市场、两种资金一起用,逐步形成以国内市场和国际市场为导向的双重循环结构和多方向、多层次的内外经济交流格局。

所谓重视科技,双腿走路,就是针对西北地区信息闭塞、观念保守、人才匮乏的实际,必须一方面,从根本上把大力发展教育和科技事业放在优先地位,提高整个地区劳动者的科学文化水平;另一方面,还要采取切实的措施,不仅要减少科技人员的外流,遏制“一江春水向东流”的势头,而且要尽可能地从内地引进更多的科技人才。现阶段,尤其要把提高现有企业的技术素质和劳动力素质放在突出位置,紧密结合生产建设的实际需要,组织科研攻关和推广应用,同时借鉴国外发展科技的成功经验,引进、吸收、消化、推广先进适用技术,走出一条与西北地区经济发展战略相配套的发展科技、教育的新路子。

2. 合理调整产业结构和产品结构

西北地区产业结构有如下特点:一是初级产品的生产比重大,属于资源开发主导类型区;二是基础产业发展水平较低,交通、通信、水利建设等基础设施滞后;三是工业结构重型化,与此相适应,工业中大中型企业、全民企业比重大;四是二元结构突出,工农业之间、大中小企业之间、城乡之间经济技术差距显著。

衡量结构的合理与否,不仅要从地区实情和特点出发,从系统本身发展的要求来考虑,还要服从于更高层次的大系统发展的要求,即从全国的角度来考虑西北地区的结构,亦即所谓“统观全局,洞察区情”,把国家的全局需要与地方利益结合起来,正确处理专业化与综合发展的关系。

把西北地区的产业结构纳入全国这一大系统来看,主要问题有二:一是产品结构和技术结构不合理,表现为西北地区工业固定资产按人均占有量计,已远远超过全国平均水平,但职工人均创造产值和利税大大低于全国平均水平;二是规模效益和专业化协作效益很差,表现为一大批地方小工业与大型工业互不联系,小企业在生产上满足不了大中企业对协作、配套、服务的要求,结果使很多小企业由于规模过小、工艺落后、产品成本高、质量差,加上与大中企业争原料等原因,使小企业不能健康发展。同时也使大中企业大多只能内向配套,走向“小而全”、“大而全”的封闭体系,无法发挥对地方工业的带动、扩散效益,丧失了双重的专业化协作效益。

从西北地区产业结构的发展趋势和现实基础看,我认为,在产业结构调整中应着力解决好以下两个问题:

第一,要立足于西北地区已有的工业特别是能源工业的优势,不断扩大开发范围和规模,逐步延展产业链条,适当发展加工工业,对产业缺门和断层进行填平和补齐。西北地区作为我国资源相对富饶的地区,之所以会在经济上相对贫穷,其中一个重要原因就在于产业结构度低,产业关联度小,链条短促,缺环过多,主导产业的产品不能在区域内加工增值,阻断了资源优势转化为经济优势的循环渠道。因此,西北地区在产业结构调整中,应当把结构转换作为首要任务,即要形成以主导产业为中心,集中与分散相结合,逐步开发资源加工深度和广度的产业链体系。当然,从全国的角度看,西北地区应以加快能源、原材料等基础产业的发展为主,这是毫无疑问的。但我认为,进一步的分析表明,西北地区在把产业结构调整的重点放在继续发展和壮大能源、原材料等主导产业的同时,通过延伸产业链条,发展适当加工增值,不仅与全国产业结构的要求不会产生根本矛盾,而且从长期看,它对我国产业结构的合理化还将产生积极的推动作用。

第二,支持和鼓励企业发展规模经济,组织企业集团,提高专业化和协作水平。根据不同行业和产业的性质和要求,确定合理规模,引导企业按经济规模进行改造、合并或扩建,充分发挥规模经济效益。同时要针对不同企业的内外部条件,制订相应措施,通过多种形式,大力发展专业化协作,力争在20世纪内形成若干以大中型骨干企业为核心,以一批小企业为外围,以专业化协作为纽带,具有较强技术开发和市场开拓能力的企业群体和企业集团。

通过产业结构的调整,西北地区要充分发挥并利用比较优势效应、产业组合效应、地区相邻连锁效应等积极影响,以在全国产业结构向高度化、合理化发展中起到合力作用。

3. 逐步实现区域一体化

区域一体化大体有两种类型:一类为同质型地区(发展水平、要素禀赋和产业结构等大体类似),通过区域协调或区域联合,实行“协议性分工”。这对于克服工业建设重复、分散,实现规模经济,发挥地区整体优势有明显作用。另一类为异质型地区,通过区域协调或联合，实现“互补性分工”，这对于各展所长，互补长短有明显效益。从总体上看，西北地区的区域一体化，属于前一种类型。

我认为，西北经济综合协作开发区建立后，为了能切实对西北地区内部的产业政策和各方权益进行有效协调，应当朝着区域一体化的方向努力。西欧各国为了共同的利益，不仅结成区域共同体，而且正朝“欧洲大市场”方向迈进。我国西北地区区域一体化的发展，应该说不存在不可逾越的障碍。因此，西北经济综合协作开发区建立后，从一开始就应当为此注意一系列政策的协调。

四、中央政策：政策协调的补充

从目前的情况看，国家直接掌握的预算内基本建设投资额占全国基本建设投资的比重下降到10%左右，因此西北地区矿产资源的开发和交通建设，不能单纯依赖国家投资，而西北地区又没有雄厚的经济基础，所以我认为要使西北地区真正成为我国的能源和原材料工业基地，中央还要对西北地区注意以下政策的协调：

1. 改善现行宏观区域政策

区域政策是针对有特定问题与特定任务的地区采取的特殊政策。按照市场经济理论，在投资主体多元化和市场机制充分发挥作用的情况下，资源和各种可流动要素会趋向资本、劳动边际收益率高的地区。经济技术发展水平高，经济效益好的高梯度地区，对周围低梯度地区的各种可流动要素形成“空气泵式效应”（简称“空吸效应”）。因此在工业化进程中，完全凭借市场机制，区际的两极化几乎难以避免。为了防止在追求效率的同时使区际差距过分悬殊，中央应当从逆向按“补偿原则”实施区域政策，以弥补市场机制的缺陷和不足。我国近年来一直实行向东部地区倾斜政策，尽管使沿海地区对外经济技术合作取得了较快发展，但也造成了地区间的不平等竞争，加剧了区际矛盾。在强大的“空吸效应”下,不少地方政府不得不运用行政手段构筑“进出壁垒”,造成了全国统一市场的割裂。因此,中央的这种地区倾斜政策亟须加以调整。改进的方向是把“地区优惠”和“产业优惠”紧密结合,这既利于市场机制作用的发挥,也体现了在市场机制基础上的政策导向作用。

2. 加速价格体系改革

近年来,西北地区与东部沿海地区差距明显拉大的一个深层原因在于初级产品和制成品的比价很不合理,初级产品的价格大大低于其价值。这使以初级产品为主要输出产品的西北地区在与东部地区加工产品的交换过程中,处于不利地位。这种状况不仅不利于西北地区的经济发展,而且有碍于国民经济整体的长期协调发展。从长远看,加快改革资源产品价格过低的价格体系是保证基础产业优先发展的必要条件。因此,中央要根据我国社会经济承受能力对产品比价进行调整,逐步提高初级产品价格,使价格体系逐步趋于合理。理顺价格,既可以使西北地区的基础产业扩大积累,增强自我发展能力,又能够吸引东中部发达地区资金进入西北能矿资源开发,改变过分依赖中央直接投资的状况。

3. 深化企业改革

西北地区已拥有相当数量的大中型工业骨干企业,其中仅甘肃就有 166 个,这些企业有两个特点:一是分属不同的中央主管部门,二是资金运动服从特定使用价值的生产需要。应对这些大中型企业管理体制实行改革,使受到行政壁垒和特定使用价值束缚的资金活跃起来。

自改革起步以来,我们虽然一直把增强企业活力作为改革的中心环节,但时至今日,这一任务远未完成。而这些拥有巨额固定资产、很大生产能力和较强技术力量的大中型企业是否能够搞活。对我国经济发展的影响实在是举足轻重的，一般来说，越是贫困落后的地区，改革的风险系数相对越小，所以从现实看，在西北地区试行新的经济体制改革要比在东部和中部的风险小得多。如果在西北经济综合协作开发区建立后，中央能够给予相应的政策，切实搞活这里的大中型企业，对全国大中型企业深化改革都有相当的借鉴意义。

4. 扩大开放陆地边境贸易

扩大开放陆地边境贸易，应当抓住重点，建立起多层次的相互配套的贸易网络，它包括一般的边境贸易点和过货点，对邻国及该国相邻地区的重点贸易及经济技术交流合作的城镇，可以通向第三国乃至更大范围的铁路、公路、水路的重要口岸等。对西北地区来说，通过向西北开放，能够由偏远变为前哨，由袋底变为袋口，由远离国际市场的劣势变为就近进入国际市场的优势，这不仅能够有力地促进西北地区产业结构、产品结构的优化，而且可以促进商品经济的发展和人们精神面貌的改变，积累对外开放经验，为更好地利用亚欧第二大陆桥奠定一个比较良好的基础。

（原载《兰州大学学报(社会科学版)》1992 年第 3 期）

论中国西北城市经济带的构建

Jane Jacobs 在《城市经济》一书中指出:“有史以来是城市而不是农村促成了世界上大部分的经济增长和创造。城市是财富的创造者,而不是国家。”①城市对经济发展的作用主要表现为城市的经济聚集功能,这一功能极大地促进了包括城市和农村在内的区域经济发展。事实上,城市始终是区域发展的动力源,对区域发展起着“火车头”的作用,而区域是城市赖以发展的基础,为城市化提供了一个演进环境。城市和区域的经济联系随着城市化的进程日益加强,城市的区域范围也随之不断扩大。所以,城市与区域之间存在相互依存、相互促进的密切联系,这就决定了城市经济研究必须置于区域经济的背景之下,不能就城市论城市。

一、城市区域理论与西北城市经济带的分散性特征

1. 一般城市演进形态。当代城市化的一个重要特征是大城市化趋势明显。不仅大城市数量急剧增加、人口和财富不断向大城市集中,而且出现了超级城市(super-city)、巨城市(mega-city)、城市集聚区(city agglomeration)和大都市带即城市群(megalopolis)等新的城市空间组织形式。根据人口规模,400 万人口以上的城市称为超级城市,

①王延辉.城市经济制导管理[M].北京:社会科学文献出版社,2000:120.

800 万人口以上的城市为巨城市。一般来说,这样的城市都是城市集聚区。

20 世纪 50 年代以来,在某些城市密集地区,城市与城市间的农田分界带日渐模糊,城市在地域上呈现出连成一片的趋势,从而形成一种城市现象——大都市带。首先为大都市带定名的是国际著名城市地理学家戈特曼(J. Gottman)。他认为,大都市带是市街区大片地连在一起、消灭了城市与乡村明显的景观差别的地区。一个大都市带,至少应居住 2500 万的城市人口,以现代城市方式生活。目前存在的大都市带具有以下共同特征:(1)具有良好的地理位置和自然条件。(2)是政治经济的中枢。世界上的大都市带,都是国家、洲际乃至全世界的政治经济中心,对国家和地区政治经济起着中枢的支配作用。(3)带状的空间结构。大都市带多数沿长轴呈带状发展,总是有一条产业和城市密集分布的走廊,通过发达的交通、通信网络相连。同时,大都市带内除城市用地外,还有大片的农田、林地相间,作为获取新鲜农产品、提供游憩场所和改善环境的空间有机组成部分。

2. 亚洲城市化的新现象。加拿大地理学家麦吉(T. G. McGee)①在对印度尼西亚的爪哇岛进行长期研究后,归纳了该区域的发展特征,并创造了"desakota"一词。在印尼语中,kota 指城镇,desa 指乡村,desakota 指城乡混合地区。这种区域常常形成于两个大城市之间沿交通要道延伸的走廊地带,它不仅把两个大城市连接起来,而且把大城市之间的小城市、小城镇与大城市连接在一起,从而形成了扩展的大城市区(extended metropolitan region)。这种扩展的大城市区的空间结构与西方的大都市区和都市带的空间结构相类似。Desakota 地区是

①许学强,等.城市地理学[M].北京:高等教育出版社,1997:78.

农业经济和非农业经济在一定的空间相互作用而形成的新的区域，具有如下特点：(1)人口密度大，通常高达1000人/km^2以上，农业生产率较高，在历史上通过交通网络与其他地区有较多的联系。(2)位于大城市附近，非农产业增长迅速。这些非农产业包括服务业、运输业和工业，农业从非农经济活动中可以获得大量收入。(3)沿着高质量的交通干线，如较发达的公路、铁路、运河等分布，有利于人口和商品的流动。(4)农业、畜牧业、工业、住宅和郊区发展等对土地的利用高度混合，对土地的需求不断增加。其正面影响是农产品和工业产品都有现成的市场，负面影响则是耕地面积减少，工业生产使环境遭受严重污染。(5)妇女在非农劳动中的参与率大大提高。(6)从国家管理的角度来看，由于大部分desakota地区在中心城市的行政区域之外，因此在某种程度上它们是“灰色地带”，城市的规章制度不适用于这类农村地区。由于国家在desakota地区进行制度建设和行政管理是很困难的，因而这些地区成为一些不遵守国家法律、法规小企业的滋生土壤。Desakota地区是在区域经济发展的基础上，由于发展中地区的城乡紧密联系而出现的一种新的城市演化形态，表现了发展中地区和发达地区城市化的趋同现象。然而，虽然从空间结构上看，desakota区域的大城市区与发达地区的大都市区的空间结构相似，但是其形成机制与发达地区传统的以城市为中心，进而带动周围农村地区发展的城市化过程并不相同。尽管desakota区域的形成部分是由于周围大城市的辐射作用，但更多的是因为农村地区内部农业和非农产业的动态联系：农业产量的提高引起了非农产业的发展，而非农产业的发展反过来又刺激了农业劳动生产率的提高。

3.现代城市区域新观点。1993年佩尔斯(NealR.Peirce)①在

---

①饶会林.城市经济学[M].大连：东北财经大学出版社，1999：661，148.

CITISTATES-How Urban American Can Prosper ina Competitive World 一书中，提出了一个新词汇 citistate，以反映他的现代城市区域新观点。citistate 事实上具有“以城市为中心的经济政治共同体”的含义，可以译为“城市自治区域”、“城市主导区域”、“城市自主区域”。这样的区域包括一个现有的中心城市及周边的城镇和居民区，共同形成一个整体。当一个大的城市区域不能恰好与一个现有省份相吻合时，多出来的居民区或者自成一个新的省份，或者被归入邻近的省份。这一现象反映了城市化规律及其空间形态阶段性规律，也表现了世界政治、经济的发展趋势。

4. 结论。在不同的国度和历史时期，城市区域有不同的特色。但城市与区域始终是一个问题的两个方面，它们是有机结合在一起的，具有“一损俱损、一荣俱荣”的关系。

结论 1：从世界城市带的特点看，西北地区存在许多不利于大都市带形成的因素。a. 内陆腹地的劣势地理位置。由于位置偏隅一方，西北地区在现代工业化进程中不可能成为国家的政治经济中心。b. 该地区的多样化民族及其分散聚居特点，制约了在西北地区形成以城市密集分布为特征的城市带。c. 西北地区地域辽阔，地形、地貌复杂，分布着纵横交错的高山、河流、沙漠、草原，许多地方是寸草不生、没有人烟的荒漠；而且相对土地面积而言，人口稀疏导致密集型的城市带难以形成。

结论 2：从 desakota 地区的特点看，desakota 模式对西北地区是不适宜的。西北地区 Desakota 地区的特点之一是由农业经济向工业经济的自由过渡，其经济自由性和自发性常常是以牺牲环境为代价的。然而，西北地区的生态环境已经相当脆弱，发展西部必须以生态环境的不断改善为前提，走可持续发展的道路。另外，西北地区大城市的规模有限，还没有余力去发展 desakota 地区。

结论3:在西北地区不适宜构建通常意义上的大都市带。本文借鉴了城市带这一名词,并赋予其新的含义。我们认为,立足于西部地区现阶段的实际,在西北地区应该建立一种分散型的城市带。西部地区地域广阔,地形复杂,人口密度相对较小。在这种情况下,为了发挥城市对周边地区的辐射作用,西部地区只能发展数目有限、具有一定规模的城市,同时使得这些分散型的城市彼此关联,在空间上呈带状分布,从而形成统一、合作、竞争的有机系统。

二、西北城市经济带的支持系统

城市区域化、城市带的形成和发展是当今世界城市化的重要趋势。改革开放以来,在我国城市化进程中也出现了几个以若干大城市为中心、沿交通干线分布、城市功能相互补充的城市集聚区,如长江三角洲城市带、珠江三角洲城市带、京津唐城市带,这些城市集聚区中的城市与乡村之间存在紧密的交互作用关系,人口和产业的集中与分散得以结合起来,从而形成高效率的空间组织形式。

在我国城市化进程中,上述三个城市带发挥出单个城市所不能替代的系统功能的作用,而占国土面积32.24%的西北地区却没能跟上现代城市化发展的潮流,形成区域城市带。为了利用城市带发展模式的巨大优势,西北地区必须迎头赶上,建立适合西北地理及经济状况的城市带。我国西北地区,目前的经济水平决定了所有城市均处于随着城市规模的扩大,城市经济效益提高的阶段。从理论上说,在没有聚集经济效益且技术同质的条件下,城市化无论发生在什么地方,只要城市化水平相同,占用的土地面积都是相等的。而事实上,大城市聚集经济效益显著,技术水平高,在人均生活指标和城市人口相同的情况下,大城市所占的土地少,也就是说,大城市土地利用率比小城镇高。小城镇过多会分割农业用地,使农业难以采取规模经营,小城镇化模式不利于专业化分工,并抑制需求的扩展,只有当城市达到一定规模时,建立现代化基础设施和各种文化生活设施才更具经济性。特别是,没有大城市带动的小城镇化,不利于先进文化的积累和先进的生产方式、生活方式的确立,也就不可能实现真正的城市化。先进文化意识的传播是城市化的非经济动力机制,小城镇的发展决不应该是西北地区城市化发展的主流。当然,大城市决不会孤立地发展,在其迅速发展过程中,会将自身能量传递给周围的中小城市,带动它们的发展,形成分工协作的城镇体系,发挥群体效益,这样才能使大城市对整个国民经济的带动作用得以充分发挥。

西北地区应依据增长极理论,将各级中心城市作为区域经济的增长极,然后在区域内外依据梯度推移模式发挥增长极对区域经济的带动作用。

1. 人文地理及历史基础。简略回顾中国经济发展史中西北地区的战略地位,对于探索新世纪西北五省区的经济发展战略,是大有裨益的。

(1)人文地理基础。先进文化、意识的传播是促进经济发展的根本条件之一,也是城市化的非经济动力条件,所以人文和地理对经济发展的影响已越来越受到人们的重视。

西北地处欧亚大陆腹地,远离海洋,气候复杂多样,昼夜温差大。甘、宁、新三省区的大部分地区属于干旱、半干旱荒漠气候,日照充足,年均降水量不足 300mm,所以自然条件,特别是水资源条件,对于城市的发展具有重要作用。在无力解决供水问题的地方,城市规模就难以扩大。在自然条件较好的地区,建设和生活的成本较低,生活水平较高。西北地区的省会和大城市,无一例外地处在自然条件较好的地方,如兰州市依黄河而建,现已发展成为西北地区的大城市之一。

西北地区自然景观独特。其中陕西省中北部、甘肃省东南部、宁夏东南部、青海省东北部属于黄土高原地区①。昔日的黄土高原林草茂密、环境优美，是中华民族的发源地，这里曾孕育出灿烂辉煌的中国古代文明，随处可见的古迹和大量文化遗址便是历史的见证。但是，由于长期以来对黄土高原进行滥伐滥垦，导致生态环境恶化，水土流失严重。现在的黄土高原已成了举世闻名的黄土裸露、沟壑纵横的地方，这是人类对环境破坏的佐证。河西地区②、关中平原、银川平原经济发达，光热、土地、矿产资源丰富，开发历史悠久，有利于原材料工业、灌溉农业、农业加工业的发展；依托黄土高原、青藏高原、塞北荒漠、西部草原的旖旎风光，半坡遗址、秦兵马俑、汉唐陵墓、敦煌莫高窟、西夏王陵等历史文化古迹和异彩纷呈的民族文化，形成了西北地区人文环境的独特优势。

(2)历史基础。早在远古时期，中华民族的祖先就在西北这块广袤的土地上辛勤劳作，创造了灿烂的原始文明。西汉张骞出使西域，打开了中国与亚欧国家的商旅通道；汉族与西北各少数民族，共同铺设了历经千年的“丝绸之路”，迎来了汉唐的鼎盛；近代以来，受国内外政治、军事形势的影响，曾出现过几次开发西北的高潮，如左宗棠任陕甘总督时期、晚清政府实行新政时期、抗日战争时期、“一五”计划、三线建设时期等。这些短时期、小规模的开发，为今天西北地区的再开发奠定了基础，积累了经验。改革开放以来，国家借鉴发达国家的发展经验，对以往追求区域平衡与国防指向为核心的梯度发展战

①吴传钧.中国经济地理[M].北京：科学出版社，1998：340.

②吴传钧.中国经济地理[M].北京：科学出版社，1998：340.广义上定义的河西走廊指甘肃省黄河以西的武威、张掖、酒泉三地区和金昌、嘉峪关两市以及青海省祁连县的一部分；狭义的指祁连山和走廊北山之间的平原地区，是人口密集的绿洲和古丝绸之路的主要通道。

略作了重大调整，推行以效率为核心的梯度发展战略。20多年来，梯度发展战略的实施取得了巨大的成就，我国的综合国力显著增强，人民生活水平迅速提高，但是梯度发展所造成的东西部差距不断扩大的负面效应也愈来愈突出，既影响东部经济的持续健康发展，也影响西北地区的稳定与繁荣。西部大开发为西北地区的发展提供了历史机遇。

(3)结论。结论1:区域经济发展水平的历史差异是构成区域经济发展水平现实差异的重要因素之一。著名发展经济学家M.P.托达罗(Todaro Michael P)就特别重视经济发展的不同的初始条件。他说:"各种经济增长理论的阶段及其有关迅速实现工业化的各种模式，对今日发展中国家在经济、社会和政治方面的最初条件强调得太少。事实是，这些国家今日的增长状况同当代发达国家着手现代化经济增长的时代相比，在许多重要方面都有值得注意的差别。"[①]

结论2:西北地区中心城市的优势区位是自然条件与历史条件共同作用的结果。短期内，这些优势是区内其他城市或城镇所不能替代的。而且，中心城市的发展潜力仍然很大，所以重点发展现有中心城市，发挥其引领带动作用成为当务之急。

结论3:从今后城市化加速发展和西北地区生态环境保持日益重要的趋势来看，存在两种力量使得人口空间分布呈现向城市，尤其是向大城市聚集的基本态势。"拉力"来自城市对劳动力和资本的巨大吸引。"推力"是指随着西部大开发的政策及措施逐渐得到落实后，建立大农业生产方式、保护生态环境的客观要求，使得农业人口的减少成为必然，正是这一必然性成为人口向城市聚集的重要的推动力量。

①刘芳.对我国区域经济发展差异的分析[J].城市经济、区域经济,2001(7).

2. 交通支持系统。交通条件对于城市的兴起具有决定性作用。因为它既是经济联系通道,也是思想、文化、观念等最具影响力的传播通道,是国民经济发展的先行官。在西北地区,大中城市都位于重要的陆路交通线上,经过中华人民共和国成立几十年的建设,路网得到了长足的发展。

(1)铁路运输系统。对于铁路对城市兴衰的作用,马克思曾这样分析过:“一个生产地点,由于处在大路或运河边,一度享有特别的地理上的便利,现在却位于一条铁路支线的旁边,这条支线要隔相当长时间才通车一次。另一个生产地点,原来和交通要道完全隔绝,现在却位于好几条铁路的交叉点。后一个生产地点兴盛起来,前一个生产地点衰落了。”[①]铁路所提供的便利运输条件,使得铁路沿线的城市,特别是铁路枢纽城市,如兰州市,沟通了区域内外的生产与消费,拓宽了商品流通的渠道,加快了商品流通的速度,使得地区工业增长成为可能。

目前,西北地区已有陇海、兰新、包兰、宝中、宝成、兰青及青藏等内外铁路干线。在已形成的路网中,需要强调指出的是新亚欧大陆桥的开通使西北内陆区位劣势得到缓解。新亚欧大陆桥的开通,极大方便了东中西三地区通过西北地区与中亚、西亚和欧洲间的物资交流,有利于西北地区在贸易成本较低的情况下有效地参与国际分工,为西北某些地区走外向型的发展道路创造了前提条件。

(2)公路运输系统。2001 年中央经济工作会议提出了加快打通西部和东部地区、西南与西北地区、通江达海、连接周边的运输通道的要求。依托国道主干线,交通部规划了西部开发公路大通道工程,

---

①饶会林.城市经济学[M].大连:东北财经大学出版社,1999:661,148.

重点建设八条线路，总规模近 1.5 万 km，其中涉及西北地区的有四条：二连浩特—河口线，丹东—拉萨，青岛—银川，连云港—霍尔果斯线。西北地区建设公路设施的标准是围绕贯穿西安—兰州—乌鲁木齐—霍尔果斯—阿拉山口等国道主干线，以五省区省会城市为中心，建设辐射各地、市、县与边境口岸的公路网，提高路网密度、通达深度和公路等级，在重点城市、旅游热点城市间率先建设高等级公路或高速公路。

(3)结论。交通支持系统是形成未来西北城市经济带网络的重要硬件设施。就目前西北地区交通运输状况而言，面临着艰巨的建设任务。特别是路网密度低，缺少通往内地及周边地区的大能力通道，运输能力不足且现有道路不畅，严重制约着西北地区经济发展。由于西北地区幅员辽阔，运输多以中长途为主，而铁路运输具有占地少、耗能低、污染小、运量大等方面的优势，铁路建设已成为西部大开发的首要任务，铁路运输系统必将在西北地区扮演交通运输龙头老大的重要角色，其路网骨架有待形成。西北地区铁路运输系统的完善将加强与国内东西部地区及与独联体、东欧、阿拉伯国家之间的国际经济联系和优势互补。

3. 制度支持系统。从一般意义上讲，制度首要的并且始终具备的一项功能是塑造人们的思维与行为方式。制度结构，常常可以视为一个社会中正式和非正式的制度安排的总和。它不仅造就了引导和确定经济活动的激励系统，而且还决定了社会福利和收入分配的基础。实际上，制度结构在静态上决定了一个经济体系的实绩及其适应技术存量的增长率。制度不仅构成经济增长之源，而且影响了人类选择或人类自身的发展，从而扩展了经济增长的内涵。在世纪之交，国家做出了伟大的战略决策——西部大开发，这将是整个 21 世纪中国现代化建设历程中一个具有深远意义的事件，它不仅对整个国民经济的发展，而且也将对西北各地区的经济发展产生重大的影响。

4. 经济体系支持系统。西北地区具有相似的地缘特征，在经济上也存在着互补性。西北五省区应进行全方位的经济协作，采取多种形式的互通有无，加快资金、技术、资源的流动，只有这样西北才能建立活跃的市场体系，快速形成市场经济所要求的观念和制度。如新疆具有石油、天然气的资源优势且具备对外贸易口岸，可与其他四省区形成互补，而其他四省区在该口岸从事进出口贸易活动，也将繁荣新疆经济。再如西北地区的旅游资源丰富多彩，各具特色，建立一条连接五个省区的旅游走廊，将探索古代文明发源地与发展经济文化融合在一起，使西北五省区的旅游资源实现互补，这里会成为世界独一无二的旅游区。

正是由于经济互补性，历史上共同的文化传统背景和族缘，为我国沿边地区开放创造了重要的社会经济条件。我国西北地区将以乌鲁木齐为龙头，以新疆、青海、甘肃、陕西、宁夏地区为腹地，开拓中亚五国和蒙古等国的市场。中亚诸国和蒙古的经济总体水平低下，尤其是纺织、食品及其他日用消费品工业落后，但在木材、钢铁、水泥、化肥、重型机械等行业具有相对优势。从优势互补的角度来分析，我国目前的经济状态是纺织业过剩、日用消费品较为充足，在西北地区有许多纺织企业处于停产或生产不饱和状态，所以要充分利用陆路贸易通道与中亚等国建立贸易往来，为纺织业寻找销售市场。

5. 西北城市化水平的现状。对世界城市化的一个研究结论是城市的成长具有明显的阶段性，按S曲线，在城市化率25%、50%、75%处将城市化水平分为四个阶段，25%和75%之间称为城市化的中期阶段，中期又有中前期和中后期的差别。所有这些阶段都有其不同的经济内涵和表现。不过，它们的长短和转折点因不同城市和不同国家而异（见图1）。

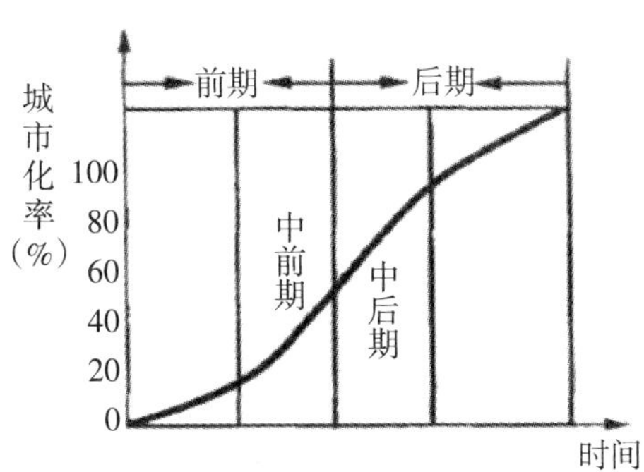

图 1 城市发展阶段性的理论曲线

一般来说，在城市化率尚未达到 25%以前，工业化和城市化物质基础薄弱，规模小，发展缓慢，是大发展的准备阶段和打基础的阶段；25%~75%阶段是城市化、工业化飞跃发展，第三产业进行性增长阶段，这个阶段的发展对一个国家民族的振兴具有决定性意义；75%以后的阶段，经济社会各方面发展渐趋成熟，速度明显下降，进入城市化的晚期。在 50%前后两个阶段也有不同特点，在此以前的城市人口增长速度具有递增趋势，而呈指数曲线攀升；在此以后增长速度转而具有递减趋势，而呈对数曲线扩展，同时城市分布和规模也开始发生扩散和缩小的变化。

西北城市化水平可判断西北地区城市发育状况(见表 1)。它们的城市化水平均在 18%~35%之间，按照上述对世界城市发展规模与城市化水平关系的分析，不难看出，西北五省区城市化水平处于城市发展的前期阶段，经济实力较弱，资本有机构成低，因此，劳动力的投入仍然是西北城市经济增长的主要因素。另一方面，目前西北地区发展市场经济缺乏足够的城市载体或城市基础设施不配套、功能不完备，限制了产业结构的调整和二、三产业的发展，影响了企业效益的提高，也导致就业空间相对狭窄，因此加快城市化有助于拉动基建投资和增加服务消费，从而扩大就业。未来的发展趋势是大城市作为西北经济发展的“增长极”。

表 1　西北五省区 1999 年城市化水平

	陕西	甘肃	青海	宁夏	新疆
年末总人口(万人)	3618.00	2562.00	510.00	543.30	1775.00
非农业人口(万人)	802.00	478.66	134.17	155.40	625.33
城市化水平(%)	22.17	18.83	26.31	28.60	35.23

资料来源:《宁夏年鉴 2000》,中国统计出版社,2001.

三、西北区域城市体系的特征

城市体系中城市的规模是在政治、社会、经济、自然等各种因素的长期综合作用下形成的,一定等级的城市规模的存在或缺失也存在特定的原因,不能绝对要求一个城市体系中城市规模等级一定要齐全。但是,城市并不是孤立存在的,在各城市之间进行着城市职能的分配和相互补充,并需要达到一种外部平衡,即形成完善的城市规模等级结构体系。城市体系中各城市承担着不同的职能,而这些职能又与各城市的规模大小具有一定的相关性,无论是社会职能还是经济职能都是如此。大城市往往是较大地域范围内的政治、经济、文化、教育、科学、技术、交通运输和信息中心,是具有多种较高层次的社会和经济职能的综合性城市,尤其是人口规模在 200 万以上的大型中心城市,较一般城市的聚集程度更高,社会分工发达,在市场经济和改革开放中处于领先地位;而中、小城市的职能则相对比较简单,且层次较低,影响范围较小。因此,大城市的职能是中、小城市所无法代替的。此外,城市体系中各级规模的城市之间具有分工协作的关系,正是通过这种分工协作,各城市所承担的经济职能才能得到有效的体现和发挥。如果城市体系中城市规模结构比较完善,则在较好的专业化分工协作的条件下,通过将城市的主导产业合理倾斜,可以取得主导产业的规模资产和较高的产出。因此,在研究一个地区的城市化和城市发展的问题时,我们应当重视城市体系中城市规模结构的合理性。

我们选取四个指标来描述西北五省区城市体系的特征:首位城市规模、城市首位度、四城市指数和基尼指数[①]。其意义在于:首位城市规模是城市体系中最大城市的人口规模,首位城市规模和其他首位度指数的结合,可以在一定程度上反映出城市体系中城市规模的大小;城市首位度是城市体系中首位城市与第二位城市的人口规模之比,反映首位城市和第二大城市之间人口规模的差距,进而体现出首位城市在城市体系当中的地位和第二大城市的人口规模;四城市指数是城市体系中首位城市的人口规模和第二、第三、第四大城市的人口规模的总和之比,反映出城市体系中除首位城市以外其他高位序城市的人口规模或大城市的发育状况;基尼指数是在首位城市规模和首位度指数的基础上,反映整个城市体系的城市规模分布状况,如果城市体系中各城市之间的人口规模差距较大,则基尼指数比较大,反之,基尼指数就比较小。高位序城市的人口规模大,容易导致基尼指数增大;但如果仅仅是首位城市规模很大,而其他城市相比而言却规模较小,相差不大,而且城市数量较多,则容易导致基尼指数变小。分析表 2 和表 3,可依据城市首位度将城市体系分为以下类型:

---

①加拿大约克大学地理系的马歇尔(J. U. Marshall)提出了常数式基尼模型(constant-Gini model)。该模型可以对首位度较大的城市规模分布进行拟合。设一个城市体系由 n 个城市组成,其人口规模间有如下关系 P1≥P2≥P3≥…≥Pn。设 S 是 n 个城市的人口总和,T 是城市体系中每两个城市间人口规模之差的绝对值总和的 2 倍,即 $T=\sum\sum|P_i-P_j|$,则反映一个城市体系中人口集中程度的基尼指数(Gini index)可以用下式来获得:G=T/2S(n-1)。基尼指数的取值范围在 0~1 之间,当所有的城市人口规模都一样大时,T=0、G=0,这时城市体系中城市人口规模分布达到最大的分散程度;当城市体系的总人口都集中于一个城市,而其他城市却无人居住时,T=2S(n-1)取最大值,G=1.17。

表 2　1999 年西北城市体系人口规模

单位:万人

	P_1	P_2	P_3	P_4	城市总人口 S	$T=\Sigma_i\Sigma_j\|P_i-P_j\|$
陕西	西安市 383.0390	安康市 92.1067	咸阳市 88.9348	渭南市 87.4017	1044.8452	11281.8500
甘肃	天水市 332.7500	兰州市 287.5900	白银市 171.1200	武威市 98.4200	1162.4200	18805.4800
青海	西宁市 91.9100	格尔木市 9.0173	德令哈市 5.6501		86.6094	354.0396
宁夏	银川市 59.3759	石嘴山市 32.5852	吴忠市 30.3254	灵武市 25.6510	172.3422	307.5064
新疆	乌鲁木齐 143.2182	石河子市 58.7932	阿克苏市 51.6761	哈密市 36.4796	46.9927	8947.658

资料来源:根据各省统计年鉴(2000)整理所得.

表 3　1999 年西北五省区城市体系的特征

省、自治区	首位城市规模(万人)P_1	城市首位度 P_1/P_2	四城市指数 $P_1/(P_2+P_3+P_4)$	基尼指数 $G=T/2S(n-1)$
陕西	383.0390	4.16	1.43	0.45
甘肃	332.7500	1.16	0.60	0.62
青海	91.91	10.19	–	0.10
宁夏	59.3759	1.82	0.67	0.22
新疆	143.2182	2.44	0.97	0.38

资料来源:根据表 2 整理所得.

1. 双核型。城市首位度较低,一般介于 1~1.6 之间。这些省区由于省内自然条件的明显地域差异、国家交通网络变化所导致的经济新发展格局或国家大型建设项目的开发,省内城市体系发展出现了双中心型。从表象上看,甘肃省城市首位度属于这一类型,即兰州—天水。但仔细分析,天水市非农业人口仅占城市总人口的 12.87%,可见天水市城市化水平还相当低，还不具备首位城市的聚集经济优势以及领导、影响全省经济发展的能力。而兰州市的非农业人口占总人口54.45%，无论从城市化水平、经济实力、政治影响力方面都不能否认其具有首位城市的地位。

2. 极核型。首位城市与第二位城市之间存在巨大差异，城市首位度高，一般大于 4.5 以上。这些省区分布在落后边远地区，受自然条件制约和人口、经济总规模的影响，这些地区往往只能把有限的生产要素投入到发展条件更为优越的个别大城市中去，从而拉大了大城市与其他城市之间的差距，导致城市首位度居高不下，如青海省，仅有 3 个城市，其中西宁市是全省的政治、经济中心；格尔木市位于海西地区，曾是古丝绸之路的南线要冲，现在是连接甘、青、新、藏的交通枢纽，是青海西部地区的经济中心；德令哈市是青海省西部新兴的城市，是海西蒙古族自治州的政治、文化中心，目前也是海西地区的经济中心。从其发展状况不难看出，青海省城市体系相当不完善，除西宁市及其腹地和海西地区外，省内大多数区域呈人口分散的自然经济状态，当然这也是少数民族的聚居习性——同一民族聚居、不同民族分散，以及青海省高原地理特征所决定的。笔者认为该省一方面应继续加强首位城市即西宁市的经济中心功能，扩大其影响范围及影响力；另一方面加强具有工业基础及资源优势的中等城市的发展；再有就是充分考虑少数民族的经济发展要求，先在少数民族聚居区适当建立一些特色小城市，以此为基础，再扩大少数民族地区的城市规模及经济发展水平。

3. 均衡型。这类城市体系均衡发展，城市首位度一般介于 1.6~4.5 之间，其经济发展程度较好。如宁夏、陕西、新疆应属于这种类型。但不能否认的是这三个省区的经济发展程度并不高。宁夏、新疆城市首位度不大，在 1~2.6 之间；四城市指数偏小，在 0.4~1.1 之间；基尼指数也偏小,包括陕西省均在0.5以下。说明城市体系中城市规模分布比较均衡。首位城市和其他高位序城市人口规模之间差别不大,大城市和中、小城市的人口规模之间的差别也不明显,首位城市规模不突出,缺乏人口规模在200万以上的大型中心城市,陕西省也仅有西安市人口超过300万,而其第二位城市的人口就锐减为90多万,城市体系出现明显的断层。只能做此判断:这三个省区城市体系处于低水平均衡状态。但其发展思路又不尽相同,陕西省除加强西安市作为中心城市的发展力度外,还应扩大其他高位序城市的规模,以完善城市体系,现阶段还不需要增加新的城市数量,重点是现有城市的内涵式发展;新疆重点是发展首位城市的经济实力,并增加边境口岸城市以增强新疆陆路出口门户的功能;宁夏应从总体上提高城市实力,扩大城市规模,尤其是首位城市的经济、政治中心作用,鉴于宁夏区域面积不大,人口相对集中的特点,更适于发挥中心城市的聚集作用。

总体而言,西北地区地广人稀,陕西省人口密度为176人/km^2,甘肃省为55.95人/km^2,青海省为7.06人/km^2,新疆为10.06人/km^2,宁夏为104.88人/km^2,且人口分布不均,影响了工农业的发展,也影响了城市社会的进步。而要改变这种状况,只能走城市化道路,重视发挥大城市的聚集效应和辐射效应,根据西部大开发和区域经济发展的要求,充实、发展省级中心城市,充分发挥其西部地区经济发展“增长极”的作用,同时大力发展基础较好、交通便利的中等城市,使其成为具有一定经济实力和辐射效应的大城市,通过发展大、中城市来带动小城市和小城镇的发展,要以建立合理的城市体系为区域发展目标。世界区域经济发展实践与政策有一个重要规律或原则——城市和交通干线的连接点和线是经济发展的最佳区位。西北地区地域辽阔,自然地理条件差异大,经济发展极不平衡,要在短时间内实现整个西北地区的均衡发展是不可能的。西部大开发,只能争取西北地区的总体发展水平有所提高，不可能保证各个地区都有较高水平的发展，这就决定了西部大开发不可能每个地区齐头并进，而应该是先易后难，采取“以线串珠、以点带面”的战略，依次推进，走重点突破、带动全局的路子。构建西北城市经济带应遵循以下原则：把西北地区作为一个整体区域，合理规划城市体系，以省区级中心城市为发展重点，协同省区内的小区域，沿各种交通干线分布中、小城市，最终在西北地区形成一种分散型城市经济带模式的经济走廊。发展城市的首要任务是完善城市各项基础设施建设。

对西北地区来讲，城市经济带的构建必须注意两个问题：一是城市与城市之间绝不应随着城市规模的扩大而连接在一起。诚然，城市与城市之间的相互联系是必然的，也是必须的，但是，其联络的途径不应是居民点、工矿区，而应是以高速铁路、高速公路为主，包括便捷的航空、水运在内的现代交通网络。这样，既可密切城市间的联系，又不会导致城市之间的合并。因为，中心城市与周围城市或者城市与城市之间的合并无异就是城市的“摊饼式”扩展，不利于保护耕地，不利于保护环境，也不利于城市的发展。二是城市带内的城市特别是中小城市与中心城市的功能要相互补充、相互促进，形成“反磁力中心”，促进人口、生产力的合理分布。

四、西北城市经济带的构建方案讨论

1. 以西陇海—兰新铁路为主动脉的西北城市经济带方案。新亚欧大陆桥处于北纬 30°~60°，历来是地球上人类社会最发达的地带。这里资源丰富，陆地面积占地球陆地面积的 1/4，人口为全球的 1/3，已具备形成一个全面繁荣发达的国际经济带的基本条件。在大陆桥的东端，亚太经济持续高速增长，资金和技术沿陆桥向我国西北内陆地区逐步转移；在陆桥的西端，欧盟制定了重视亚洲的政策并注意开

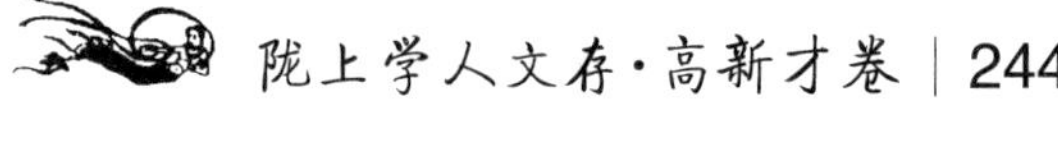

发合作通道,这些都将为新亚欧大陆桥经济带的发展带来机遇。新亚欧大陆桥有40%的里程在我国境内,其中绝大部分位于我国的中、西北地区,随着把陆桥经济带提高到同沿海、沿江开发带同样的位置,必将使亚欧大陆桥成为我国东、中部与西北地区经济融合,并最终成为协调发展的载体和纽带。

西陇海—兰新铁路是新亚欧大陆桥的重要组成部分,也是西北地区连接我国华东、中原的重要通道。其两侧垂直于陇海—兰新铁路范围内的相互具有密切经济联系的城市将成为构建西北城市经济带的规划区域。对其采取点-轴方式推进,具体构想是:以陇海—兰新铁路和同方向的高速公路、通信干线为轴线,以沿线的省会城市和地级城市为节点城市,呈串珠状展开(见图2)。

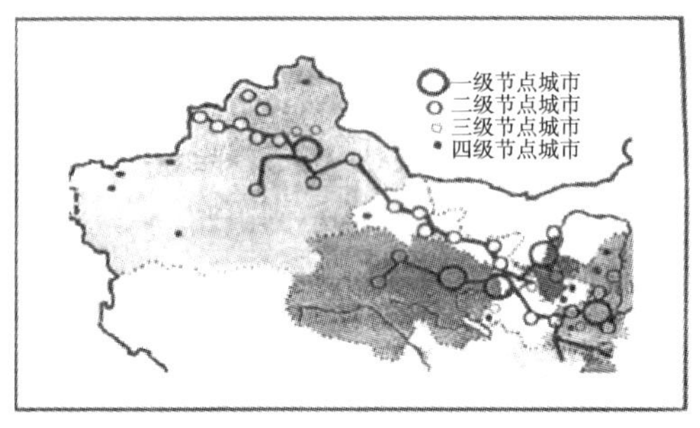

图2　西陇海—兰新路桥示意图

(1)以线串点、以点带面,推进陆桥经济带整体联动发展。陆桥城市经济带要以交通运输发展促进生产力合理布局,形成有效运行的支撑条件,实施“以线串点、以点带面”的空间发展战略。首先,加强以交通通信为主的线状基础设施建设,引导区域生产要素适当聚集在具有较强产业基础和城市规模的大中城市,使交通优势和区位优势转化为经济优势,加快培育沿桥地区经济增长点,支撑和带动西北区域经济全面发展。其二,根据陆桥经济带区域特点,发挥各中心城市在陆桥经济带建设中的带动作用,形成若干具有特色的经济区域,实行投资倾斜政策,发挥辐射作用,通过优势产业和地区间的合理分工,取得综合开发的整体经济效益。同时,在重点发展过程中逐步加大对落后地区的扶持力度，增强其发展能力。这些地区城市数量少、规模小、辐射能力弱，应通过内涵拓展、外延扩大等方式，使现有中小城市充实提高、扩张升级。在城市建设中应考虑以下原则：a.规划原则。即不能完全听任经济自然发展，等待城市出现。在西北特殊地区，需要规划和引导，使城市布点趋于合理。b.质量原则。一开始就从单纯数量增长型转到质量提高型上来，讲求规模效应，走集约型发展之路，坚决反对片面追求数量增长的做法。c.效益原则。西北地区城市化起步较晚，应当借鉴他人经验教训，抑制城市化的负面效应，特别注意城市的功能配套和综合效益，使原有的工业生产型城市向多职能城市转变，使中心城市由政治中心向多功能区域辐射中心转变。

优先建设多维交通通信等基础设施，强化陆桥发展的支撑条件。交通通信等基础设施是陆桥经济带开发的先导产业和支撑条件，在西北陆桥经济带开发项目中应给予优先考虑。沿带地区交通基础设施包括铁路、公路、民航、管道、海运和通信等多种运输方式组成的东西向综合运输通道，以铁路为主、公路为辅，并积极发挥民航、管道运输的作用。充分发挥铁路在中长途大宗货物和旅客运输方面的优势，发挥公路在中短途运输中便利、灵活、覆盖面广的优势，发挥航空在长途旅客运输方面的优势，优化交通运输结构，做到各种运输方式协调发展、互相促进、互为补充。以沿线各大中城市为支点，以西陇海—兰新铁路为轴线，大规模扩展其运营能力，减轻和消除交通运输瓶颈。

发挥比较优势，搞好地区产业分工。西北陆桥沿线地区金属矿产、石油、煤炭和天然气资源丰富，也是重要的农牧业生产基地。目前，已形成了以交通邮电为先导，以石油化工、有色金属、航空航天、轻工纺织为支柱的产业群体，在经济上具有较强的相互依存度和优势互补性，蕴藏着非常广阔的互利合作前景。西北地区可以利用当地的资源优势、劳动力优势、市场优势和沿边优势,多渠道、多层次、多形式地开展与中亚、欧洲和我国东部地区的经济技术交流与合作,积极引进技术和转移产业,发展高质量、高效益的资源开发产业。

大力发展外向型经济,确立国际竞争优势地位。西北沿桥地区应抓住由“单向开放”变成“双向开放”的良好契机,积极利用国内外两个市场、两种资源,发挥比较优势,参与国际分工,大力发展外向型经济。西北陆桥城市经济带应以原材料上游产品开发为重点和突破口,结合大城市的科技优势,逐步向下游产品的深加工和精加工发展,形成以能源、矿产品加工为主导的开发区和高科技为主导的科技工业园区。进一步放宽外资进入内陆地区的市场准入限制,积极进行项目融资等方面的试点。

2. 黄河为主动脉的西北城市经济带方案。黄河,既是中国古代文明的发源地,又堪称“能源之河”,更是维系西北地区发展的生命之源。黄河流域覆盖西宁、兰州、银川三个中心城市,覆盖了青海省东南部、甘肃省中部、宁夏全省和陕西省大部分地区。黄河上游(青海段)是青海省经济实力最强、自然条件较好的地区,围绕黄河上游水电梯级开发,加强湟水谷地商品粮基地、农副土特产品基地建设,发展以高耗能和农畜产品加工为主的工业,实现地区经济繁荣,成为协助西宁市支撑青海省其他地区开发的基地;黄河中上游(甘肃—宁夏段)、黄河中游(陕西段)不仅为经济发展提供了丰富的水利、电力,而且成为区域内最为亮丽的风景区。

3. 两种方案的评价及经济带的内涵分析。交通与水源是城市扩张发展的两个最重要的前提条件与后续发展条件,从以上对现有城市交通与水源条件的详解中不难看出,这些城市必然具备这样两个基本条件才得以成长为城市,继而会有进一步的发展,所以这两种方案并不是非此即彼的关系,是可以互为补充、互相依存、同步实施的,最终形成黄河—陆桥并行的城市经济带;另一方面,西北地区公路系统虽未形成密布的蛛网结构,但同一区域的城市之间基本已由公路连接起来。根据上述分析,可将西北地区分为三个城市经济区(见图3)。充分利用城市的石油、煤炭、水力等能源资源富集的地带优势,立足现有的城市体系状况,放眼未来,构建连接大、中、小城市的铁路、公路、水运、航空运输并举的立体交通网络,对本方案制定出近、远期规划,在近期实现节点城市的经济快速发展,在远期实现西北地区经济的全面繁荣。

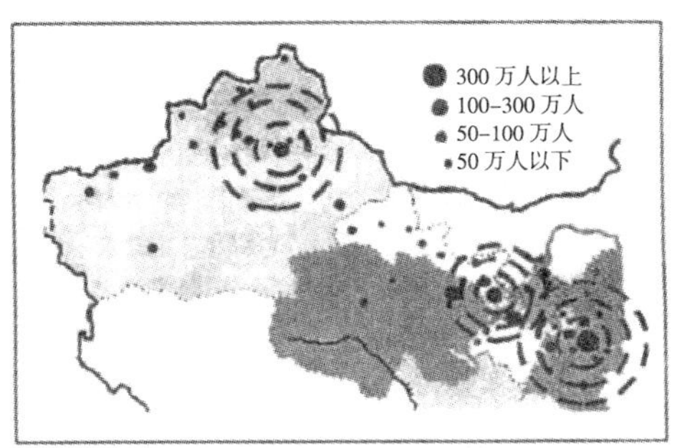

图3　西北城市体系空间结构示意图

(1)西安城市经济区。

西安城市群。西安、咸阳、宝鸡已成为中国主要的电子工业基地。将形成西安—咸阳—宝鸡—渭南数市以带状城市结构紧密贯通起来的城市群,关中腹地的城市化水平必将会有根本性提高。

铜川城市群。以铜川为中心,包括韩城等煤炭城市。

延安城市群。陕北煤炭、油、岩资源丰富,这些资源的开发,将形成以延安为中心,包括榆林等的能源型城市。

汉中城市群。陕南盆地是西北粮、棉、茶、丝、林土特产品生产基地之一,水力资源丰富,交通方便,将建成以汉中为中心,包括安康等城市组成的农副产品加工和水电城市群。

平凉城市群。陇东农业基础较好,能源资源丰富,华亭煤炭和长庆油田在甘肃省都占有重要地位。将形成以平凉为中心,包括西峰等能源和农副产品加工城市群。

(2)兰州城市经济区。

天水城市群。陇南农业发达,水能蕴藏量丰富,是甘肃省人口分布最密集的地区和重要的粮食基地之一,天水市还是西北新兴的电子工业城市。将形成以天水市为中心的电子、能源和原材料工业城市群。

银川城市群。宁夏能源和土地资源比较丰富,丰富的煤炭和黄河水能资源有机组合成为中国西北地区发展电力工业条件最好的地区之一。银川地区既是宁夏农业发达的引黄灌区,又是贺兰山区煤、水电及有色金属资源集中开发地区。

兰州城市群。陇中是黄河上游水电资源最集中的分布区。区内有色金属、煤炭资源比较丰富。随着这些资源的开发,将逐步建成以兰州为中心,包括白银、临夏等城市组成的以能源、有色金属矿产资源开发为主的城市群。

武威城市群。河西走廊地区土地资源、水利资源、矿产资源都比较丰富。将形成以武威为中心,包括金昌、张掖、酒泉、嘉峪关、玉门、敦煌等城市组成的以有色冶金、钢铁、石油、机械和农副产品加工为特色的城市群。

西宁城市群。青海省东部为黄河源头,水力资源极为丰富。可形成以西宁市为中心,包括周围腹地组成以水电开发为主、有色金属开采为辅的城市群。

格尔木城市群。形成以格尔木和德令哈为双中心的海西地区城市群,发展石油、天然气及相关产业,并对西藏地区进行支援与带动。

(3)乌鲁木齐城市经济区。

乌鲁木齐城市经济区是中国地理上的外西北区。在地理环境上是一个完整的自然地理单元,草原、沙漠、戈壁广布,高山、盆地南北相同，自然资源优势突出，干旱区城镇发展特色明显。这一区域在中国国民经济发展、交通设施建设以及社会、文化、政治和军事等方面均具有鲜明的特殊性。由于这一地域空间广大，城市实力比较薄弱，现有经济区的范围还只局限于乌鲁木齐市、克拉玛依市、石河子市、吐鲁番市、昌吉市、塔城市和乌苏市。

吐鲁番城市群。吐鲁番盆地是中国长绒棉、葡萄、水果主要生产基础之一，区内煤、铁、盐等矿产十分丰富，还有 150 万~200 万亩荒地资源亟待开发。随着新疆经济开发重心南移，将逐步形成以吐鲁番为中心，包括周边腹地的果品酿造和铁、煤、盐等原材料开发为主的城市群。

乌鲁木齐城市群。乌鲁木齐及其周围地区是新中国成立以来新疆重点开发、建设的粮食、棉花、甜菜生产基地和综合性工业基地。这一地区煤炭资源十分丰富，工农业生产已有一定的基础。已形成以乌鲁木齐为中心，包括昌吉、阜康、米泉组成的煤炭及农副产品加工为主的城市群。

乌苏城市群。乌苏是北疆各地、市联系的枢纽，区内农牧业发达。绿洲以奎屯河为主，水资源相当丰富。本区克拉玛依油田储量丰富，还有煤炭、盐类、芒硝、石灰石等矿产资源，均具有很大开采价值。现在兰新铁路已由乌鲁木齐西延至乌苏与哈萨克斯坦铁路接轨。随着地域资源的开发，将形成以乌苏为中心，包括克拉玛依、石河子、奎屯、博乐、伊宁的石油开采加工、轻纺机械、交通枢纽、农副产品加工城市群。

五、西北城市经济带参与主体及领导机构

跨省区经济合作的潮流正在涌动，各种区域发展的战略构想要么停留在论证阶段，要么国家重点培育的区域综合产业带还未完全

形成,有些还刚刚或正准备启动。在这种状况下,对省区经济合作战略及其具体实施方法的探讨是很有现实意义的。

1. 西北区域经济合作的主体。区域经济合作是不同区域之间在生产领域中以生产要素的流动与重新组合配置为主要内容而进行的长期的经济协作活动。在旧体制下,我国地区间的经济合作主要由政府部门推动、运作和协调,企业处于被动执行的地位。目前,在我国市场经济体制框架基本形成并不断完善的过程中,市场主体应同时成为西北区域经济合作的主要力量。

2. 城市经济带领导机构的设想方案。我国东西部差距不断扩大,既不利于全国经济的稳定发展,也不利于全国经济的持续发展,而仅仅靠市场力量是不可能弥补这一差距,所以在明确经济的市场主体——企业后,应当引进权责明晰的政府力量来协助经济的发展。

靠市场力量的作用缩小区域差距的主张源于新古典主义学派,他们认为,给定一个不均衡的区域经济状态,只要存在完全竞争的市场,资本和劳动的逆向运动就会实现总体的效率与空间平等的最优结合。随着时间的流逝,社会不需要付出总体经济效率的损失,地区间的均衡发展就会自动实现。世界银行1997年世界发展报告《变革世界中的政府》一文也中指出:"如果没有有效的政府,经济的、社会的和可持续的发展是不可能的。有效的政府——而不是小政府——是经济和社会发展的关键,这已越来越成为人们的共识。政府的作用是补充市场,而不是替代市场。"①

诺贝尔奖获得者弗里德曼也指出:后发展中国家在向工业化的转变过程中,会出现两极分化,即发达的中心和停滞、衰落边界上的

①王放.中国城市化与可持续发展[M].北京:科学出版社,2000:780.

二元结构，此时，市场均衡力量过于弱小，区际收入趋同趋势不会自动出现，所以发挥市场“看不见的手”和政府“看得见的手”的交互作用，已成为世界各国解决区域差距及经济发展的必然趋势，也是解决我国现阶段区域差距与经济发展的必由之路。

（1）应遵循的原则。在社会主义市场经济条件下，西北地区应建立一种互补互济、互惠互利的联合协作机构，并逐步形成联合开发的新机制，抓住国家实施西部大开发的有利时机，根据各省区的发展重点和方向，按照市场规律来促进横向经济联合，把各省区的比较优势集中起来，分工协作、扬长避短、优势互补，走联合开发、整体推进的路子，共同构建面向21世纪的新型区域合作关系。

基于以上认识，可以把这一政府领导机构看作是对西北城市经济带建设进行的制度性投入。建立跨区、跨城市的战略型和规划型的管理机构，进行连续性的跨区整体规划，使各个城市间能够形成合理的地域分工，并对相关工业进行调整，如城市间快速交通系统的建立、资源共享管理系统、教育共同应用系统、区域经济共同开发系统、市场准入系统、大型体育与文化设施共享系统等，为能够互动式交流地驾驭大城市带的发展，学习发达国家成功的经验，可先建立跨城市的单项管理机构，如西北区域经济委员会、西北教育委员会、西北旅游资源开发委员会等，然后通过不断积累经验，成立西北经济发展委员会，其功能是对西北地区的经济发展进行全方位的管理和规划。

a. 五省区平等参与。根据木桶理论，一个木桶容量的大小，取决于木桶边缘最短的那块木板的长度。西北五省区之间有着剪不断的历史渊源，某些少数民族之间还有着共同的宗教信仰，伴随着区域经济一体化进程，西北地区必将走共同发展的道路，将西北地区那些“短木板”补齐，才有可能使西北区域经济有一个大幅度的提高，实现可持续发展的目标，而只有实现区域经济一体化，才可能尽快地使“短木板”变长。所以要赋予各成员省区为类似于独立市场“法人”的角色,使其在商品经济环境中具有平等竞争地位。

b. 追求整体市场利益。从本质上讲,利益整合就是不同利益主体(城市)间的协调、融合成为新的利益整体。新的利益整体不是原来各局部利益的简单集合,而是建立在共同参与西部大开发这一共同利益基础之上,产生共同的利益规范,在共同利益的驱动下获得社会经济、价值取向的认同,从而和谐地促进整体利益的运行。西北地区不同规模、等级城市的经济发展水平及实力差别很大。因此,在城市带利益的整合过程中必然存在不适应的状况。为此,共同利益的形成依赖于各利益主体的联动,即各利益主体的联合、协调、相互策应,协同发展。具体而言,城市带内城市间物资协作、补偿贸易、技术转让、跨地区企业承包、合作经营、双向投资、双向参股、产业联动等,可有力地扩展城市间的产业、产品的经济链条,使得不同城市因经济利益而紧密地联系在一起,各城市利益结构、利益分层、利益分布趋于合理化,以城市带整体的凝聚力作为参与西部大开发的可靠保障。合作机构正是以市场经济利益为纽带,将五省区的城市有机地联系在一起,使彼此在合作中竞争,在竞争中合作,壮大彼此的经济实力,提高共同的市场竞争力,形成鲜明的大区域经济特色和合理的产业结构。用这种市场经济的方法整合区域经济布局,形成以市场为纽带,穿连五省区的大中小城市体系,建立稳固的区域经济一体化组织。

c. 实现区域资源配置的“帕累托最优”。西北城市经济区的建设仅仅是过渡形式,是“非均衡增长—协调发展”战略的产物,最终是为了实现使西北地区经济资源在各地区之间的配置达到这样一种状态,在不使任何一个地区或一些地区经济状况变坏的情况下,使某一个或一些地区的经济状况变得更好的“帕累托最优”。

d. 权利的有限性。特别需要强调指出的是西北地区经济发展委员会应该由相当数量的专家、学者参与其中，重点是研究宏观，也不轻视微观。它不同于以前的“西北局”，没有政令和司法权。

（2）机构运作建议。西北经济发展委员会应由西北各省区共同参与并选择有限任期的轮值主席，下设秘书处主要负责召开经济事务联席会，规划区域经济发展并协调相关经济事务，有效执行委员会形成的决议，各个省区的大中城市应派出代表担任委员，直接参与委员会每项决议的讨论。同时应遵循在处理区域事务中不论省区大小，以平等互利和追求市场利益为准则，每位常任委员应扮演本省区的“市场法人”，在委员会中将省区间的合作与竞争融合在一起，灵活处理省区间的分歧，力争每项决议都将实现“帕累托最优”。

（3）西北经济发展委员会职责建议。

a. 依据国家实施西部大开发战略的要求，结合西北地区的特殊省情，制定西北五省区经济发展的中长期规划，确立经济发展目标以及各个省区经济发展的方向及政策。

b. 加快和完善基础设施建设，使西北地区的交通，特别是中心城市实现交通网络化。

c. 协调经济关系。如在产业发展的选择上，避免重复建设，减少恶性竞争。

d. 为适应加入 WTO 后的经济全球化的新形势，提高区域经济的国际竞争力，着力推进区域内合理的分工协作关系的形成。

e. 建立资源共同开发和利用的新的经济发展模式。减少资源浪费，提高资源的利用率，并按照价值规律和市场供求关系的原则协调资源的价格，使资源在市场经济的竞争环境中保持稳定、合理的增殖能力。

f. 建立区域创新体系。集中高级人才，建立西北地区“脑库”，并联合工程院、科学院知名院士，面向 21 世纪分工协作，结合西北地区的区域经济特色和优势展开科技攻关,力争在较短的时间内,取得一批在国内领先,甚至达到国际水平的科研成果,尽快产业化,并使其成为区域发展的新的经济增长点。

g. 西北地区经济委员会与教育部和各省区政府商讨建立以西安为中心,以各省区高校为辐射点,以培育西北区域经济发展中“用得上、留得住”的高科技人才为目标并在实践层面上具有可操作性的新型的教育体系。

h. 协调区域间的经济矛盾,定期召开经济会议,相互通报信息,交流发展经验,及时纠正前期经济发展方案中的欠缺之处。

六、对方案近远期发展重点的探讨

该方案是依据西北地区现阶段的城市发展状况和交通干线而设计的,鉴于西北地区现阶段的城市及城市体系发育不完善,有必要对现有城市的发展重点进行探讨, 同时由于方案所依据的交通干线具有可长远规划性,所以对方案的远期发展目标的讨论成为可能,这也是完善西北城市体系的要求。

1. 近期发展重点。在西北地区的城市中,只有西安市是 200 万人口以上的超大城市,100 万~200 万人口的大城市有 2 个,50 万~100 万人口的有 2 个。城市多集中在 20 万~50 万和 20 万人口以下的中小城市(见表 4)。这样的城市体系存在三个问题:一是西北地区中心城市经济实力强势不突出;二是西北各省区子区域中心城市经济实力强势不突出;三是由以上两点问题可以推知:西北地区城市体系不完善。

西北大部分地区人口密度小,自然条件和交通条件差,不具备发展城镇的条件。而现有的大城市和中心城市都处于自然条件、交通条件较好的地方,本身具有发展优势,顺应城市发展规律,优先在有利

表 4　1999 年西北城市数

单位:个

地区	合计	按城区非农业人口分组				
		200 万以上	100 万~200 万	50~100 万	20 万~50 万	20 万以下
陕西	13	1			5	7
甘肃	14		1		2	11
青海	3			1		2
宁夏	5			1	1	3
新疆	19		1		7	11
合计	54	1	2	2	15	34

资料来源:《中国统计年鉴 2000》.中国统计出版社

于城市发展的地方发展城市,避免在不利于城市发展的地方建设城镇。同时,大城市和中心城市比小城镇经济效益更高,有更多、更好的发展条件和发展机会,有更好的科学教育文化环境和基础设施。在农业人口向城镇人口转移的流动过程中,大城市和中心城市比小城镇有更大的吸引力和人口容纳能力。这是因为大城市和中心城市能够创造出较多的就业机会,也促进了农业人口向非农业人口转移,从而减轻人口对农村牧区生态环境的压力,有利于西北地区生态环境的保护和可持续发展。中外历史和现实经验都表明,小城镇的发展要依托大城市和中心城市,小城镇基本上都是围绕大城市发展起来的。所以,首先应继续扩大现有中心城市的规模,其次,在现有城市中选取各种经济条件较好的小城市重点发展,初步形成强势明显的大、中、小城市经济中心。

2. 远期发展目标。现代城市是开放系统,它既和世界经济相关,但更紧密、更直接地与国内周边城市的发展相联系。各个城市相互依存、功能互补,并通过各种有形的(如商品、人口、交通)与无形的(如信息）交流，构成相互联系、整体配合的城市网络。这些网络，将凭借未来发达的公共交通系统和全新的信息与通信技术而形成高效率、多层次、开放性与发展型的区域一体化城市格局。可以设想到，在今后一定时期内，这种以国际城市或国家级大城市为龙头的，各种等级城市分工协作、功能互补、公平竞争、共同繁荣的城市网络，将是我国跨世纪城市现代化的重大战略之一。

西北地区地域辽阔，其间分布着高山、高原、雪域、沙漠、戈壁，适宜人类生存的空间并不很大，原生环境恶劣，生态系统非常脆弱，许多地方至今仍为人迹罕至的"无人区"。西北地区还是少数民族聚居的地区，不同的少数民族由于信仰、生活习惯各异，他们彼此之间或多或少与汉族之间保持着生存空间的距离，所以应综合考虑地理、民族、经济等因素来规划西北城市经济带。此处重点讨论远期发展目标的原则。

（1）强调大城市集约化的内涵发展。所谓集约化的内涵发展，就是城市注重内涵效益、追求综合质量的发展。它表现为城市内部产业及人口的优化重组、城市建设中资金和资源的集约利用、城市功能和设施的更新、城市生态环境的改善、城市产品质量的提高和城市人口的集中等。集约化的内涵发展将引导城市内部的空间结构向密集演化，这也是在可持续发展的目标下，城市发展和城市化所应该遵循的方向。在人口密集区，实施稠密型城市带的发展策略，其优势是：a.提高能量效率；b.保护农村耕地。稠密型城市使能源消耗降低，环境污染减少。同时，城市的开发不以侵占大量农用土地的粗放型开发方式为主要手段。而且从经济角度来看，稠密型城市有利于增加城市的就业量，增强城市的经济吸引力，阻止大城市过早衰落，有利于城市在地区、国家和世界范围内进行竞争，从而获得投资和市场。尤其在西北不发达地区的城市，尽管存在资源优势，也不应该遵循发达地区城市发展对资源的高消耗模式，而应当走节约能源、保护耕地、保护生态环境的道路。这种城市带发展模式与西部大开发的基本原则是一致的。这一原则与近期目标的原则是不同的，在西北城市化过程中，近期应强调城市在空间规模的外延扩张与内涵发展并举。

(2)强调城市化的本质。城市化的本质是一种生活方式的转化，是人类走向现代化的必经之路。在远期规划中，应打破城市规划仅仅是建设规划的概念，使城市规划更加深入地研究城市经济问题，充分发挥城市规划对经济空间布局的协调作用，对不同阶层经济利益的调配能力，通过城市规划促进经济发展。

(3)在西北地区形成整体分散、部分集中的城市经济带。兼顾西北地区的特殊性：地理地貌的复杂多样性、少数民族聚居性、贫困落后地区多且情况各异。这些要么是不可置换的自然因素，要么是短期内不可能改变的落后经济状况和思想观念。在今后 15 年或更长时期内，不仅应大力发展现有省会城市，而且要努力争取在每个省区形成若干个中等的经济中心城市，让这些城市成为当地的“先发”地区。与此同时，还要围绕县城加快中小城镇发展，在条件具备的地方推进乡镇合并。在不适宜人类居住的“一退三还”地区，人口应尽可能向城市周边迁徙。西北城市经济带发展战略应当坚决摒弃原有体制下那种单纯依托某种自然资源、发展单一产业的“基地”型经济。应发展具有综合性、多产业结构和协调发展的经济系统。

参考文献：

[1]饶会林.城市经济学[M].大连：东北财经大学出版社，1999.

[2]许学强，等.城市地理学[M].北京：高等教育出版社，1997.

[3]孙志刚.城市功能论[M].北京：经济管理出版社，1998.

[4]张慕津，等.中国地带差距与中西部开发[M].北京：清华大学出版社，2000.

[5]胡序威.区域与城市研究[M].北京:科学出版社,1998.

[6]顾朝林,等.中国城市地理[M].北京:商务印书馆,1999.

[7]张嘉选.西部开发与理论研究西移问题[J].城市经济、区域经济,2000(7).

[8]杨立勋.城市化与城市发展战略[M].广州:广东高等教育出版社,1999.

[9]西部开发大事记[N].人民日报·华南新闻,2000-03-23.

[10]李一.城市化:我国城乡经济社会发展的有效载体[J].城市经济、区域经济,2001.8.

[11]史育龙.沿海地区城市化发展趋势分析[J].城市经济、区域经济,2001(8).

[12]赵伟.区域开放:中国的独特模式及其未来发展趋向[J].城市经济、区域经济,2001(7).

[13]朱英明.大陆桥城市轴:西部大开发的主动脉[J].城市经济、区域经济,2001(6).

[14]贾国富.我国西部开发中参与国际分工的战略思考[J].城市经济、区域经济,2001(3).

[15]周铁训.论21世纪中国城市化的“大均衡战略”[J].城市经济、区域经济,2001(2).

[16]章玉钧.西部大开发须着力加快城市化进程[J].城市经济、区域经济,2001(2).

[17]张鸿雁.论中国21世纪初城市化与城市现代化优先战略选择[J].城市经济、区域经济,2001(1).

(原载《兰州大学学报(社会科学版)》2002年第4期)

西北工矿型城市可持续发展问题研究

所谓工矿型城市主要是指依托矿产资源开发而兴建或发展起来的城市。工矿业在产业结构中占据主导或支柱产业的地位,向社会提供矿产品及其延伸加工产品,是工矿城市的一个重要的或者主要的社会职能。目前关于工矿型城市的划分尚无统一的分类,根据美国学者哈里斯(Horace)统计描述的简单分类法,凡矿业从业职工占城市全部从业职工总数15%以上,或矿业产值占城市工业产值10%以上的城市,确定为工矿型城市。我国西北地区的城市中,工矿型城市所占比重突出。到目前为止,西北地区地级以上的工矿城市占西北地区地级以上城市总数的35.2%。但这些城市大多是在新中国建立后开始进行开发和建设的,经过几十年的开发和建设,一些城市已呈现出相对停滞或局部衰退的局面。为了避免西北工矿型城市出现矿竭城衰的不良局面,促进西北地区工矿型城市的持续、稳定、健康、协调发展,实施可持续发展战略已成为西北工矿型城市发展的必然选择。

一、西北工矿型城市的兴起

西北工矿型城市的真正兴起与发展是新中国建立以后的事情。中华人民共和国成立初,在特殊的历史背景下,国家把经济建设的重点放在了包括西北地区在内的“三北”地区,20世纪50年代苏联援建的156项骨干工程中,陕西、甘肃两省达40多项,六七十年代国家的建设重点从“三北”移到“三线”,陕西、甘肃、宁夏的部分地区均属

"三线"地区。再加上中华人民共和国成立初至1966年之前的一段时间里,工业建设走的是一条优先发展重工业的道路,需要大规模开发矿产资源。因此,国家投入巨额的资金以及大量的人力、物力在西北区域从事地质勘探和矿业开发,一个又一个矿床被发现,一座又一座矿山拔地而起,与此同时,在我国西北区域也陆续建立起了一批以矿产资源开发为特征的采掘业及其后续加工行业——能源、有色金属和重化工业,形成了白银、金川、玉门、库尔勒、克拉玛依、格尔木等一批全国著名的工矿型城市。

二、西北工矿型城市的基本特征

由于其特殊的历史原因和资源条件,西北工矿型城市具有与其他城市截然不同的特征。

1. 先有大工业,后有城市发展

我国西北地区的工矿型城市大都建立在山区,远离中心城市。随着资源开发和大企业的建立,人口增加,逐步形成一定规模。这些城市的形成与发展一般都分别与一个特大型工业企业的形成和发展息息相关,如金昌市是在金川有色金属公司的基础上形成的,白银市是在白银有色金属公司的基础上形成的,嘉峪关市是在酒泉钢铁公司的基础上形成的,玉门市是在玉门石油管理局的基础上形成的,等等。

2. 城市规划和发展围绕工业进行,工业发展成为城市发展的核心

由于我国西北工矿型城市纯粹是以发展大工业为目标的,没有大工业就没有这些城市,所以城市的进一步发展也必然是围绕工业来开展的,如城市规划要首先考虑未来工业发展的规模和客观需要;城市发展战略要首先考虑与工业发展战略相连接,根据工业发展战略来确定城市发展战略;城市经济的增长速度要首先考虑工业的发展速度,这样才能保证城市经济的平衡发展;城市市政建设的规模和

速度要首先考虑为大工业提供服务等等。之所以要这样做,是因为西北工矿型城市的未来和发展仍然是由工业来决定的,工业兴则城市兴,工业衰则城市衰[1~3]。

3. 城市的二元化经济结构特征突出

由于我国西北的工矿型城市是在资源开发的基础上外力嵌入作用的结果,因此与其他城市区别最大、最显著的特征是“二元化经济结构特征”。其主要表现为:①城市具有城市与基地的双重属性,它既具备一般城市的共同属性,即地区的行政、经济、文化、交通、科技中心等,又具有它的特殊属性,即一种或数种资源与产品优势,同时又是国家重要的工业基地;②产业结构呈现出高倾斜的二元状态,存在着“大工业,小农业”,“大企业,小市政”,“大重工业,小轻工业”,“大第二产业,小第三产业”,“大国有经济,小民营经济”的畸形化经济结构;③在城市管理体制上,无论是政企合一型还是政企分开型,都无一例外地存在着条块分割的矛盾;④在城市与大企业的发展战略取向与发展目标上存在着“两张皮”现象;⑤由于体制的分割及特定的历史原因,城市功能二元化,一个是以市政地方为主体经济社会运行的城市功能圈,另一个是以大中型企业为主体经济社会运行的城市功能圈[1,4]。

三、西北工矿型城市面临的主要问题及其分析

从可持续发展的角度来看,我国西北工矿型城市面临的问题主要有:

1. 矿竭城衰的威胁

我国西北工矿型城市大多是在中华人民共和国成立初期开发和建设的,经过几十年的开发和建设,一批老矿山已进入开发末期或即将闭坑的阶段,许多矿山企业缺乏后劲,大多数工矿型城市存在着不

同程度的资源耗竭问题。若不及时培养替代产业,西北工矿型城市的衰退将不可避免。

2. 产业结构单一

我国西北工矿型城市一般以其所拥有的矿产资源的开采为单一主导产业。又由于种种先天的和人为的影响,我国西北工矿型城市在计划经济体制下,矿山企业只重视开采,没有想到要发展后续加工产业,或即使想到了,也难以在当时的背景下实施,如玉门市的石油加工项目是在兰州安排的;另一方面,在计划经济体制下,工矿城市财力不济,又加上与矿山企业的矛盾重重,形成不了合力,也难以发展资源的后续加工产业或发展其他递补产业,从而造成西北工矿型城市产业结构单一的局面。

3. 生态环境破坏严重

矿业开发对生态环境的破坏主要是指采矿造成的地表植被的破坏,水土流失,地表塌陷,采矿遗弃的废渣、废水和废气对生态平衡和生物繁衍,以及对人类生存带来的巨大威胁。特别是对有色金属的开采,所遗弃的废渣数量更大,对环境造成的危害也较大。一般而言,每得到1吨有色金属,需采选100多吨矿石,而且在此过程中,还要剥离大量的脉石,丢弃大量的尾矿。若不采取有效的环境保护措施,不仅将威胁城市既有人类的生存和发展,而且还将贻害于后代。

我国西北工矿型城市之所以存在着如上问题,既有客观原因,又有主观原因。客观原因是我国西北工矿型城市位于内陆且多在荒漠、偏僻的山区,交通不便,区位条件较差,且所依赖的矿产资源又都是不可再生的。除此之外,还有其他主观方面的原因。

首先,对城市的发展规律认识不够。在制定西北工矿型城市的发展规划时,过去有很多的指导思想和原则是违背客观规律的,如曾提出的“有利生产,方便生活”的主张,使我国西北工矿型城市建设比较分散;在产业结构安排上,西北工矿型城市的许多后续加工工业项目不在当地进行。人们后天认识上的不足导致了西北工矿型城市仅是从事资源开采一个环节的产业结构单一的城市。

对矿业本身的发展规律认识不够。我国西北工矿型城市所依赖的矿产资源是一种不可再生的矿产资源,从资源被发现,矿山开始建设,就注定了最后它所拥有的矿产资源是要被开完的,也决定了矿山的经济效益是逐步递增到一定阶段后又递减的过程,在这一经济规律的作用下,依托于这种不可再生矿产资源开发而兴建的工矿型城市应该怎么办,以及资源开发带来的环境负效应等这些问题,人们在认识上,在对规律的掌握上还明显不足。

现行管理体制的束缚。政企不分的管理体制使企业办社会的问题在工矿城市中格外突出,加之长期以来存在的矿产品价格扭曲,矿山企业经济效益不佳,产业结构单一,产业链被人为地割断,造成我国西北工矿型城市与矿山企业发展的许多困惑,搞勘探的不能搞开发,搞开发的不能搞矿产品的加工,这样人为地把产业链分割开来,不仅影响了矿山企业本身的发展活力,同样也影响了我国西北工矿型城市的经济结构。

四、国外工矿型城市可持续发展可供借鉴的做法

目前,我国西北工矿型城市由于面临矿产资源枯竭的问题,相应带来的城市转型问题和可持续发展问题已越来越突出,为此我们应研究和制定一些特殊的、比较系统的政策和措施,以促进西北工矿型城市更为深层的城市转轨与可持续发展。在这方面,西方发达国家在处理工矿型城市转轨、结构调整与可持续发展问题上采取的一些做法,积累的一些经验值得我们借鉴。

1. 日本九州区

日本九州区曾是日本重要的产煤区,但由于能源消费结构变化使日本煤矿不断关闭,承受着来自经济、社会等方面的巨大压力,产煤区域面临着人口和就业问题以及地方财政状况恶化的严峻形势。20世纪60年代初,日本决定放弃对煤炭行业代价高昂的保护政策,开始对九州地区的大片煤井实行关闭,该地区数十万人和家庭面临工作和生存问题。为此,日本政府采取了一系列针对该地区的结构调整援助政策,其主要措施是在该地区兴办一批现代工业开发区,吸引大批区域外企业迁入九州开发区,并按新的产业政策兴办一批企业,其办法类似于我国在沿海地区办高新技术经济开发区的做法,即政府在财政、金融、税收、土地等方面制定一套招商引资的政策,所不同的是这些政策更优惠,更配套,如对开发区内企业安置煤矿工人及其子女就业给予补助,并视用人比例的高低给予优惠差别政策。此外,还对失业煤矿工人承担培训费用,并帮助介绍其就业。由于这些政策的实施,使九州地区的结构转换得以实现,使之由传统的煤区转换成为日本新的重要高新技术产业区。日本九州区的演变反映了结构单一的工矿型城市实施战略转变的模式是:在宏观政策的指导下,全线退出传统领域,开辟新的活动舞台,以实现城市发展的周期转换。

2. 美国休斯顿

休斯顿是随着德克萨斯州沿墨西哥湾地区石油和东德克萨斯油田的开发而迅速兴起的,并成为世界瞩目的油城。20世纪60年代以后,虽然石油开采业整体下滑,但休斯顿按产业链的延伸和拓展,加速了石油科研的开发,并相应带动了为其服务的机械、水泥、电力、钢铁、造纸、粮食、交通运输等多种产业的发展。对城市产生重大转折和影响的是,国家在休斯顿布点了宇航中心,随之带动了为它服务的1300多家高新技术企业,门类涉及电子、仪表、精密机械等行业。与此同时,教育、科研、金融等第三产业和现代农牧业得到了飞速发展,从而使休斯顿成为全美人口增长最快的城市,城市性质也发生了根本性的变化。休斯顿之所以能完成城市的转轨,是在国家宏观政策的支持和指导下,通过产业链的延伸和推进相关产业的发展,特别是通过发展替代产业,提高城市资本、技术、智力密集的程度,增强了城市经济结构的弹性,完成了城市经济结构的升级和综合化、大型化的进程。

3. 德国鲁尔区

鲁尔区是德国最重要的工业区之一,在德国近代工业发展中占有重要的地位,素有"德国引擎"的美称。但进入 20 世纪 50 年代以后,由于廉价石油的竞争,使这个百年不衰的工业区爆发了历时 10 年之久的煤业危机,继而又发生了持久的钢铁危机,使鲁尔区的经济受到很大的影响,矿区原有的以采煤、钢铁、煤化工、重型机械为主的单一的重型工业经济结构日益显露弊端。联邦政府对鲁尔区十分重视,对鲁尔区进行整治,实施区域总体发展规划:①以煤钢为基础,促进经济部门日趋多元化;②不断调整区内生产力布局,生产力布局由历史上的由南向北发展,形成东西延伸,以中部为核心的工矿区;③抓住新技术革命的机遇,将科技优势转化为生产力;④进一步发展和完善交通运输网;⑤美化矿区环境,重塑田园都市风光。经过上述的调整和改造,鲁尔区远不是一个衰落的工业区,而恰恰相反,正保持继续发展的势头。鲁尔区区域整治的经验表明:一个煤矿区的开发和建设不能只搞采煤,而是应该把采煤作为矿区经济综合发展的基础,只有这样才能充分利用各种资源及其副产品,避免经济部门结构单一化,并有利于生产力布局的平衡发展。应在科学技术革命的形势下,改革创新,提高企业的技术含量,同时加快发展新兴产业。其次,必须重视交通建设,建立起发达便捷的运输系统,以此作为矿区经济综合发展的先行。另外,必须实行经济发展与环境协调发展的方针,严格控制环境污染,有计划地植树造林,美化矿区。只有这样才能使矿区保持持续发展、长久不衰的局面。

国外的经验同时也表明,并不是任何一个工矿型城市都能保持"矿虽竭,城犹荣"的局面,有的工矿型城市在一度繁荣之后,由于矿产资源的枯竭,而被废弃为"鬼城",如苏联的巴库油城的衰落,就是因为矿业的渐趋衰落而其他替代产业又没有及时得到发展所导致的。

国外工矿型城市发展的两种趋向表明,矿竭不一定城衰,作为矿产资源,它终有耗尽的一天。作为一个城市,则有两种发展前途,可能随着矿产资源的耗竭而衰落,也可能随着其他产业的兴起而进一步繁荣。关键在于能否从单一产业过渡到多元产业,实现主导产业的顺利更替与发展。

五、西北工矿型城市可持续发展的对策

由于我国西北工矿型城市独特的社会背景,使它的发展有别于国外的工矿型城市。因此,我们不应该完全照搬国外工矿型城市发展的经验,而应该结合我国的国情和西北工矿型城市的情况,从实际出发,按照社会主义市场经济规律办事,按照城市发展的规律办事,按照矿业发展的客观规律办事,结合国外工矿型城市发展的经验与教训,探索出一条适合我国西北工矿型城市可持续发展的道路。

1. 遵循城市的发展规律,保证和支持西北工矿型城市的可持续发展

我国西北工矿型城市是在开发利用矿产资源的基础上兴建和发展起来的,在一定阶段内,矿业仍是其主导产业。区域经济的可持续发展以及西北工矿型城市的可持续发展,一方面要保持矿业的持续

健康发展,这需要得到所在矿业城市的大力支持,即工矿型城市从规划建设、产业结构安排到各项管理,都要充分注意矿业的特点,以利于促进矿业的发展。另一方面,西北工矿型城市的可持续发展也在相当程度上依赖于矿业的发展,即希望能够通过对矿产资源的勘探开发给予必要的和足够的重视,加强矿产勘探,加强矿产资源开发的监督管理工作,提高资源利用的集约化水平,挖掘资源潜力,开源节流,使矿业本身能更长久地稳定支持工矿型城市的发展。只有深刻认识并正确把握矿业开发同西北工矿型城市建设的辩证关系,才能更好地维持矿业的可持续发展,以促进西北工矿型城市的可持续发展。

2. 重视培育和发展产业生命周期不同的企业

对于依赖不可再生矿产资源的西北工矿型城市来说,要想实现可持续发展,就必须适时地培育和发展生命周期不同的企业。因为对于工矿型城市来说,其生命周期是随着矿产资源开采的自然过程和矿产资源消费生命周期而变化的。就单一矿种而言,其需求生命周期在时间和空间两个维度上都是呈倒“U”型的,因而,对于依靠单一矿种而发展起来的西北工矿型城市来说,其城市发展也有一个从增长到停滞的过程;如果该工矿城市在发展替代产业上只重视了开发和延长矿产资源的加工产业,那么就会造成该工矿城市产业生命周期的雷同,形成共振效应,其发展到一定阶段后将会出现整体的下滑。因此,西北工矿型城市可持续发展的关键在于布局和发展产业生命周期不同的企业(如图 1 所示)。只有这样,才能充分保证西北工矿型城市的可持续发展。

3. 运用适度的产业援助政策,推动我国西北工矿型城市的结构转换

我国西北工矿型城市的可持续发展问题,实质上就是矿业的转换和演化问题。一般来说,行业的调整和转换会诱发很多问题,应当

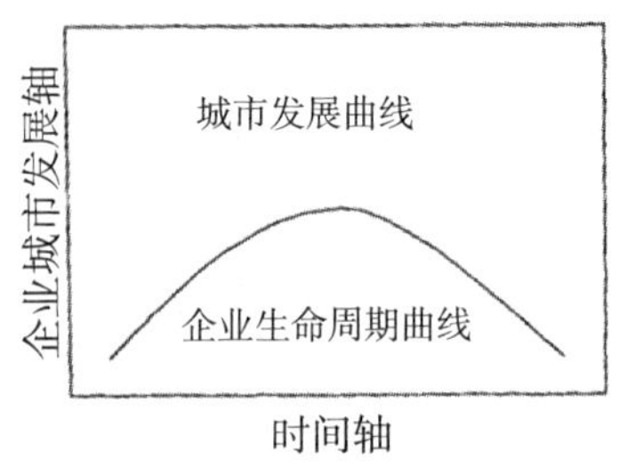

A 依靠单一企业的工矿城市

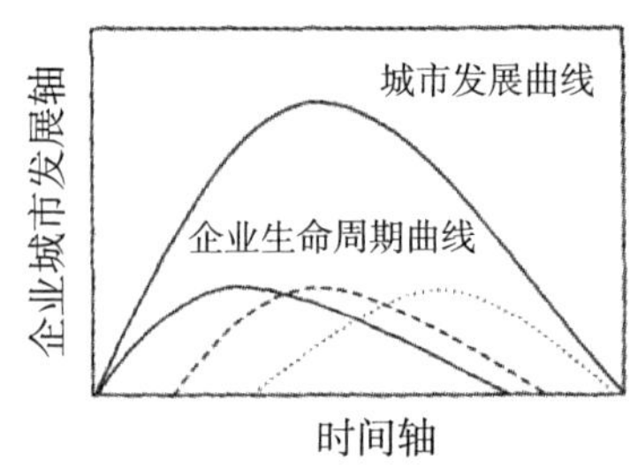

B 企业生命周期雷同的工矿城市

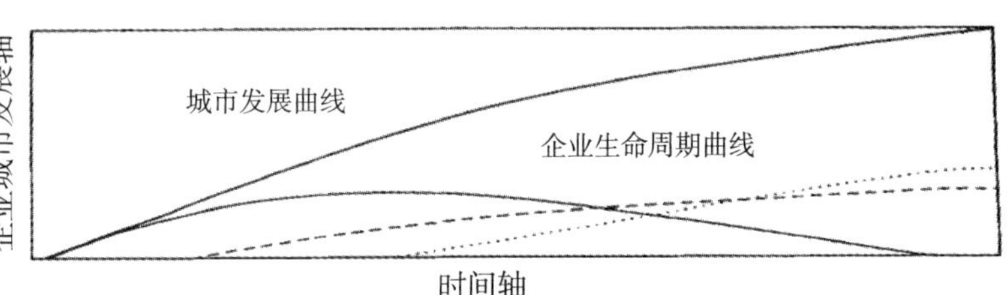

C 企业生命周期不同的工矿城市

图 1 工矿城市的企业生命周期与工矿城市发展模式

在恰当的社会保障体制配合下,运用市场机制的力量才能予以解决。而对于我国西北工矿型城市来说,由于行业调整矛盾的集中以及城市自我控制能力的有限性,完全依靠市场机制将会引起严重的社会问题。根据日本和其他发达国家的经验,在我国西北工矿型城市制定并实施产业援助政策,以转换就业,抑制区域功能萎缩和促进西北地区的开发,显得尤为重要和紧迫。

4. 要不断改善区位优势,推进西北工矿型城市的基础设施建设

总体来看,我国西北工矿型城市的区位优势较差,交通不便,信息不灵,城市基础设施不齐全,因此西北工矿型城市要持续协调发展,就必须适时地、不断地改善区位条件,加强城市交通、环境建设,改善投资环境,吸引人才,吸引外资,扩大城市的区际联系,提高城市

外向度。

参考文献:

[1]张以诚.矿业城市与可持续发展[M].北京:石油工业出版社,1998.

[2]王文革,李含琳.中国西部新兴工业城市经济社会对接研究[M].兰州:甘肃科学技术出版社,1995.

[3]贺艳.关于资源性城市的可持续发展与再城市化问题[J].中国人口·资源与环境,2000(3).

[4]鲍寿柏.论工矿城市的转型与发展[N].光明日报,2000-02-29.

(原载《西北大学学报(哲学社会科学版)》2002年第2期)

再论西北工矿型城市的可持续发展

《西北工矿型城市可持续发展问题研究》[①]一文,针对我国西北地区工矿型城市较为典型的特点,借鉴国外工矿型城市发展的经验,指出为了避免矿竭城衰的不良局面,必须切实实施有效的可持续发展战略。

我国工矿型城市占全国城市总数的12.5%,西北地区以矿产资源开发为基础而建立起来的工矿型城市极为典型,在市场经济条件下,由于体制转轨、行业结构调整,加之矿产资源的不可再生性和有限性以及对矿产资源连续不断的开发和利用,目前,大多数已呈现出相对停滞或局部衰退的迹象,严重影响到这些区域经济的可持续发展,有必要对此进行更为深入的研究。

一、城市发展的一般规律及西北工矿型城市的类型

城市作为区域性经济和社会发展的聚集形式,它的发展对区域经济的发展起着重要的推动作用。但城市的形成和发展并不是一蹴而就的朝夕之事,它是在一个漫长的历史过程中,区域经济发展到一定历史阶段的产物。从世界城市形成和发展的历史和现实来看,城市的形成和发展主要有以下几种形式:(1)首府城市。指一个国家政治、

①张以诚.矿业城市与可持续发展[M].北京:石油工业出版社,1998.

经济、文化的中心城市,是国家政权建设的核心基地。这类城市的形成往往与国家政权的建立直接相联。(2)工矿城市。由于工矿经济资源的聚合作用,在资源集中的地区建立新兴的工矿企业,围绕工矿企业发展社会服务事业,为了保证工业与社会服务事业的协调发展,又必须建立相应的地方政府及其办事机构,由此形成了工矿型城市。(3)港口城市。指沿海、沿江建立的以进出口贸易为主的城市。(4)中心城市。一般是指地方政府所在地城市,它是地方经济、社会的中心,是仅次于首府城市的城市。(5)旅游城市。进入现代社会后,随着人们生活方式、精神生活需求的巨大变化,旅游开始成为人们生活的一种主要方式。伴随着旅游需求的旺盛,旅游业迅速发展,在旅游集中的地区形成了一批专门为旅游服务的城市,即旅游城市。

当然,城市的形成过程与城市经济的开发过程是同时进行的,但由于各个国家、各个地区的社会经济条件、历史条件、环境因素以及发展目标的差异,城市的形成和发展模式也是各不相同的。即使是同一类型的城市,其形成和发展的过程也会有所不同;而不同类型的城市,其形成和发展的过程却有相似之处。

纵观人类社会发展的历史,自石器时代、青铜器时代、铁器时代发展到现代,这本身就可以认为是一部矿业开发史。矿业开发对于现代社会各国的工业化、城市化、现代化进程,均有着显著、特殊而重要的促进作用。以矿产勘查、开采、利用为主体所形成的矿业,处在社会产业链的最前端,产生着广泛的传递功能与辐射效应,矿业城市的存在便是这种功能的体现。那些原本属于僻野荒原的地方,因为矿床的发现、开采及加工利用,而崛起了一座座现代工矿型城市,还有许多原本属于非矿业的一般性城市,因附近地区矿产资源的勘察与开发也使其逐步成为工矿型城市。

我国西北地区是一个工矿型城市占有较大比重的地区,但西北工矿型城市的真正兴起与发展乃是1949年以后的事情，它们的兴起不仅为国家建设提供了资源保障，而且成为西北工业体系的重要组成部分，构成一个个新的经济增长极，并极为显著地改变了区域社会的经济格局，为我国的社会主义建设建立了举世瞩目的功勋。

西北地区的工矿型城市与一般城市相比，绝大多数具有发展历史较短的特征，表现出一种特殊的城市化进程——缺乏自我积累、自我发展和与周围区域经济融为一体的和谐色彩，缺乏在经济发展的基础上逐步推进的过程，它是一种带有突发性质的非渐进性历程。这种突发性是由中华人民共和国成立以来人为推进的嵌入式、突发式的工业化过程所造成的，也与大批工业企业出于国防需要迁移内地有一定的关系，从而形成了西北工矿型城市特殊的成长机制。

目前，关于工矿型城市的分类虽尚无统一的方案[①]，但综合国内外的研究情况，大致有9种分类：一是按主体矿产分，如煤炭型、铁矿型等；二是按产业类型分，如能源型、冶金型等；三是按发展阶段分，如新建、中期、后期等类型；四是按规模分，如大型、中型和小型城市或城镇；五是按城市职能分，如单一型、复合型等；六是按城市“成因”分，如无依托矿城和有依托矿城；七是按城市形态分，如包融型、平地崛起型、新老综合型、依托型等；八是按生产内容分，如采掘型、加工型、综合型等；九是按地区分，如内陆、沿海等。

当然，对西北工矿型城市的划分不能局限于某个单一的标准，因为这样会对西北工矿型城市的研究产生偏差，应该结合其他对西北工矿型城市发展有影响的标准来划分。如按主体矿产划分，即依托所开发的矿产资源的种类不同，西北工矿型城市可分为如下类型：

---

①贺艳.关于资源性城市的可持续发展与再城市化问题[J].中国人口·资源与环境，2000(3).

但是,以上这些工矿型城市虽然曾以矿产丰富、地域组合良好的天然综合优势而著称,随着长期大规模的开采和利用,一些工矿型城市已由发展期进入稳定期以至衰退期,生产能力萎缩,主体矿产的特征日益淡化甚至消失,加之这些工矿型城市深居内陆,大多是在原先没有城市的地方,因矿业活动开发而形成的无依托矿城。这与原先已有城市,后因附近地区发现和开发矿产,而使早先的普通城市具有矿城功能的有依托矿城相比,有很大不同,其发展和转型也较依托矿城难度大。

城市	煤炭	石油	钢铁	有色金属	化学化
类型	城市	城市	城市	属城市	工城市
城市	铜川市	克拉玛依市	嘉峪关市	白银	格尔木市
名称	石嘴山市	玉门市		金昌市	

这些难度主要表现在:①无依托矿城的建设在幼年和青年时期的早期,要比有依托矿城遭遇多得多的困难,要投入更多的资金、配套设施和更多的后勤保障设施;而有依托矿城由于原先已有城市存在,有许多现成的设施条件可以利用,在人、财、物方面会减去大量的不必要的投入,社会经济效益要好得多。②无依托矿城在青年时期的早期以及中期,发展替代产业是完全依靠新起炉灶,除发展主导产业的延伸产业外,新选项目极不容易;而有依托矿城在这方面具有很大的优越性,它们本已存在许多有待嫁接的生长点,做好嫁接工作比新起炉灶毕竟要容易得多。③无依托矿城在末期有大批主产业人员有待转岗就业,他们的子女有待安排;有依托矿城在这方面相对较容易些,天地要宽得多。无依托矿城通常有男青年择偶难、女青年就业难等社会病;有依托矿城这方面的社会病或者没有,即或有也轻得多,

比较容易解决。④在发展替代产业的时机选择上和优势产业的转换方面,无依托矿城从青年时期和中年时期就必须开始进行,这时经济实力雄厚,有条件兴办新的产业,选择项目有较多的余地,时机晚了困难就会大得多;对于有依托矿城来说,矿业开发从一开始就得到依托城市的强有力支持,矿业形成支柱产业后也必然会对依托城市经济发展产生强大推力,发展矿业和替代产业不过是此消彼长或此长彼消的关系,优势转换或产业结构调整时机的选择,就整个城市来说,远不像无依托矿城那么紧迫。

一个地区是建设无依托矿城还是努力发展有依托矿城,是由许多主客观条件决定的。我国西北地区的大多数工矿型城市之所以发展成为无依托矿城,是当时的社会背景、地理条件等多种主客观因素共同作用的结果。

从西北工矿型城市的形成和发展历史看,城市一般都具有较强的经济实力。有研究成果表明,西部地区城市经济活动的总量指标低于东部和中部,但人均指标都有相对甚至绝对的优势。但这些先进的工业基地对于区域经济的发展而言难以充分发挥其扩散辐射威力。这主要有以下几方面的原因:一是城市性质方面的原因。西北工矿型城市多数为“一五”时期和“三线”建设时期通过国家重点投资形成的重工业城市。如甘肃的玉门市和新疆的克拉玛依市都是随着油田的开发而产生的;被称为中国“镍都”的甘肃金昌市,是随着龙首山镍矿的开采冶炼而兴建起来的;还有铜城白银市和煤城石嘴山市等,都是以重工业为支柱产业。此外,问题还在于西北工矿型城市的重工业主要是为沿海地区提供能源、原材料和协作配套的,或者是国防工业基地,这样就减弱了城市对本地区域经济的联系和带动作用。二是体制方面的原因。条块分割、城乡分割、地区封锁阻碍了中心城市作用的发挥。西北工矿型城市企业结构的特点是中央部属全民所有制大中型企业比重大,它们的资产存量大,设备精良,智力密集。但这些“异军突入”的企业与周围地区缺乏水乳交融的密切经济联系。三是城市结构的缺陷。主要是城市体系发育不健全,分布很不均匀,在西北工矿型城市与广大农村之间缺乏城市经济向外辐射扩散的中介体和联系环节。四是西北工矿型城市的所在区域,特别是广大农村社会经济文化落后,吸收和消化能力弱,从而限制了西北工矿型城市经济的凝聚力和扩散力。

二、西北工矿型城市可持续发展的特殊性

西北工矿型城市是在开发利用矿产资源的基础上兴建并以消费一定数量的自然资源而赖以生存和发展的一种特殊城市类型,具有强烈的资源指向性[①]。由于矿产资源属于不可再生资源,经过几十年的开发利用,目前西北地区的一些工矿型城市已面临矿竭城衰的危机,亟待进行城市类型转换,走一条可持续发展的必由之路。

可持续发展战略作为人类社会未来的发展模式,主要在于建立人与自然的一种保障体系,获得人与自然的协调发展,既能促进当前发展又能保障人类未来生存环境和永续发展。其核心主要是发展,具有两个鲜明的特征:一是发展的可持续性,即发展应能持续满足现代人和未来人的需要,达到现代人类和未来人类利益的统一;二是发展的协调性,即经济社会发展必须充分考虑资源和环境的承载能力,追求社会、经济与资源环境的协调发展。总的来说,可持续发展在空间上表现为发展的协调性,在时间上表现为发展的连续性,在结构上表现为发展的系统性。

①阜新市产业结构调整及发展战略规划课题组.阜新市产业结构调整与可持续发展战略研究[J].中国人口·资源与环境,2000,3.

城市作为一个国家或地区的经济、政治、文化中心，是人类集中地、高效率地利用各种自然资源创造物质文明和精神文明的载体。城市的可持续发展是人类社会发展的重要组成部分，在人类可持续发展中占有重要的地位。城市可持续发展是要求城市经济发展与人口、资源、环境之间相互适应，经济、社会、生态相互协调，城市经济增长速度快，经济发展质量好，市容环境景观美，生态环境状况佳，人民生活水平高，社会治安秩序优，抵御灾害能力强。

从目前的实际情况来看，西北工矿型城市可持续发展涉及两个方面的问题：一是矿业的可持续发展；二是城市的可持续发展。矿业的可持续发展和城市的可持续发展是两个不同的经济现象，各自遵循着不同的发展规律，但两者又有着比较密切的联系。一方面，要保持矿业的可持续发展，需要得到所在工矿型城市的大力支持，即工矿型城市从城市规划、建设、管理、经营，都要充分注意矿业的特点，以促进矿业的发展；另一方面，工矿型城市的可持续发展，也在相当程度上依赖于矿业的发展，工矿型城市要通过对矿产资源的勘查开发给予必要的和足够的重视，加强矿产勘查，加强矿产资源开发监督管理工作，加强矿业科技，提高资源利用的集约化程度，挖掘资源潜力，开源节流，使矿业本身能更长久地稳定地支持工矿型城市的发展。如果两者结合不好，就会影响西北工矿型城市的可持续发展。

西北工矿型城市兴起于原有经济基础十分薄弱的地区，是以矿产资源的富集为前提，借助大量外部投资的涌入而一度成为区域经济增长极的，其可持续发展具有一定的特殊性。主要表现在以下几个方面：

1. 矿区向城市演变过程的突发性

这是我国西北工矿型城市与一般自然形成的城市的主要区别。中华人民共和国成立后，在国家方针、政策的指导下，对我国西北地区的资源勘探开发实行的是统一大会战，大规模的人力、物力和资本，像闪电般迅速注入,从而获取了大量能源、有色金属矿产品的输出。在这种聚集经济和规模经济的作用下,我国西北地区迅速崛起了不同类型的工矿型城市。但由于我国西北地区资源的赋存往往偏离中心城市,位居偏远的荒漠干旱区、山区等,因此,我国西北工矿型城市的形成大都是建立在以资源开发为主导的大企业之后,随着人口的增加逐步发展成为具有一定规模的工矿型城市。

2. 城市化水平的低层次性

矿业是劳动密集型产业,由于其从业人员的地域性集中,导致了各种人口和非农业活动的地域性推进。在西北工矿型城市建设初期,从业人员的构成中,除了属于城市人口的矿业技术工人、转业军人外,大量的是半城市化的“亦工亦农”的人口,包括大量民工、当地农牧民和部分职工家属。虽然城市基本人口较大,城市化水平较高,但“高农村人口”的构成又暴露出了低层次的城市化水平。就作为区域经济中心的工矿型城市白银市而言,市区非农业人口虽在市区总人口中的比重偏高,占到了 58.69%,但市区人口仅占全市总人口比重的 26.30%,而市区非农业人口占全市总人口的比重则只有 15.35%。

3. 城市社会发展高工业化的虚假性

城市化是所有国家和社会发展的必经过程,具有一定的客观规律。产业经济学认为,人类社会文明的发展,将促进社会产业结构从传统农耕业或采掘业向制造业、社会服务业转化,即由第一产业向第二、三产业转化,这种转化程度与城市化程度密切相关。而我国西北工矿型城市是以工矿业为主导产业,第二产业比重大,在向高级化产业结构的推进中,第一产业和第三产业相对落后。以白银市为例,1999 年,在国民生产总值中,第一产业仅占 17.42%,第二产业就占到了 51.22%,第三产业则占 31.36%,表现出了“高工业化”的虚假性。

4. 城市基础设施明显滞后

西北工矿型城市的基础设施状况，直接影响着城市的经济效益、环境质量和城市发展。由于西北工矿型城市居民点的选择受资源赋存、勘探程度、开采工艺、生产阶段及区内自然条件、历史条件等多种因素的影响，使西北工矿型城市的建设具有被动性、临时性和变化性的特征，直接导致了西北工矿型城市基础设施建设的滞后。此外，资源空间分布分散和资源开发大军的转战、大量人口一次性迁移，都使得西北工矿型城市难以进行集中布局和系统规划。白银市从1950年至1990年的41年中，净迁入人口26.9万人，年平均迁入率为7.33%，其中1950年至1962年，净迁入人口9.47万人，占41年净迁入人口总数的35.2%，1963年至1975年，净迁入人口9.74万人，占41年净迁入人口总数的28.59%。人口的大规模一次性迁移，使得城市基础设施建设无序，严重滞后。加之"先生产后生活"主张的影响，又常常出现"有市无城"、"似城非城"的局面。

5. 城市机制与工矿企业的约束性

就西北工矿型城市而言，国有大中型企业是其城市的主体，又是地方财政收入的主要渠道。但从社会生产和服务职能上看，企业与城市政府又具有明显差别。在过去工矿企业办社会的体制下，"机关求大、职能求全、级别求高、队伍求多"的"全能式"的企业体制，必然会造成企业经济效益低下和城市政府职能运行不畅等弊端。在市场经济体制下，企业与城市政府之间形成的政企不分的双向制约矛盾就更为突出，极不适应改革与发展的新形势。

6. 城市面临资源枯竭和环境整治任务重的两难境地

西北工矿型城市可持续发展的物质基础是非再生的矿产资源，不论其后备资源勘探进展多大和开发时间多久，资源的持续性利用一般来说是有限的。西北工矿型城市，有的矿产资源已经枯竭，有的尽管探明储量具有一定优势，但其基础并不稳固。现在开采的重点矿山，大都是五六十年代勘探和建设的，经过几十年的开发，矿产资源正濒临枯竭，且后续接替矿山不足。与此同时，由于工矿业经济活动是严重污染环境的破坏型产业，特别是石油化工冶炼与加工、铁矿及有色金属矿产的开采与加工等，对大气、水体、生物及人类的生产和生活的影响较大，若不采取有效的环境保护措施，不仅将威胁西北工矿型城市现有人类的生存与发展，而且还将贻害后代。

三、建立监督城市可持续发展的指标体系

建立这种指标体系，目的在于寻求城市与周边地区生态维护、资源合理开发利用、产业合理布局以及环境保护的模式，从而促进工矿型城市的可持续发展。通过这种可持续发展指标体系的制定及其实施监督，可以具体分析和评价工矿型城市可持续发展的状况和水平。一方面可以用它去定量地分析和评价发展中所遇到的胁迫问题，为其发展战略的制定提供依据；另一方面还可以为城市及周边地区未来发展的定量目标及未来的发展方向提供参考依据。

由于可持续发展是一个综合的、定性的概念，它涉及社会大系统的诸多方面、诸多层次，为全面准确地表征西北工矿型城市可持续发展的现有能力和基础，结合西北工矿型城市的实际情况可将可持续发展概念具体化为以下指标体系：(1)资源可持续利用的极限。它是指资源在环境容量大小与人类在一定时空条件下确定的环境质量标准相结合情况下，决定资源是否进入经济活动的情况。(2)资源转换率。对于不同属性的自然资源，从可持续发展的角度看，要采取不同的对策。对于不可再生资源，一般注重其利用效率和循环利用，并尽可能地用再生的或可重复利用的资源进行代替，以延长其可持续利用的时间；对于可再生资源来说，公认的原则是采取在维持其再生能

力的前提下的平衡原则。根据西北工矿型城市的实际情况,可设立“矿产资源回采率”和“矿产资源综合利用效率”等指标体系来测定。(3)生态环境的治理力度。用以反映在经济增长的同时,生态环境保护的投入力度和措施的有效性。可用“污染治理资金使用额”“污染物排放增长率”GDP 增长率等指标来衡量。(4)资源存量。主要体现资源存量支持其未来发展的能力,对于不可再生的矿产资源来说,可计算其“静态储量指标”,即以当前的消耗速度和储量水平来计算某种矿产资源可供消耗的年数。(5)社会生活质量。可用恩格尔系数、基尼系数、人均受教育年限等指标来衡量。(6)生态环境质量。可以用空气质量指数、绿地面积等指标来测定。

总之,通过以上指标体系的设定,可以用来衡量西北工矿型城市可持续发展的基本状况,并能准确地测定西北工矿型城市可持续发展过程中存在的具体问题,进而通过改善某些具体方面的问题,促进西北工矿型城市的可持续发展。

四、西北工矿型城市结构转换的路径分析

西北工矿型城市的可持续发展要在城市的结构调整、转型以及持续、稳定、协调发展上下功夫,制定有利于城矿双方共同发展的政策,既能解决矿山企业办社会的沉重负担,又能促进企业与城市各方面的协调与可持续发展。

要实现西北工矿型城市的结构转换,就要消化和转移就业,这也是西北工矿型城市结构转换的难点。在如今行业结构大面积调整的特殊时期,将西北工矿型城市所在地的职工分流迁往其他地区是不现实的。根据我国的国情以及西北地区的区情,在劳动力比资本更难于在地区间流动的情况下,明智的选择是设法将区域外的工业活动有选择、有步骤地诱导到西北工矿型城市来,以促进该地区劳动力的

安置和产业结构的调整与升级。采取这一途径实际是资助传统产业的退出,促进新兴产业的发展,但为此必须支付高昂的成本。因为在实现这一途径的过程中,至少以下三个主要方面的投入是必不可少的:(1)外地企业迁入的政策代价;(2)人员转移、安置和培训的费用;(3)将原有十分庞大的企业办社会体系包括学校、医院等进行剥离并进行重新整合,需要支付巨额成本。

由于上述矛盾的不可回避性,要使我国西北工矿型城市尽早走出周期性萎缩的困境,制定适度的财政援助政策,动用必要的财政手段,比如在分级财政中增加城市的留成比例等,支持西北工矿型城市实现产业结构的转换,将是十分必要的。在结构转换过程中,为了加速传统产业的退出步伐,对西北工矿型城市中的某些特殊行业,如濒临枯竭的矿山,可采取关闭政策,以尽快实现人员转移,完成新陈代谢的过程。

一般地,国有大中型企业是西北工矿型城市的经济主体和主导企业,但这类企业,在管理体制上与地方有着不同程度的复杂利益关系,这是由于过去体制方面的原因所导致的。条块分割,政企不分,致使我国西北一些工矿型城市与企业之间的关系不大协调。在市场经济条件下,政府要管政府的事情,要培育、规范和管理好市场,要制定优惠政策,以促进产业结构的调整。此外,地方政府还要加快城市基础设施建设,强化服务功能,改善区位环境,以此来保证和促进矿业的发展,从而建立起良好的地企关系。只有这样,工矿企业和地方政府才会在制定和实施产业政策及城市政策上相互协调、相互支持,才能促使工矿型城市在制定发展战略规划时做到总体规划、统筹考虑,并以此来保证西北工矿型城市的可持续发展。

我国西北地区的工矿型城市都依托矿产资源的开发而发展,而矿产资源的开发又不可避免地给环境带来负面影响甚至导致地质灾害的发生,加之一些与矿产品相关的产业链的发展,使环境污染问题突出。作为西北工矿型城市的建设者、领导者，尤其是城市政府必须充分重视该地区的环境保护。如果环保不达标，就决不允许进行矿山的开采；同时也必须注意保护土地资源，开矿后必须对破坏的土地进行复垦，或采用交纳土地复垦滞纳金的办法，来促使工矿企业种树种草，美化矿山，提高我国西北地区工矿型城市人民的生活质量。

关于城市的生态系统战略，波兰萨伦巴等学者①曾提出了四种不同的方案，即“利用环境战略”为下策，“保护环境战略”为中策，“与环境合作战略”为上策，“扩展环境战略”为上上策。针对我国西北地区矿业和工矿型城市的不同发展阶段和污染程度、破坏程度，当地的矿山企业和城市政府可分别采取上述不同的环境保护战略方案。只要我们能采取切实有力的行动，实现“保护环境战略”的中策方案，如对矿坑进行回填或复垦，加强对废弃资源的利用，提高资源的综合利用率，重视城市园林绿化和对环境进行综合治理等，是可以确保我国西北地区矿业和工矿型城市同时实现可持续发展的。

参考文献：

[1]高新才，张志红.西北工矿型城市可持续发展问题研究[J].西北大学学报(哲学社会科学版)，2002，(2).

[2]周海林.资源型城市可持续发展评价指标体系研究[J].地域研究与开发，2000，(1).

[3]路建涛.工矿城市发展模式比较研究[J].经济地理，1997，(3).

[4]中国科学院可持续发展研究组.1999年可持续发展战略报告[M].北京：科学出版社，1999.

（原载《兰州学刊》2005年第1期）

①鲍寿柏.论工矿城市的转型与发展[N].光明日报，2000-02-29.

西北地区产业结构趋同实证研究

一、引言

西北地区包括陕、甘、宁、青、新五个省(区)[①],面积共计 304.3 万平方千米,占西部总面积的 57.7%,占全国陆地面积的 31.7%;人口约 9000 万,为全国的 7%;人均土地面积 3.8 公顷(57 亩),是全国平均水平的 4.75 倍。

自 2000 年 1 月,国务院成立西部地区开发领导小组、西部大开发战略迈出实质性步伐以来,党和国家一直将加快西部地区发展、促进地区协调发展作为一项重要战略任务。目前已经正式迈入西部大开发总体规划的第二阶段即加速发展阶段。尽管过去的 10 年是西部地区经济发展最快、城乡面貌变化最大、人民群众得到实惠最多的 10 年,也是西部地区对国家贡献最突出的 10 年[②],但这仅仅只是一个开始。为了继续深入实施西部大开发战略,积极扩大内需,促进西部地区又好又快发展,国家计划从 2010 年起新开工 23 项西部大开发重点工程,投资总规模为 6822 亿元。在“十二五”期间,中央仍将把深入实施西部大开发战略作为具有全局意义的重大方针,进一步推动西

①西北五省一说源自 1949—1953 年国家设立的六大行政区之一的西北行政区,一直沿用至今。

②引自时任中共中央总书记、国家主席、中央军委主席胡锦涛 2010 年 3 月 21—23 日在宁夏回族自治区考察工作时的讲话。

部地区经济社会又好又快发展，为我国发展开拓新的广阔空间。而作为占西部地区总面积57.7%的西北五省，其产业结构的优化升级对于西部地区乃至全国经济的高速发展都有着重要的影响。

近年来，国内学者对于产业结构尤其是制造业结构趋同现象颇为关注，但主要集中在全国层面以及长三角地区，对西部地区尤其是西北地区却鲜有关注。本文采用相似系数，对西北地区产业结构进行实证分析，讨论西北地区产业结构趋同现象，为促进西北地区产业结构优化提供参考。

二、文献综述

产业结构趋同一般是经济发展过程中区域间产业结构所呈现出的某种共同倾向，指具有不同资源禀赋的各区域形成相同或大体相同的产业结构格局。一般来说，区域产业结构趋同不是指区域三次产业结构的趋同化，也不是指区域工农结构或农轻重结构趋同化，而是指各区域工业结构变化中存在的趋同现象[1]。

陈耀[2]认为，结构趋同具有非合意性与合意性，对此问题应当区分不同性质，区别对待。李荣国[3]指出，区域产业结构趋同的表现主要为地区工业产品结构趋同、地区工业部门结构相似性增大、各地区主导产业选择雷同、各地区产业结构处于成长初级阶段、区域之间分工协作淡化等方面。

产业结构趋同的测度方法主要有：(1)由联合国工业发展组织(UNIDO)国际工业研究中心提出的相似系数分析；(2)以区域分工角度衡量某个产业或产品趋于专业化程度的区位熵（location quotient)；(3)由克鲁格曼[4]提出的用于总体衡量区域间分工程度高低的区域分工指数分析；(4)霍夫曼系数、赫芬达尔-赫希曼指数(Herfindahl-Hirschman Index，HHI)、洛伦兹指数(Lorenz Index)和动态产业集聚指数等[5]。

国内外许多学者利用上述方法对不同地区的产业结构状况进行了实证研究。Kim[6]研究发现美国制造业在19世纪末20世纪初，产业结构处于成长初级阶段，此时的产业结构趋势呈收敛状态。而从20世纪中后期开始，制造业产业集中度不断下降，产业结构区域差异性发生明显变化。Nicole Palan[7]研究了欧洲国家经济结构发展状况，发现欧洲各国行业间存在明显趋同，这主要是受各国由工业向第三产业发展变化所影响。而行业内的趋同却各有不同：从技术密集型制造业来看，空间集聚比较明显且具有规模经济和路径依赖的特点；而非技术密集型行业，趋同则表现不明显。梁琦[8]计算了中国区域制造业分工指数及其变化率，并与美国、欧盟进行了比较，得出结论：在一定的空间范围内，产业分工与地理距离有关，地理位置靠近，空间距离较短的区域之间，其产业同构性较强。蒋金荷[9]利用产业分工指数和产业的区位熵，实证分析了我国东部、中部、西部以及11个省（市）高技术产业的结构差异性与产业的地方专业化问题，结果表明，1995—2002年，我国高技术产业的同构性是减弱的，产业的地方专业化更加明显。

三、西北地区产业结构相似度分析

对于产业结构趋同的测度，最普遍采用的方法为结构相似系数。相似系数指标由联合国工业发展组织（UNIDO）国际工业研究中心提出，区域A和区域B之间的产业结构相似系数计算公式如下：

$$S_{ij}=\frac{\sum_{k=1}^{n} X_{ik}X_{jk}}{\sqrt{\sum_{k=1}^{n} X_{ik}^{2}X_{ik}^{2}}}\quad(0\leqslant S_{ij}\leqslant 1) \qquad (1)$$

在式(1)中,S_{ij} 表示 i 地区和 j 地区产业结构的相似系数,k 表示产业部门,n 是参与计算的产业部门个数,X_{ik} 和 X_{jk} 分别表示区域 i 和区域 j 中第 k 个产业部门在整个区域产业结构中所占的比重。相似系数通常介于 0 和 1 之间,相似系数等于 1,说明两个区域的产业结构完全趋同;相似系数等于 0,说明两个区域的产业结构完全不趋同。从动态来看,如果相似系数趋于上升,则产业结构趋于相同,如果相似系数趋于下降,则产业结构趋异。根据经验判断,一般在对国家产业结构相似程度进行评价时,以 0.85 为标准来判断高低,而在一国内部各地区进行比较时,由于地区间的差异没有国家间的差异大,因此将相似系数的评判标准提升到 0.90[10]。

(一)三次产业结构趋同分析

三次产业的构成比例是衡量区域产业结构状况的重要指标之一。根据上述相似系数的计算公式,参照国家 2010 年统计年鉴的相关数据,对西北五省(区)三次产业结构相似系数进行计算,结果见表 1。

定性分析西北五省(区)的总体工业产业结构,可以看出西北五省(区)的产业分布基本上都以重工业为主,具体情况如表 3 所示。从表 3 中我们可以看出,西北五省(区)工业主要集中在原材料工业和采掘工业,只有陕西省属于加工工业与原材料工业、采掘工业相结合

表 1　西北五省(区)三次产业结构相似系数

省(区)	陕西	甘肃	青海	宁夏	新疆
陕西	1.000 0				
甘肃	0.986 1	1.000 0			
青海	0.997 7	0.972 6	1.000 0		
宁夏	0.990 0	0.999 7	0.978 1	1.000 0	
新疆	0.999 6	0.990 3	0.995 5	0.993 5	1.000 0

数据来源:根据《2010 年中国统计年鉴》相关数据计算得出。

表 2 长江角地区"两省一市"三次产业结构相似系数

省(市)	上海	江苏	浙江
上海	1.000 0		
江苏	0.806 4	1.000 0	
浙江	0.8738	0.992 2	1.000 0

数据来源:根据《2010 年中国统计年鉴》相关数据计算得出。

的偏重型工业基地,其他四个省(区)都是以超重型工业为主。五个省(区)工业总产值排名前五的行业集中在八个行业,即石油和天然气开采业,石油加工、炼焦及核燃料加工业,电力、热力的生产和供应业,煤炭开采和洗选业,化学原料及化学制品制造业,黑色金属冶炼及压延加工业,有色金属冶炼及压延加工业,交通运输设备制造业。其中五个省(区)有电力、热力的生产和供应业;四个省(区)有石油和天然气开采业,以及石油加工、炼焦及核燃料加工业;三个省(区)有煤炭开采和洗选业、化学原料及化学制品制造业以及有色金属冶炼及压延加工业。也就是说,三个省(区)以上共同涵盖的行业就已经达到了六个。由此我们可以看出,西部五省(区)的工业产业结构整体看来具有明显的趋同性,主要工业行业分布较为集中,这与西部经济发展的总体情况有关,也与我国西部地区工业发展所处的历史阶段有关,但并不能以此说明西北五省(区)从工业层面来看具有产业结构趋同的问题。

通过比较计算数据我们发现,西北五省(区)的三次产业结构趋同现象甚为严重。五个省(区)之间的相似系数均达到 0.97 以上,七个省份之间的相似系数都在 0.99 以上,远大于一国内部各地区间的相似系数评判标准 0.90。其中甘肃与宁夏两省(区)之间的相似系数甚至达到了 0.9997,陕西与新疆之间的相似系数也为 0.9996,说明两个区域的产业结构几乎完全一样。将国内学者研究较多、产业结构趋同问题最为突出的长三角地区(见表 2)的三次产业结构的相似系数与西北五省(区)进行对比发现,西北五省(区)的三次产业结构相似系数水平(0.9996~0.9726)明显整体高于长江三角洲区域(0.9922~0.8064)。

不过,由于三次产业结构趋同分析仅仅是在宏观层面,产业划分过于笼统,采用的数据也过于宏观和宽泛,因而计算出来的数据处于一个较高的水平,虽然相比之下问题较为严重,但是并不能完全说明西北地区产业结构趋同问题的本质,需要从行业细分层面进行深入的测度与分析。

(二)工业行业结构趋同分析

因为产业结构趋同一般都是指各区域工业结构变化中存在的趋同现象,下面定量分析西北五省(区)工业中各行业产业结构趋同问题。

根据西北五省(区)各行业工业总产值所占比例,按照中国《国民经济行业分类》,本文在工业行业中具体选取制造业中的 17 个大类,这 17 个大类的行业工业总产值在各省工业总产值中所占比例均靠前列,具有较强的代表性。具体行业名称及代码见表 4。

根据工业结构相似系数的计算公式,计算出西北五省(区)工业产业结构相似系数(见表 5)。

由表 5 看,西北五省(区)工业产业结构相似系数均小于一国内部各地区间的相似系数评判标准 0.90。其中宁夏与陕西两省(区)的相似系数最高,为 0.7838;新疆与青海两省(区)之间的相似系数最低,仅为 0.1288。除了新疆与青海、陕西与青海,其他省(区)之间的相似系数均高于 0.55,其中宁夏与陕西、新疆与陕西之间的相似系数较高,均大于 0.75。此结果与现实情况也较为吻合,西北五省(区)中相对来说,青海与其他四省(区)工业发展格局差别较为明显,其他四省(区)则较为接近。

表3 西北五省(区)2009年各行业工业总产值前五位

省(区)	主要工业行业	备注
陕西	煤炭开采和洗选业 交通运输设备制造业 石油和天然气开采业 石油加工、炼焦及核燃料加工业 电力、热力的生产和供应业	采据工业 原材料工业 加工工业
新疆	石油和天然气开采业 石油加工、炼焦及核燃料加工业 电力、热力的生产和供应业 煤炭开采和洗选业 化学原料及化学制品制造业	采据工业 原材料工业
青海	有色金属冶炼及压延加工业 化学原料及化学制品制造业 电力、热力的生产和供应业 黑色金属冶炼及压延加工业 石油和天然气开采业	原材料工业 采据工业
宁夏	电力、热力的生产和供应业 煤炭开采和洗选业 石油加工、炼焦及核燃料加工业 有色金属冶炼及压延加工业 化学原料及化学制品制造业	原材料工业 采据工业
甘肃	石油加工、炼焦及核燃料加工业 有色金属冶炼及压延加工业 黑色金属冶炼及压延加工业 电力、热力的生产和供应业 石油和天然气开采业	原材料工业

数据来源:根据《新疆统计年鉴 2010》《青海统计年鉴 2010》《宁夏统计年鉴 2010》《甘肃统计年鉴 2010》《陕西统计年鉴 2010》相关数据计算得出

表 4　17 个行业名称及其代码

B06 煤矿开采和洗选业	C13 农副产品加工业	C14 食品制造业
C15 饮料制造业	C17 纺织业	C25 石油加工、炼焦及核燃料加工业
C26 化学原料及化学制品业	C27 医药制造业	C31 非金属矿物制品业
C32 黑色金属冶炼及压延加工业	C33 有色金属冶炼及延压业	C34 金属制品业
C35 通用设备制造业	C36 专用设备制造业	C39 电器机械及器材制造业
C40 通信设备、计算机及其他电子设备制造业	D44 电力、热力的生产和供应业	

表 5　西北五省(区)工业产业结构相似系数

	甘肃	新疆	青海	宁夏	陕西
甘肃	1.000 0				
新疆	0.682 5	1.000 0			
青海	0.598 7	0.128 8			
宁夏	0.644 6	0.645 2	0.679 9	1.000 0	
陕西	0.615 4	0.771 8	0.240 3	0.783 8	1.000 0

数据来源:根据《新疆统计年鉴 2010》《青海统计年鉴 2010》《宁夏统计年鉴 2010》《甘肃统计年鉴 2010》《陕西统计年鉴 2010》相关数据计算得出

四、结论

通过以上分析可以看出,西北五省(区)行业内部之间的相似系数相对于三次产业层面都有了非常明显的下降,说明西北五省(区)之间的产业结构趋同现象突出表现在三次产业层面。五省(区)之间的相似系数都高于 0.97,与其他区域之间的相似水平相比问题更为严重,这主要与西北地区的整体经济发展相似水平密切相关。但是细分到行业结构来看,相似系数大大降低,属于正常值范围内,在工业产业内部则没有明显的产业结构趋同问题。但是许多学者都认为西北五省(区)的产业结构趋同现象非常严重,张培[11]就曾提出,西北五省(区)产业结构趋同问题极为严重,主导产业同构化尤为突出。而我们也注意到,西北五省(区)工业总产值靠前的工业行业过于集中,排名前五的工业行业相似性极高，全部集中于八大行业。西北五省(区)的主要工业行业几乎全部集中于采掘工业以及原材料工业,仅有陕西省涉及加工工业。根据如此分析,按理说工业内部的相似系数理应较高，为何根据相似系数的计算公式计算后得出的结果却显示相似水平并不明显呢?

笔者认为这主要是因为这五个省(区)占主要地位的工业行业虽同属于相同的几个大类,显示出较强的趋同性,但是实际上各省(区)的主要优势并不相同。我们可以从西北五省(区)主要行业工业产值占该省(区)工业总产值的比例关系窥探一斑(见图1)。

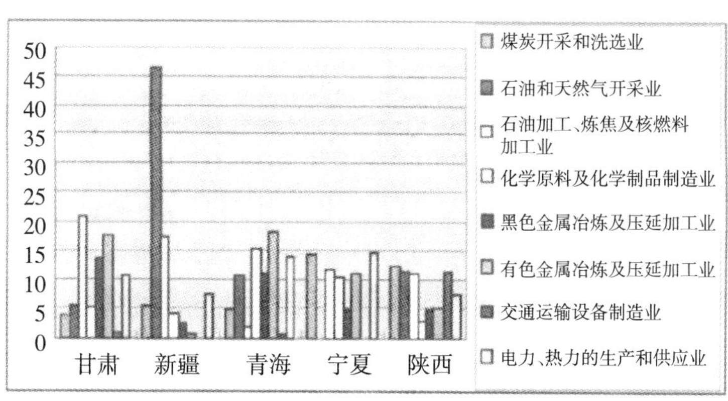

图1 西北五省(区)主要行业工业产值占该工业总产值百分比

数据来源:根据《新疆统计年鉴2010》《青海统计年鉴2010》《宁夏统计年鉴2010》《甘肃统计年鉴2010》《陕西统计年鉴2010》相关数据计算得出

尽管西北五省(区)工业产值排名前五的行业都集中于八大行业,但是各省(区)在各行业中的差异很大。譬如甘肃主要以石油化工、有色金属以及黑色金属冶炼行业为主;宁夏则主要以电力电热以及煤炭开采为主;新疆更为特殊,主要以石油和天然气开采为主,其次是依托于石油和天然气开采的石油化工产业,而其他产业优势并不明显,占比较少。正是由于这样的特殊性,因而西北五省(区)表面定性看起来产业结构趋同现象严重,优势主导产业极为相似,经过深入定量分析以后会发现其实各有不同特色,而且跟各地所处的地理位置以及独特资源具有密切关系,并不存在重复建设所导致的恶性竞争现象。

不过仍然应该重视西北地区的支柱产业过于相似且集中的不良现象。在过去的十年间,西北地区GDP增长率连年高于全国平均水平,西部大开发政策所带来的成效显而易见。但是西北地区产业结构并未得到明显优化,三次产业以“二三一”型结构存在,长期依赖传统的资源开发型产业,高新技术产业发展极为缓慢,相对来说还处于工业化进程的工业化加速阶段初期。如何在保持经济平稳快速增长的同时,优化资源配置,调整产业结构,使产业结构高级化,是西北地区产业发展进程中面临的主要问题。

参考文献:

[1]洪世健.中国区域产业结构趋同问题实证分析[J].福建行政学院福建经济管理干部学院学报,2004(1):57-65.

[2]陈耀.产业结构趋同的度量及合意与非合意性[J].中国工业经济,1998(4):37-43.

[3]李荣国,陈君.区域产业结构趋同及发展对策[J].财经问题研究,2000(8):44-47.

[4]Krugman P.Increasing Returns and Economic Geography[J].Journal of Politi-

cal Economy,1991(99):483-499.

[5]朱晓明,许山白.我国区域产业结构趋同问题研究综述[J].人文地理,2007(2):20-22.

[6]Kim.Economic Integration and Convergence:US.Regions,1840 -1987 [J].Journal of Economic History,1998,58(3):659-683.

[7]Nicole Palan,Claudia Schmiedeberg.Structural Convergence of European-Countries[J].Structural Change and Eco-nomic Dynamics,2010,21(2):85-100.

[8]梁琦.中国制造业分工、地方专业化及其国际比较[J].世界经济,2004(12):32-40.

[9]蒋金荷.我国高技术产业同构性与集聚的实证分析[J].数量经济技术经济研究,2005(12):91-97.

[10]王永峰,华怡婷.环渤海地区产业结构趋同的实证研究[J].经济与管理,2008,22(2):30-33.

[11]张培.西北五省产业结构比较分析[D].乌鲁木齐:新疆大学,2000.

(原载《宁夏社会科学》2012 年第 2 期)

基于比较优势理论的西北地区同周边国家经贸关系研究

我国加入 WTO 后,在经济全球化和区际经济一体化日益加速的大背景下,西北地区的大开发、大发展与大开放的关系将更为密切,而大力开展同周边国家的经贸合作将成为西北地区对外开放的必然选择。由于西北地区同周边国家的经济发展水平和经贸合作关系均处于较低水平,因此,在现阶段,20 世纪 80 年代以来产生的以战略性贸易政策为核心的现代国际贸易理论还不宜作为西北地区同周边国家开展经贸合作关系的理论基础,而比较优势理论则具有较强的适用性。

一、西北地区同周边国家经贸关系的现状与问题

改革开放以来,我国的对外贸易取得了举世瞩目的成绩。但西部尤其是西北地区的对外贸易一直没有取得实质性的突破,长期以来在低水平,低层次上徘徊,对外贸易依存度长期偏低。

从贸易的整体水平看,对外贸易依存度低,贸易总量不足。2001 年,西北地区对外贸易依存度仅为 11.29%,而全国平均水平为 44.72%,贸易绝对额只有 68.21 亿美元,仅占全国贸易总额的 1.34%,外贸依存度和贸易绝对额均远低于全国平均水平和东部地区的水平。

从进出口商品结构看,主要进口机电产品、钢材、化工材料,汽车及其配件、化肥、农药等生产资料;主要出口原材料、初级产品和工业

制成品,近年来工业制成品逐步上升,出口商品已初步完成了以出口初级产品为主向出口工业品为主的第一梯级转换。以甘肃省为例,2001 年该省进出口贸易总额为 7.79 亿美元,同比增长 36.76%,其中出口 4.76 亿美元,同比增长 14.78%,加工贸易出口增长 5.41 倍,机电产品出口增长 1.06 倍;进口总额为 3.03 亿美元,同比增长95.73%,机电产品进口增长 40.03%。

从对外贸易的地理方向看,进口主要集中于发达国家和地区,如美国、德国、意大利、中国香港特区等,周边的中亚、西亚、南亚国家占较小的比重;出口较为分散,遍及 70 多个国家和地区,但对日本、美国、俄罗斯、德国、意大利、英国、法国、瑞典等国家和中国香港特区的出口占绝大部分, 近年来中亚和西亚地区在西北地区出口贸易中所占比重也开始增大。

由此可见,西北地区同周边国家的经贸关系尚未得到充分发展,在对外贸易中的地位并不重要,表现在贸易形式上,是以边境贸易为主。然而,由于边境贸易是一种低层次的国际贸易形式,在客观条件制约(如严酷的气候条件、艰难漫长的交通条件、城市分布和人口聚居的过度分散等)和社会政策制约(如政策不稳定,贸易总量不足,贸易结构不合理、信用的恶化、金融环境较差等)的综合作用下,即使这种低层次的边境贸易也仍然没有得到充分发展, 并且面临着一系列亟待解决的问题:一是边境贸易发展不稳定,很不平衡,起伏很大;二是贸易总量不足,在全国占很小的比重,而且边境贸易在全国的比重也很低,同时边境贸易逆差较大;三是贸易层次低,进出口商品结构过于单一,出口商品附加值相对较低,技术含量不高,出口收益率低,同时受对方市场需求和产业政策调整的影响较大; 四是信用状况不容乐观,在边境贸易中双方都不同程度地存在商品质量和欺诈问题;五是金融服务不够完善,目前边境贸易中现汇贸易越来越多,但现汇贸易的结算体系仍不够畅通,双方出具的信用证往往要第三国银行担保,而俄、蒙的进出口企业又大多不愿采用信用证等国际贸易中通用的结算方式,致使一些中方公司采取直接汇款和随身携带外币的方式结算,使贸易风险大为增加,也不利于贸易向纵深发展。

二、比较优势理论在西北地区发展同周边国家经贸关系中的适用性

由以上分析可见,西北地区同周边国家的经贸关系尚处于一种较为初级的发展阶段,与现代意义的国际贸易存在着较大的差别。因此,在寻找西北地区同周边国家的经贸关系的理论基础时,就要具体分析和甄别各种理论的适用性,以有效地指导和促进西北地区的对外开放与经济发展。

目前,占据主流的国际贸易理论可以划为两类,其一是传统贸易理论(或称比较优势理论),其二是现代贸易理论(或称新贸易理论)。传统贸易理论经历了亚当·斯密的绝对优势理论,大卫·李嘉图的比较优势理论和赫克歇尔–俄林的资源禀赋理论三个发展阶段而臻于成熟,其核心观点是在完全竞争和规模报酬不变的前提下,一个经济从贸易中获取收益的原因在于其所具有的比较优势,而这种比较优势事实上来源于该经济的要素禀赋。随着 20 世纪 70 年代以来国际贸易领域一系列新变化的出现,如发达国家之间、同类产品之间贸易量大大增加,跨国公司作用的加强,产业规模经济明显等,传统贸易理论的解释力已显不足。

现代贸易理论在否定传统贸易理论的两个前提的基础上,较为合理地解释了国际贸易领域出现的新现象。以克鲁格曼、赫尔普曼、迪克西特等为代表提出的新贸易理论,认为厂商规模经济的存在导致国际市场可能形成寡头垄断或垄断竞争的不完全竞争市场结构,

从而国际市场具有不完全竞争和规模收益递增两个基本特征，这样，即使在资源禀赋相似的情况下，各国出于规模经济考虑来专业化生产有限类别的产品也必然产生国际贸易。换言之，除比较优势以外，规模经济成为国际贸易的又一动因，通常用来解释行业内贸易现象。由新贸易理论可以推演出战略性贸易政策导向。

当前，在世界经济和国际贸易高度发展的情况下，传统贸易理论即比较优势理论似乎已不能适应我国对外贸易的进一步发展，而应代之以现代国际贸易理论，并在此基础上选择战略性贸易政策，才能适应国际潮流。我们认为，这种观点可能在指导东部沿海发达地区所参与的具有现代意义的国际贸易中具有一定的适用性，但作为现阶段西北地区同周边国家开展经贸合作的理论基础仍然是不合时宜的。相反，传统贸易理论显得更具适用性。这是因为：第一，现阶段西北地区同周边国家的经贸关系的现状仍不具备现代贸易理论发挥作用的土壤。探讨一种理论或政策在某个国家的适用性，首先要看这个国家是否具备这种理论或政策所要求的前提假设与实施条件。从西北地区的现实情况看，目前同周边国家的边境贸易尚处于较低层次的发展阶段，适用实施战略性贸易政策的行业如航空，半导体、电讯设备、汽车等部门的贸易量较小甚或没有，而且由于国内市场分割严重，企业过度竞争，国内行业的规模收益递增特征并不明显。同时战略性贸易政策的保护主义倾向可能导致市场效率的过多损失，还有可能招致周边国家的报复而使实施的成本过高。况且，目前国际市场尽管存在不完全竞争因素，但商品的竞争程度一般大于国内市场。因此，现阶段西北地区在发展同周边国家经贸关系中尚不具备采用战略性贸易政策的前提条件。

第二，比较优势理论与现阶段西北地区同周边国家开展经贸合作中所处的地位相适应。虽然我国在“八五”期间已基本完成出口商品结构由初级产品为主向以工业制成品为主的转变,但西北地区同周边国家的贸易中,绝大部分工业制成品仍然是粗加工的轻纺产品和一般机电产品,即仍属于低附加值的劳动密集型产品,这些产品仍然具有较强的国际竞争力,而且就西北地区的发展水平而言,这也正是目前参与国际贸易的比较优势所在,属于比较优势产品,应当充分认识到自身的比较优势并努力发挥。

第三,以比较优势为基础的贸易模式在西北地区同周边国家经贸合作中仍有较大的适用空间。改革开放以来,伴随着计划经济向市场经济的转轨,比较优势理论在外贸领域得到了贯彻实施,促进了中国对外贸易的大发展,目前已基本形成了能够发挥我国比较优势的劳动密集型产品的出口模式和资本密集型产品的进口模式。目前,这种贸易模式在西北地区还没有充分发挥其潜力,仍然存在很大的适用空间。并且从发达国家和新兴工业化国家贸易形式转换的过程来看,劳动密集型产品的出口在劳动力成本未大幅上升之前,不宜转换成资本或技术密集型,特别对我国西北这样一个劳动力充裕、成本低廉的地区而言更是如此。

因此,无论是从理论推理还是从贸易实践看,以比较优势理论作为西北地区同周边国家开展经贸合作的理论基础,是现阶段西北地区对外开放的合理选择。

三、基于比较优势理论的西北地区同周边国家经贸关系定位

自 20 世纪 90 年代开始,伴随着冷战的终结和世贸组织的诞生,经济全球化进入了一个全新的发展阶段。与此同时,全球性的区域经济合作也呈现出前所未有的发展趋势,表现为区域性贸易协定(RTAs)数量的加速增长和集团内贸易比重的上升。适应这一发展趋势,民族国家参与区域经济合作的积极性不断高涨, 而且动力和方式发生了

明显变化,开放的区域主义(open regionalism)正在成为一种流行趋势,并对国际经济关系和格局产生了重大影响。

如何应对全球性区域主义浪潮已经成为我国所面临的一个新问题。西北地区由于其特殊的地缘优势,担当我国与中、西亚周边国家开展区际经济合作与一体化的执行者和参与者的角色理应不容置疑,重要的是如何充分适应和利用国际经济大环境,在区际经济合作中获取更多的动态经济收益,最大限度地享受区际经济合作所带来的利益。我们认为,除了政治方面的努力外,在经济方面应选择一种合理的战略定位,这种战略定位必须建立在对自身比较优势的充分认识的基础之上,以便扬长避短,共同发展。

考察西北地区同周边国家开展经贸合作的有利因素,可以归纳为六大优势:一是劳动力和市场优势。这是西北地区最明显的比较优势,相对周边国家而言,我国西北地区人口众多,劳动力成本低廉,消费市场开发潜力巨大,一旦形成生产规模,低成本的优势将十分明显。二是自然资源优势。西北地区拥有较丰富的能源等矿产资源,农牧业等物产资源以及得天独厚的旅游资源,这是其比较优势的最基本的构成部分。三是地缘优势。西北地区与俄罗斯、中亚等国家和地区接壤,西北地区的少数民族与一些中东、中亚等地的居民在宗教信仰、生活习俗甚至语言文化等方面具有共同点,容易沟通,有利于发现市场机会和生产适销对路的产品。四是技术优势。西北地区具备一定的工业基础,也积累了一部分技术优势和科研开发能力,西安、兰州等大城市的科技实力较为雄厚,发展有西部特色的高新技术产业的前景广阔。五是政策优势。国家"西部大开发"战略的实施必然带来一系列关于对外开放,减免税赋、信贷优惠和投资倾斜政策,为西北地区的发展带来更多的机遇,有利于比较优势的进一步发挥。六是后发优势。东部开放的成功经验,全球经济一体化的经济环境,都为西北地区吸引外部资金、先进技术和管理经验,推进产业结构的调整和整体经济的发展创造了有利条件。

西北地区在同周边国家开展经贸合作过程中,既要强调比较优势的重要性,又要注重在区域经济合作中争取有利的地位,更要立足长远,依托比较优势和有利的国际地位,逐步建立在国际市场上的竞争优势。总之,西北地区同周边国家经贸关系的定位和目标应当是:充分发挥地区比较优势,以市场需求为导向,以科技进步为动力,以市场竞争力为核心,积极推进区域经济一体化进程,最终实现国际、国内两个市场的全面接轨。

四、比较优势理论与西北地区同周边国家经贸关系的战略选择

西北地区在制定同周边国家经贸合作的战略时,应注重充分发挥和利用自身比较优势,借西部开发的政策环境加速贸易结构调整,促进外贸结构的优化,创建外向型区域经济网络,把西北地区的发展潜力转变为现实生产力,把资源优势转变为产业优势和经济优势。

第一,坚持区域内贸易自由化的政策导向。比较优势理论的实质是自由贸易论,贸易自由化的政策导向有利于比较优势的发挥。20世纪 80 年代中期以来,全球自由贸易政策获得了相当大的发展,各国都不同程度地实行了单方面的贸易改革,加强区域经济一体化和积极参与多边贸易谈判等,其中单边贸易改革主要在发展中国家、新兴工业化国家和转轨经济国家取得了实质性进展。顺应这一趋势,西北地区同周边国家开展经贸合作的过程中,应当立足区域内的贸易自由化的发展方向,逐步削减关税和非关税壁垒,放松金融与投资管制,改善竞争和对外开放环境,努力实现区域内贸易及投资的自由化,加强区域内经济集团的互动和互融,尽快推进区域经济一体化进程,为比较优势的发挥创造良好的政治经济环境。

第二,注重比较优势的动态化和持续化。比较优势理论虽然是一种静态理论,但实际上比较优势是不断发展变化着的,这就要求西北地区在制定外贸战略时不仅要考虑劳动、资源等要素禀赋方面的静态比较优势,更要注重通过贸易促进产业演进、技术进步、制度创新等方面的动态利益,实现静态比较优势的动态化和持续化,最大限度地获取优势资源和优势产业开发的联动效应和收益。具体地说,一是资源优势与科技优势相结合。西北地区虽然有一定的资源优势,但单纯地依赖加大资源开发以扩大外贸出口并不利于静态比较优势的动态化和持续化,也不利于出口产品的结构升级。因此,要从国际市场和国内市场分工的角度重新选择合理的资源开发战略,提高产品与服务的技术含量和附加值,化静态的资源优势为动态的经济优势,促进产业结构的升级换代,增强国际竞争力。二是充分开发人力资源。西北地区最具优势的是丰富的人力资源,为了避免劳动密集型产品出口增长的贫困化现象,必须从强调劳动力成本的低廉转变为重视改进劳动力资源的质量,培养大批能与高技术结合的高技能劳动力,以便在新一轮的全球产业和产品创新中处于有利地位。三是提升制造业水平。目前的国际竞争趋势已不再是从初级产品转向制成品或从资源密集型产品、低技术产品转向中高技术产品,而是开发自己的科学、技术,资本的能力并使之与高技能的劳动力相结合。虽然目前西北地区同周边国家的经贸合作关系还没有达到这个层次,但从长远发展的要求来看,建立自己的制造业技术升级和创新能力显得十分迫切。四是实现国内市场的一体化。国内区域间协调发展是国民经济良性运行的内在要求,加强东西部优势互补与交流合作能够充分发挥整体协作优势,因此,必须尽快实现国内市场一体化,支持东部产业向西部的空间梯度转移,推动西北地区向邻国及更广阔的国际市场进军。五是加大政策引导。政策导向对于西北地区同周边国家开展经贸合作具有重要作用,应立足西北地区的比较优势,根据市场需求，注重以市场推动的自成长型内源开发替代传统的国家推动的外源开发,结合国家外贸,产业结构,经济结构调整战略,将西北地区同周边国家的经贸合作纳入国家整体的对外开放规划之中。

参考文献:

[1]克鲁格曼.国际经济学[M].北京:中国人民大学出版社,1998.

[2]唐永红.战略性贸易政策理论在我国的适用性问题[J].国际贸易问题,1996,6.

[3]丁丁.西部地区外商投资软环境调查分析[J].经济研究参考,2002,70.

[4]钟昌标.国内区际分工和贸易与国际竞争力[J].中国社会科学,2002,1.

[5]蔡昉,王德文.比较优势差异、变化及其对地区差距的影响[J].中国社会科学,2002,5.

[6]鲍晓华.从比较优势到竞争优势[J].财贸经济,2001,4.

(原载《中国流通经济》2003 年第 12 期)

五、民族地区发展研究

西北民族省区城镇化战略模式选择与制度创新

城镇化[①]是社会进步的重要标志，是我国未来经济社会发展的主要动力之一。在相对过剩的“买方市场”条件下，城镇化是扩大内需、拉动经济增长的必要条件和前提。西部大开发，特别是西北民族省区[②]开发的一个重要战略，就是从特殊区情出发，走市场主导型多元城镇化之路。

一、西北民族省区城镇化的现状

城镇化作为人口和各种要素在空间上的一种聚集现象，它既受制于特定的自然地理环境和条件，又决定于一定的经济社会发展阶段和水平。西北民族省区城镇化的现状特点与存在的问题，主要表现在以下几个方面：

（一）城镇化率低、密度小，聚集与辐射能力弱

人们通常把城镇人口占总人口的比重，即城镇化率作为衡量城镇化水平的主要标志。改革开放以来，尤其是 20 世纪 90 年代，伴随

①城镇化与城市化（urbanization），在本文中内涵同一，概念使用不作区分。

②本文中的“西北民族省区”，在区域上锁定为新疆、宁夏、青海和甘肃四省区的整体，非仅指其中的民族区域自治地方。城镇化在这里被认为是空间上没有民族区域界线的经济社会运行的互动过程。

经济快速增长，中国的城镇化率从 1993 年的 28.1%上升到 2000 年的 36.2%。但西北民族省区的城镇化率明显低于全国平均水平和东部地区水平。表 1 显示，2000 年该区域城镇化率为 28.7%，比东部低 17.4 个百分点，比全国平均水平低 7.5 个百分点，相当于 20 世纪 90 年代初的全国平均水平。城市密度和建制镇密度，也与东部和全国平均水平有很大差距。1997 年，西北民族省区的城市密度只相当于东部的 6.47%和全国的 21.43%，建制镇密度只相当于东部的 3.38%和全国的 10.81%。这表明这些省区城镇分布密度小，城镇化总体水平低，城镇体系对区域经济的组织和辐射能力乏弱。

表 1　西北民族省区与东部和全国城镇分布及城镇化率比较

区域名称	城市（个）	城市密度（座/万 km^2）	建制镇（个）	建制镇密度（座/万 km^2）	城镇化率
东部	300	2.32	8041	59.1	46.1
西北民族省区	41	0.15	582	2.0	28.7
全国	668	0.70	17.770	18.5	36.2

资料来源："城镇化率"见《中国统计年鉴 2001》，中国统计出版社2001 年版；其余数据见《中国城市统计年鉴 1998》，中国统计出版社1998 年版①。

（二）城镇体系结构不合理，城市和城镇短缺现象明显

表 2 显示，占国土面积 34.5%的西北民族省区，城市总数只占全国的 6.14%，其中特大城市占 5%，大城市占 1.9%，中等城市占 5.1%，小城市占 7.7%，建制镇占 3.28%，明显地反映出城镇体系的不合理和不健全，缺少作为区域性经济中心的中等规模的城市，小城市和建制

---

①本文较多地采用了《中国城市统计年鉴 1998》的有关资料。据笔者向建设部城乡规划司和中国城市规划设计研究院咨询，该版年鉴具有较强的系统性、规范性和可比性，在学术研究中引用较广。

镇短缺现象也较突出。即使考虑到大西北地广人稀的区域特点，城镇短缺问题也是显而易见的。

表 2 西北民族省区与东部和全国城镇规模结构比较

区域名称	城市（个）	城市规模分组（%）				建制镇（个）
		特大城市	大城市	中等城市	小城市	
东部	300	47.5	48.9	46.1	43.5	8041
西北民族省区	41	5.0	1.9	5.1	7.7	582
全国	668	100	100	100	100	17.770

资料来源:《中国城市统计年鉴 1998》

（三）城镇社会经济的首位度突出

西北民族省区属欠发达地区，距全国经济中心较远，现代工业基础薄弱，大部分地区尚未根本打破自然经济的格局。该区域二元城市结构较明显，个别大都市突起，但其周围只有数量少、实力弱的小城市或小城镇，城市的首位度高。

表 3 显示，除宁夏外，青海、甘肃、新疆的首位度明显偏高，尤其是青海的首位度高达 8.48，是正常值 2 的 4.24 倍。城市首位度过大，带来两大问题：一是由于缺少大城市，导致个别特大城市的“大而全”产业和人口过分集中。1997 年，兰州市区的非农业人口占甘肃全省城市市区非农业人口的 52.63%，市区工业产值占甘肃省工业产值的 50.7%。省会城市的人口和工业产值占这么高的比重，在我国东部地区基本是没有的，以至城市负载过重（虽然从另一方面也说明大城市在民族省区经济发展中的主导作用）。二是特大城市与周边地区缺乏其他各级规模的城镇作为纽带和桥梁，削弱了大城市的辐射力，也堵塞了周边地区对特大城市的向心力。

表 3　西北民族省区城市首位度

	新疆	宁夏	青海	甘肃
首位城市人口(万人)	121.91	45.44	59.52	140.25
第二位城市人口(万人)	32.36	31.09	7.02	29.57
首位度	3.77	0.68	8.48	4.74

资料来源:《中国城市统计年鉴 1998》。表中的“城市人口”为市区非农业人口。

(四)城镇化质量低,以外延扩展为主

城镇化过程包括两方面:一是变农村人口为城市人口,变农村地域为城市地域的城镇化数量过程;二是城市现代文明、城市生活方式和价值观等在空间上的扩张演进即城镇化的质量过程,尤其是作为城镇化重要质量标志的硬件设施水平的改善和提高。

表 4 显示,西北民族省区城市设施水平大部分指标落后于东部地区和全国的平均水平。城市建设档次也处于较低层次,相当一部分城市不得不在“铺摊子”上下功夫。城市市政公用设施建设水平低、效率不高、功能不全,城市化进程总体上存在质量不高的弊端。

表 4　西北地区城市设施水平与全国和东部的比较

地区	人均居住面积(m^2)	城市人口自来水普及率(%)	城市煤气普及率(%)	每万人拥有公共汽(电)车辆(标台)	人均拥有铺装道路面积(m^2)	人均公共绿地面积(m^2)
全国	10.25	96.70	84.15	9.81	9.09	6.83
东部	10.98	99.05	94.41	12.29	11.02	7.75
西北	9.32	97.10	68.75	10.13	8.79	4.67

资料来源:《中国统计年鉴 2001》。表中“西北”包含陕西省。

(五)城镇化水平空间分布差异显著

西北民族省区城镇化水平高的区域主要集中在兰州、银川、乌鲁木齐、西宁等少数几个省会大城市区域。从县域层面看,则主要集中在大中城市周围,新疆天山以北和西陇海兰新线沿线周边地区也有分布,但占较小部分;大部分区域的县域城镇化水平在10%~20%之间,还未进入城镇化加速发展阶段。

二、市场主导型多元城镇化战略模式选择

自20世纪80年代开始讨论城镇化方针以来,如何正确选择具有中国特色的城镇化道路,一直为学术界所关注。争论的核心之一,即是城镇化战略的选择问题。对此,学术界长期存在多种观点,分歧较大。概括起来,有几种代表性主张:小城镇主导论、大城市主导论、中等城市主导论和协调发展论。

实施西部大开发,推进城镇化是战略重点之一。近两年,学术界也就此展开了热烈讨论。总体看,基本上沿用了前述几种观点的大框架来研究西部大开发中的城镇化战略问题,但对西部的特殊"区情"和经济社会发展的阶段性、层次性,予以了较多的重视。表现出这样几个特点:一是强调城镇化进程与西部生态、经济、社会发展的协调性、和谐性和可持续性。重视差异化原则,建立充分体现地域特色的城镇体系,依靠区域城市化来推进西部乃至全国的城镇化进程[①]。二是西部经济发展层次比较低,工业化和农业产业化对城镇化的推动乏力,在重视市场机制作用的同时,出于加快发展的良好愿望,理论和实践上都强调政府干预,由政府来"安排"或主导城镇化进程的倾向明显。三是在具体战略上强调"聚集式"发展和按地域"分散式"城

①见董锁成等:《中国西部大开发战略研究》,陕西人民出版社1999年版,第155—189页。

镇化相结合，中等城市主导论和小城镇特别是以县城为重点的小城镇主导论占上风。这些主张较多地被西部各级政府决策者所采纳。

上述观点不同程度地都带有城镇规模“量”的倾向性质，而对城镇化过程“质”的内涵有所忽视。这种理论上的“规模”之争，折射出传统的由政府“安排”城镇化道路或政府主导城镇化进程的计划经济的干预冲动。在实践中表现为超越经济发展阶段和实际承受能力，高标准大搞城市改造和小城镇建设，在城镇化过程中违背经济规律，一味追求规模，脱离实际，盲目赶超，造成了许多问题。

笔者认为，城镇化是经济社会发展到一定的历史阶段后，在市场机制作用下，人口和要素在空间上的流动聚集过程。它既具有不同等级的量的外在规模，也表现出规模同等但功能性质各异的质的差别性。城镇的形成，在根本上是物质要素和精神文化凝聚的成果。没有要素的聚集，就不会有城镇的出现；没有要素聚集的比较效益差异，也就不会有不同规模等级的城市的出现。同样，没有要素的流动，也不会有城市与城市之间和城市与乡村之间有机的经济联结，从而也就不会有城市和城镇体系的成长与发展。城市规模是城镇化的一种“量”的外在表现，其本质内涵是市场机制主导下的要素聚集与流动。因此，“城市规模问题，应该主要留给市场机制决定”[①]。笔者由此提出，西北民族省区城镇化建设应选择市场主导型多元城镇化战略。

（一）城镇化的市场主导性质

马克思指出：“社会经济形态的发展是一种自然历史过程。”[②]城

①文贯中：《中国必须走市场导向的内生型城市化道路》，国研网，2002年5月8日。

②马克思：《资本论》（第1卷），人民出版社1975年版，第12页。

镇化是社会经济的特定运行状态，是市场机制主导下城市的产生与兴衰、城市内在的“自然生长机制”和“调节机制”发挥作用的一种“自然历史过程”。

城镇化的动力，在直观上，一般表现为工业集中产生的“引力”与农业劳动生产率提高产生的“推力”，共同的作用使人口和要素在空间上不断聚集，形成城镇化现象。但从根本上讲，这种“聚集”的真正的“动力系统”乃是市场机制。城镇化的主体是从事非农活动的企业、社会组织、人口群体和个体。这些主体参与城镇化过程各有其不同的利益动机，但它们又都有一个共同的空间行为特征，就是选择城镇作为其活动场所，从而带动要素向城镇流动和聚集。分散的经济主体在追求低成本、高效益的过程中，不仅为寻求低廉的生产要素和扩大商品市场，彼此竞争，而且还在聚集效益和规模效益这只新的“看不见的手”的召唤下彼此合作[①]。正是城镇经济特有的这种聚集和规模效应及高回报率和广泛的影响力，诱使各种要素持续不断地向城镇集中。并且，在同样的利益机制驱动下，要素又在不同的城市之间和农村与城市之间不断地流动与聚集，形成一个连续性的具有“循环累积因果效应”的城镇化过程。正是要素的流动与聚集才出现城镇化现象，而这种要素的流动与聚集，恰恰是按照市场的“游戏规则”进行区位选择的结果。为什么农村的人、财、物会流向城市，为什么一个城市的人、财、物会流向另一个城市，就因为这种流动的结果，会使参与流动的人或市场主体获得更多的比较利益。市场规律就像一只看不见的手，指挥着人及各种物质资本和非物质资本的流向与规模，从而决

①参见饶会林:《城市经济学》(上卷)，东北财经大学出版社 1999 年版,第 115 页。

定着各个城市成长的快慢和规模的差异。由此,我们完全可以说,正是市场机制主导了城镇化的进程。虽然在城镇化这一由市场机制调节的自然历史过程中,政府绝不是无所适从和无所作为,但是,也只有当政府有意识的作用遵从经济规律,发挥得恰到好处,而与市场机制的作用方向相一致,才会对城镇化的进程起到顺乎自然的有利的推动作用。

因此,笔者主张,我国城镇化发展的政策导向是实施市场主导型多元城镇化战略。在国家和区域经济社会发展整体利益、环境承载力和可持续发展要求及以人为本的全面发展理念约束下,发挥市场机制在人口向城镇转移、要素向城镇聚集、城市内部结构调整和外部扩张、城市之间的竞争与协调、城乡关系调整等方面的基础性和主导性作用,遵循市场的一般规则,用市场化的方式,依靠各个城镇化主体的自主决策、创新和协调,推进城镇化。其核心和实质是城镇化必须尊重市场规律,尊重市场选择①。

世界城市发展史表明,城市本身就是世界资本主义市场分工发展的结果。近代以来,随着世界经济中心的转移,从西欧到北美,再到东亚和南亚,继之崛起的是一批批大型、特大型城市。现代城市发展,伴随着经济全球化进程,要素资源在全球范围内加速流动,更形成了国际性大城市群和大都市圈现象。发达国家国民产出的绝大部分、经济分布的绝对密度和人口的70%~80%均在城市,其发展的根本动力源于市场配置要素资源的比较利益机制。世界范围市场主导的城市化趋势十分明显。

---

①参见覃成林:《论市场主导型城市化战略》,饶会林主编:《城市经济理论前沿课题研究》,东北财经大学出版社2001年版,第60页。

在我国改革开放以来的城镇化实践中,市场化水平与城镇化进程也表现出强烈的正相关关系。东部沿海地区市场发育较早,因而城镇化推进就快,在全国居于领先,中部次之,西部的市场化进程最慢,城镇化水平也最低。中国改革基金会国民经济研究所 2001 年完成的我国内地除港澳台外 30 个省区（缺西藏)1997—1999 年度五个方面 19 个指标的"市场化指数"研究发现,市场化进程相对最快的六个地区分别是东部的广东 8.33、浙江 8.24、福建 7.28、江苏 7.04、河北 6.70、上海 6.59;相对最慢的五个地区分别是西部的青海 2.00、宁夏 2.69、新疆 2.90、云南 3.39 和内蒙古 3.45;甘肃省排名第 23 名,指数为 4.02[①]。就全国而言,城镇化滞后于工业化,学术界共同的看法是市场化进程约束的结果。现在,随着政府改革力度的不断加大,政府的政策供给和制度安排、体制的重构,以城镇化主体的市场化为其根本取向,各种要素按照市场原则在各区域之间和城市之间加速流动,市场机制以一种不可遏止的力量在城镇化进程中发挥作用。

当然需要指出,我们强调确立市场机制在城镇化战略中的主导性质,并不意味着否认和排斥政府的重要地位和作用,而是为了给政府行为以适度的"纠偏",给市场机制以必要的"复位"。在这个过程中,政府主要是为市场机制在城镇化进程中发挥作用提供政策空间,在尊重城镇化主体自主的市场选择前提下,不断完善必需的制度供给,以"公共利益"的代表者,"匡正"城镇化进程中的"市场失败",以确保城镇化健康有序地发展。政府在正确理论指导下制定的城镇化方针和具体的实施蓝图,对整体的城镇化进程的指导作用,是任何一

①参见《甘肃市场化进程得几分》,《经济文摘》2001 年第 6 期。

个具体的城镇化主体所替代不了的。

(二)市场主导型多元城镇化战略

抽象的城镇化只存在于一定假设前提下的理论分析。在现实生活中,任何一种城镇化过程都发生在特定的区域空间,并运行于一定的经济基础之上。在前述西北民族省区城镇化现状特征分析的基础上,我们探讨民族省区城镇化的具体发展路径,还应该对分析对象的区域状况有进一步的认识。

西北民族省区地广人稀,区域联系十分困难,沙漠、戈壁、高寒地带等不适宜人类居住的地域广大。人类长期以来的"生存性破坏"和特殊的自然地理环境使大西北成为我国生态系统最为脆弱的地区。许多城市还严重缺水,城市之间有机的关联性和均衡性也比较差,客观条件尤其是水资源和生态环境对城镇体系规模的承载力刚性明显。这一地区的区域内部发展差异也很大,二元经济特征突出;相对发达的现代城市和城镇经济点状镶嵌,与落后的地方经济缺乏有机的发展性连接;经济发展及工业化、城镇化处于各不相同的发展层次和发展阶段。据统计,2000 年西北民族省区第一产业从业人员 1475.43 万人,占从业总人口的 54.3%,而同期第一产业占 GDP 的比重仅为 19.7%,就整体而言,尚处于落后的农牧业社会①。民族区域经济中的草原畜牧业、民族加工业、民族商贸业的产业化和现代化程度很低,与现代城市经济的产业关联度差。尤其是大量人口滞留农牧区,农牧区人口的高增幅,抵消了城镇人口的低增幅。

我们还看到,多民族聚集、少数民族人口占较大比重,也是西北民族省区一个非常重要的区域特征。2000 年该区域少数民族人口合

①参见《中国统计年鉴 2001》。

计为1796万人,约占当地总人口的32.26%,其中新疆占59.38%,宁夏占34.56%,青海占45.51%,甘肃占8.69%[①]。这些省区是我国维吾尔族、哈萨克族、回族和藏族的主要居住地区,还是维吾尔族、哈萨克族、柯尔克孜族、塔吉克族、乌孜别克族、塔塔尔族、撒拉族、保安族、东乡族、土族和裕固族等西北特有少数民族的世居地,并且这些地区很多群众信仰宗教,有自己独特的民族文化和风俗习惯,有特定的栖居区域,也有各具特色的民族地方经济。城镇化不仅仅是一种人口流动和经济运行状态,它还是一个非常复杂的社会转型过程,起作用的因素很多。这些"民族性"区域特征,在怎样的程度上影响着西北的城镇化发展是一个需要认真对待的问题。

由于西北的基本区情差异性很大,明显不同于东部和中部,其内部的经济结构、发展层次、成长阶段、区域布局和人口扩张方式等方面也有着不同的特点。因而市场主导的城镇化发展,显然不能照搬东部和中部的做法,也很难规定一个统一的城镇化模式,充分强调差异化和特色化非常必要。走市场主导的城镇化道路,具体的实现路径也必然是多层次和多元化的。

从理论上讲,市场化的空间表现趋向于多元化,而多元化的前提是市场化市场主导与多元化之间具有内在本质的同一性。市场机制对于城镇化的主导性不以人的意志为转移。有市场体制的确立,就应该有市场主导的城镇化进程;有市场主导的城镇化,也就应该有多元化的实现路径。

笔者认为,西北民族省区市场主导型多元城镇化战略,至少应该包括以下几个方面:

---

①根据《中国统计年鉴2001》和新疆、宁夏、青海、甘肃四省区有关统计资料计算得出。

1. 城镇规模结构多元化。城市规模结构形成有其内在的必然性，要按照城市区域腹地产业布局、城市内部经济结构和区域人口分布状况，形成梯次规模结构。根据具体的区域状况，宜大则大，宜中则中，宜小则小，不搞一个模式，形成分工合理，且各具特色的大、中、小城市和小城镇协调发展的城镇体系。切忌不切实际地盲目贪大超前。

2. 城镇空间布局多元化。城市是人类受自然环境反馈最敏感的地方。西北地区地形复杂，生态脆弱，对城市的环境承载力非常有限。应根据具体的自然地理状况，特别是根据水土资源的可利用程度和生态环境承载能力来决定城镇的空间布局，或组团状，或带状，或点状，不拘一格，以保持城镇体系对自然生态环境的亲和与协调。

3. 城镇产业定位多元化。各个城市之间应有合理的产业和市场分工，发挥比较优势，发展特色城市，防止产业趋同。建设一批能源工矿型、特色资源加工型、民族文化旅游型、边境贸易型、民族贸易型和综合型城市。按照经济效益、生态效益和社会效益协调发展的原则，积极引导特色产业向中、小城市和小城镇集中，并努力促进大城市产业结构的调整和升级。

4. 城镇近域扩张多元化。西北地区可供新城镇建设的理想区位已经不多，近域扩张将是主要的发展方式。可以采取以旧城改造为主的内涵扩张方式，也可以采取"摊大饼"式的外延扩张方式，还可以采取"跳跃式"的新城镇建设方式。根据投资能力和建设成本，选择适当的近域扩张方式①。

5. 城镇人口聚集多元化。遵循市场规律，按照利益导向原则，既鼓励农牧区人口向东、中部城市或西部大、中城市迁移，实施异地城

---

①参见牛凤瑞等:《西部大开发聚焦在城镇》，社会科学文献出版社 2002 年版，第 56 页。

镇化，也可以就近就地向小城镇转移；特别是把正在实施的退耕还林还草政策与整村整组向城镇迁移的生态移民结合起来，加速人口向城镇的聚集。少数民族人口的城镇化聚集，要尽量考虑其特殊性，以便于形成民族城镇社区。

在区域层面上，必须从西北地区的特点出发，在相对比较发达的地区，如河湟谷地、天山北麓、银川平原和兰州周围等，应以现有首位城市为核心，建设区域城镇体系网络。这些地区自然条件相对优越，产业相对发达，人口相对密集，城镇基础相对较好，可以逐步将有条件的周边城市培育为小城市、中等城市乃至大城市。大部分地区应该把重点放在区域城镇化上，即加强二级中心城市功能以及发展区域性中、小中心城市和小城镇，完善城镇体系的空间结构、职能结构和规模等级结构。注意城市间的合理分工与有机联系，以内涵发展为主，注重发挥聚集效益和整体优势。

西北地区地域辽阔，自然条件差别较大，但一部分优势资源的分布又有相对集中的特点。因此，适度的分散城镇化既可实现区域城镇化的战略目标，又可充分而有效地利用优势资源。这类资源相对集中地区的城镇化应以点状开发为主，待条件成熟时再实施轴向发展。而广大农牧区则应以重点城镇建设为基础，逐渐推开，最终实现城镇化在规模结构和空间结构上的双重目标。

三、市场导向型多元城镇化的制度创新

（一）政府规制与市场机制

制度经济学认为，现实的人在现实的制度这一外在约束中从事社会经济活动，资本、劳动和土地等要素资源，总是在一定的制度约束中发挥作用；有效率的制度安排能够促进经济增长与发展，无效率的制度安排则会阻碍甚至抑制经济的增长与发展；在既定的技术经

济条件下，通过体制创新或制度变迁，同样可以大大促进经济发展。城镇化，作为经济增长和社会变迁的必然伴随物，极大地依赖着制度安排。市场主导型多元城镇化，在怎样的规制框架中运行，这是一个至关重要的问题。对民族省区而言，加快城镇化进程，缩短与发达地区的差距，一个十分重要的任务就是进行制度创新。对城镇化进程中的政府角色进行正确定位，政府规制与市场机制有机匹配，才能为实施正确的城镇化战略构建良好的制度平台。

斯蒂格利茨认为，政府和市场应该扮演好各自的角色，一个虚弱的政府，不足以推动经济发展，而过于强大的政府，又可能对个人形成压力，压制国民的创新精神；问题不在于政府的规模，而在于政府做什么和怎么做。政府对市场的政策行为集中反映于政府规制。市场主导的城镇化进程，很大程度上依赖于这种政府规制。由于市场不是万能的，并不能解决城镇化进程中的所有问题，不能保证实现人们所合意的资源配置效率的“帕累托”最优，从而使政府对城镇化进程的规制干预成为必要。但在目前，我国各级政府过于强大的政府规制，尤其是政府与市场的角色错位和过度干预，不仅不利于市场主导的城镇化进程，反而可能是其最大的体制性障碍①。在西部地区，政府与市场的关系更表现为前强后弱。现行的许多政府规制，对市场机制和城镇化进程有明显的抑制性。为此，改革的基本方向应当是：抛弃政府全能主义和政府至善论，从政府角色冲突和职能错位中解放出来，还之以市场经济自主运行的“亲和者”的本来地位；大力改革现行的政府规制体系，在国家正确的宏观政策指导下，构建有效率的和符合

①参见高新才、郭爱君：《论西部大开发中政府管制体制的解构与重构》，《西部论坛》创刊号，2001 年 10 月。

市场经济要求的城镇化政府规制体系;在促进经济自由中推动市场主导的多元城镇化进程,以制度创新优势,促使民族省区与发达地区城镇化水平的实际差距不断缩小。

(二)改革重点与规制创新

城镇化的核心是产业和人口向城镇的不断聚集。创新城镇化的规制框架,就是要为这一聚集过程创造条件。在影响民族省区市场主导的城镇化进程的制度因素中,以下几个方面的改革与创新具有重要意义:

1. 创新户籍制度。在市场经济背景下,农村人口向城市的流动和城市之间的人口流动,实质是追求收入回报最大化的人力资本投资过程。市场主导的城镇化,必然要求以实现人力资源的自由配置为目标。进行户籍制度的创新:一是在小城镇和小城市以合法固定住所、稳定职业与收入为标准,以身份证登记为充分条件,变城镇户口上级审批制为登记备案制,彻底改革和简化入户手续。二是放宽大中城市对农村人口迁入的管制,允许具备上述条件、有较好自我生存和自我发展能力的农村人口自由进城,从事非农产业。大中城市之间的人口迁徙,也应该进一步放松管制,逐步实现人口的自由流动。三是实行公平"市民待遇"政策,努力消除农村人口进城所产生的就业困难、工资和劳保待遇过低、个人合法权益难以维护等非制度性歧视问题,更好地承接农村剩余劳动力向城镇的有序汇聚。四是少数民族人口非农化转移,在鼓励各民族相互兼容、平等共处的同时,考虑到不同的风俗习惯和保持民族文化传统的需要,为便于户籍的管理与服务,还应尽量为其规划出特定的城镇生产生活社区。

2. 创新土地制度。实行怎样的城乡土地制度,直接关系到城市土地开发的难易、农村人口进城"门槛"的高低和农牧区土地与人力这两大市场资源的合理配置。因此,必须按照市场原则进行土地制度的改革。

在城镇探索建立国有土地出租制度。除政府机关、学校、医院、交通等公共用地实行划拨以外，将现行生产经营性国有土地的一次性收回土地出让金制度，改为较长年限的分期收回制，或者实行宗地租用制度，以降低城镇土地开发成本，降低农村人口进城的房价“门槛”和产业开发地价成本。

在城郊允许城镇国有土地和农村集体土地两种所有制并存，并逐步取消对集体非农建设用地进入城镇土地使用权交易一级市场的限制，推进土地资源资本化。允许城郊集体经济组织在城镇建设中将土地的使用权转让、出租、抵押和作价入股，参与城镇开发。城镇建设扩大征占的土地征用费，在提留新居民社会保障基金和合理的相关费用后，大部分留给转为新城镇居民的农村人口，作为启动非农产业的原始资本积累。

在农村、牧区建立土地和草原使用权流转制度。在现行土地和草原所有权不变的前提下，其使用权可以依法流转，即允许使用权估价转让、出租和股化[①]。这样做，一方面有利于推动土地和草原的适度规模经营，另一方面也使进城农牧民从土地和草原使用权的一次性流转中获得保障未来生活和从事城镇二、三产业的启动资金。当然，需要特别提醒，这项制度的改革一定要建立在充分调查研究、进行试点的基础上，分步骤慎重行事，否则容易诱发许多社会问题。

3. 创新社会保障制度。市场化取向的经济改革，必然伴随着社会保障体系的建立。市场导向的城镇化进程，也必然要求城乡社会保

①据笔者近年到山东、江苏、浙江、新疆、甘肃等一些地方实地考察这种土地流转方式在沿海较为发达的地区已经形成事实，在西北地区的农村牧区也开始流行，小城市和县城周围这种情况也比较多。

障制度的创新。社会保障制度创新的基本方向是扩大保障面和实行社会化。据此,要打破所有制界限和新老城镇居民界限,逐步探索建立面向城镇所有非农产业就业人员的养老保险、失业保险和医疗保险。加快现有企业下岗职工基本生活保障向失业保险并轨过渡的步伐。社会保险费的筹集和支付,要与当地经济社会发展水平相适应。对保险费用的筹集渠道和比例要做适当的调整,建立与经济发展水平相适应的保险费率征收调整机制。对各类保险费用要实行社会化筹措(包括个人账户实账运行),社会化发放,公开透明,社会监督。

对一次性出让承包土地和承包草原等生产资料后进城的“新市民”,必须要建立最低生活保障制度,与其他城镇居民同等对待。对保留土地和草原等生产资料进城的居民,也可以暂不纳入最低生活保障,以减轻保障压力。资金来源,一是在承包土地和草原出让的收益中合理征缴,二是政府社会化筹措,三是各级财政按比例负担。在保障金发放发生困难时,政府财政必须予以保证。

4. 创新人口政策。从社会学角度讲,城镇化实际是以人为核心的社会转型过程。人口政策措施的制定和运用,必须既要考虑人口总量的控制,稳定在较低的生育水平上,又要考虑人口质量的提高,以利于社会转型速度的加快。基于西部生态环境的实际承载能力与西北地区人口群体长远的和根本的利益,人口管制政策改革的基本点:一是运用综合政策措施,应对农村牧区,尤其是贫困地区实行“一胎制”①;二

①宁夏回族自治区南部的“西海固”地区“苦甲天下”生存环境极端恶劣,经联合国有关机构评为不适合人类居住,是我国最贫困的地区之一。其中西吉和海源两个县的农村,执行少数民族可以生育 3 胎的政策,人口自然增长率官方的统计也分别高达 18.07‰和 19.29‰。人口超载是其贫困发生率高的主要原因。参见宁夏计委课题组:《“十五” 时期推进宁夏城镇化进程研究》《市场经济研究》2000 年第 4 期。

是在适当时机调整少数民族的人口生育政策，加强说服教育[①]；三是强化人口生育的宏观调控政策，农牧区人口的自然增长幅度，要与城镇人口的自然增长和机械增长保持协调，以确保城镇化水平的不断提高；四是对贫困地区和民族地区实行“一胎制”政策而出现的“独女户”家庭，如因劳动力缺乏而发生困难的，实施社会扶助政策，在救济、扶贫、农牧业税收等方面给予特殊照顾，也可以优先纳入养老和最低社会保障。

创新设市体制。实行“市-镇体制”是世界上市场经济国家比较通行的做法，有利于形成以城镇体系为基本骨架的区域市场经济体系。目前全国执行的是统一的设市标准。西北省区有许多地级行政区所在的县城，已达到小型城市和接近中型城市的规模，事实上在发挥着区域中心的作用，但由于设市标准的限制，不能进入中型城市的行列。结合国家正在进行地级行政区撤地设市的建制调整，建议适当降低这些民族省区的设市标准，促使这一批规模已达小型城市和接近中型城市的地级行政区所在地建设区域中心城市，享受国家对城市建设的投资和其他优惠政策，加快西北的区域市场化进程。

我国现行《宪法》和《民族区域自治法》没有民族自治市和民族镇建制的规定。为此，要创新设市体制，建议以《宪法》和《民族区域自治法》修正案的形式，确立少数民族自治州或县改为民族自治市的合法

---

①据笔者调查，2000 年甘肃省 86 个县(市、区)综合经济实力排名倒数第 2 位的国家级贫困县——甘肃省东乡族自治县，生态环境极差，人口严重超载，与水土资源的矛盾十分突出。2000 年该县城镇化率只有 3.5%。但在其农村执行的却是“汉族 1.5，回族 2 胎，东乡族 3 胎”的宽松人口政策。而同样在甘肃的天祝藏族自治县则从 1996 年开始，即已成功地执行了与甘肃全省并轨的计划生育政策。据此，在部分民族地区逐步取消人口“优待”政策是可行的。

地位，以完善民族区域自治制度[1]。同时，应在少数民族聚居的地方比照民族乡的政策，设立民族镇。新设立的民族自治市和民族镇，既能获得普通地方设市后有利于加快发展的体制性好处，又可继续合法地享受国家对民族区域自治地方的各项优惠政策，这对西北民族省区加速城镇化进程，尤其具有直接的政策性推动意义。

（原载《民族研究》2002年第6期）

---

①参见鲍明:《21世纪中国应设立民族自治市》,《辽宁教育学院学报》2001年第1期。

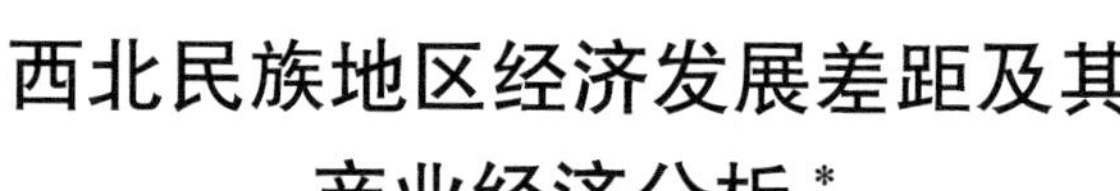

西北民族地区经济发展差距及其产业经济分析*

西北民族地区[①]总面积为264万平方千米，占全国总面积的28%，是我国藏、回、蒙古、维吾尔、哈萨克等二十多个少数民族的主要聚居区。该地区的经济发展与全国尤其是东部地区存在着多重差距，经济发展的相对滞后性比较明显。

一、西北民族地区经济发展差距分析

西部大开发以来，西北民族地区经济增长明显提速，但与全国尤其是东部地区的差距扩大的趋势尚未得到根本遏止。西北民族地区经济发展的差距在某些方面仍然呈现出持续扩大的态势。

（一）生产总值（GDP）增长率与人均生产总值差距

西部大开发以来，在国家大规模投资拉动下，西北民族地区经济发展明显加速（参见表1）。2000年以来，该地区生产总值增长速度连续4年均高于全国，有2年高于西部地区，且从2000年到2003年生产总值年均增长速度高于西部地区。从生产总值增长速度角度看，西

---

*本文系2004年度国家哲学社会科学基金重点项目“西部地区民族经济发展问题研究”阶段性成果（04AJY005）。

①本文西北民族地区是指宁夏、新疆、青海3个民族省区，及甘肃的临夏回族自治州、甘南藏族自治州以及张家川回族自治县、天祝藏族自治县、肃南裕固族自治县、肃北蒙古族自治县、阿克塞哈萨克族自治县。

北民族地区生产总值增长速度逐年加快，经济发展表现出了良好的发展态势。

但是，与东部地区相比，西北民族地区生产总值增长速度尚存在一定差距（参见表1）。在西部大开发开始实施的2000年，西北民族地区与东部地区生产总值增长速度差距为1.9个百分点，此后在2001年加速，高出东部地区0.7个百分点，但在2002年、2003年又分别低于东部地区0.2个、1.1个百分点。总体上看，在2000年至2003年的4年内，西北民族地区生产总值平均增长速度低于东部地区0.6个百分点。

表1 生产总值(GDP)年均增长率

单位/%

年份	全国	东部地区	西部地区	宁夏	青海	新疆	甘肃民族自治地方	西北民族地区
2000	8.0	10.4	8.7	9.8	9.0	8.2	7.3	8.5
2001	7.3	9.9	10.1	10.1	12.0	80.1	12.3	10.6
2002	8.0	11.0	10.3	10.2	12.4	8.1	12.6	10.8
2003	9.1	12.4	11.4	12.2	12.1	10.8	10.1	11.3
2000—2003	8.1	10.9	10.1	10.5	11.4	9.3	10.6	10.3

资料来源：根据中华人民共和国统计局编：《中国统计年鉴》(2001)(2002)(2003)(2004)，中国统计出版社2001、2002、2003、2004年版；《甘肃年鉴》编委会：《甘肃统计年鉴》(2001)(2002)(2003)(2004)，中国统计出版社2001、2002、2003、2004年版相关数据计算整理。表2~8同。

从人均生产总值差距来看，西北民族地区经济发展与全国以及东部地区差距扩大的趋势比较明显。从2000年到2002年，全国、东部地区以及西北民族地区人均GDP（生产总值）分别由7078元、11334元、6443元变为8184元、14159元、7024元，西北民族地区占全国人均GDP、占东部地区人均GDP的比重分别由91.0%、56.8%变为85.8%、

49.6%,分别下降了5.2、7.2个百分点。虽然西北民族地区GDP总量增长速度较快,但由于人口的增长速度更快,使得人均GDP在2000年至2002年间仅增长了9.0%,比全国以及东部地区分别低6.9、15.9个百分点,导致占全国GDP以及东部地区GDP的比重不断下降①。

从人均生产总值在全国的排名来看,2000年,宁夏、青海、新疆分别排在全国第25、21、12位;2003年,宁夏排名上升两位,青海排名下降一位,新疆排名保持不变②。

(二)人民生活水平差距

1. 城镇居民人均可支配收入差距较大且不断扩大的趋势明显。西北民族地区城镇居民人均可支配收入与全国平均水平相比差距较大,而且总体上呈现出不断扩大的趋势(参见表2)。2000年,宁夏、青海、新疆、甘肃民族区域自治地方城镇居民人均可支配收入比全国平均水平分别低1110元、1368元、635元、3326元,分别是全国平均水平的82.3%、78.2%、89.9%、47.0%。到2003年,宁夏、青海、新疆、甘肃民族自治地方城镇居民人均可支配收入与全国平均水平的差距变为1942元、1727元、1299元、4158元,分别是全国平均水平的77.1%、79.6%、84.7%、50.9%。与2000年相比,只有青海、甘肃民族区域自治地方缩小了1.4个、3.9个百分点,而宁夏、新疆均扩大了5.2个百分点。

西北民族地区与东部地区相比存在更大差距,且差距扩大趋势更明显(参见表2)。2000年,宁夏、青海、新疆、甘肃民族区域自治地方城镇居民人均可支配收入比东部地区分别低2680元、2938元、2205元、4896元,分别是东部地区的65.9%、62.6%、71.9%、37.6%。到

①根据中华人民共和国统计局编:《中国统计年鉴》(2001)、(2003);《甘肃年鉴》编委会:《甘肃年鉴》(2001)、(2003)计算整理。

②据中华人民共和国统计局编:《中国统计年鉴》(2001)、(2004)计算整理。

表 2 城镇居民人均可支配收入

单位/元

年份	全国	东部地区	西部地区	宁夏	青海	新疆	甘肃民族自治地方
2000	6280	7850	5486	5170	4912	5645	2954
2001	6560	8610	6170	5544	5854	6395	3338
2002	7703	9356	6675	6067	6171	6900	3752
2003	8472	11039	7205	6530	6745	7173	4314

2003 年,宁夏、青海、新疆、甘肃民族区域自治地方城镇居民人均可支配收入与东部地区的差距变为 4509 元、294 元、3866 元、6725 元,分别是东部地区的 59.2%、61.1%、64.9%、39.1%,前三个省区分别扩大了 6.7、1.5、7.0 个百分点,只有甘肃民族区域自治地方相对缩小了 1.5 个百分点。西北民族地区与西部地区相比仍然存在较大差距(见表 2)。2000 年与西部地区相比,只有新疆高出西部地区 159 元,宁夏、青海、甘肃民族区域自治地方则分别低出 316 元、574 元、2532 元,分别是西部地区的 94.2%、89.5%、53.8%。到 2003 年,新疆反而比西部地区低 32 元,是西部地区的 99.6%,而宁夏、青海、甘肃民族区域自治地方则分别低出 675 元、460 元、2891 元,分别是西部地区的 90.6%、93.6%、59.9%。西北民族地区城镇居民人均可支配收入全部落后于西部地区,只有青海、甘肃民族区域自治地方与西部地区的差距呈缓慢的相对缩小的趋势。

2. 农民人均纯收入存在较大差距,但呈现缩小趋势。农民收入水平低下的问题,在西北民族地区表现得更为突出(见表 3)。与全国相比,从 2000 年到 2003 年,宁夏、青海、新疆农民人均纯收入与全国的差距分别由 529、763、635 元变为 219、828、516 元,宁夏农民人均纯收入与全国的差距获得了比较快速的缩小,但青海的差距有所扩大。从 2000 年到 2003 年,全国农民人均纯收入年均增长 3.9%,而宁夏、青海、新疆农民人均纯收入年均增长分别为4.3%、4.8%、6.8%，均高于全国，表现出较好的发展态势。其中与国家实施退耕还林(草)、特色农业发展、农产品价格回升等因素密切相关。但甘肃民族区域自治地方不及全国平均水平的一半，差距呈现出不断扩大趋势，农民收入水平与增长速度均比较严峻。从全国排名来看，2000年宁夏、新疆、青海三省区农民人均纯收入分别排在全国第24、25、26名；到2003年，三省区在全国排名变为第25、23、26名，新疆上升两位，宁夏则下降一位。

表3 农民人均纯收入

单位：元

年份	全国	东部地区	西部地区	宁夏	青海	新疆	甘肃民族自治地方
2000	2253	3476	1632	1724	1490	1618	1096
2001	2366	3687	1755	1832	1557	1710	1139
2002	2476	3916	1854	1917	1669	1863	1195
2003	2622	4314	1966	2043	1794	2106	-

与东部地区相比，西北民族地区农民人均纯收入水平低、增长速度缓慢的问题表现得非常突出。从2000年到2003年，宁夏、青海、新疆农民人均纯收入与东部地区的差距分别由1752元、1986元、1858元扩大为2271元、2520元、2208元。宁夏、青海农民人均纯收入占东部地区的比重相应地分别由49.3%、42.9%降为47.4%、41.6%，只有新疆的比重略有提升，由46.5%增至48.8%。而甘肃民族区域自治地方情况最差，2000年比东部地区低2380元，仅为后者的31.5%，到2002年，差距进一步扩大为2721元，是后者的30.5%，差距不断扩大。

与西部地区农民人均纯收入相比，宁夏自2000年以来一直略高于西部地区100元左右，青海则一直低于西部地区，新疆在2000年、2001年低于西部地区，从2002年开始略高于西部地区，而甘肃民族区域自治地方则一直远低于西部地区。

(三)城镇化水平差距

城镇化是反映社会经济发展,特别是工业发展水平的重要指标。西北民族地区城镇化水平不仅与东部地区存在较大差距,也低于全国平均水平(参见表4)。

表4 城镇化水平

单位:%

年份	全国	东部地区	西部地区	宁夏	青海	新疆	甘肃民族自治地方	西北民族地区
2000	36.2	46.1	26.1	32.4	34.8	33.8	10.4	33.6
2003	40.5	--	--	36.9	38.2	34.4	10.9	35.4

2000年全国城镇化率达到36.2%,而西北民族地区低于全国2.6个百分点,其中,宁夏、青海、新疆、甘肃民族区域自治地方分别比全国低3.8、1.4、2.4、25.8个百分点;比东部地区低12.5个百分点,但远高于西部地区。总体上看,西北民族地区中的宁夏、青海、新疆三省区城镇化水平基本相当,与全国差距较小。但甘肃民族区域自治地方城镇化水平极其低下,社会发展水平很低。从2000年到2003年,该地区城镇化速度明显慢于全国,差距不断扩大。

二、产业发展与西北民族地区经济发展

对于如何加快西北民族地区经济发展问题,学术界展开了广泛而深入的研究,提出了众多比较有价值的对策和建议。笔者认为,正确认识导致西北民族地区经济发展差距以及差距持续扩大的原因,寻求切实可行的解决对策,需要从区域产业经济视角入手,抓住区域产业发展、区域产业结构调整优化这一核心内容。

（一）西北民族地区产业结构与就业结构差距分析

西北民族地区产业结构具有一定的特殊性，自身的优化升级进程比较缓慢，与全国以及东部地区存在较大差距（见表5）。由产业结构决定的区域劳动就业结构与全国以及东部地区也存在较大差距（见表6）。

表5　三次产业结构状况

单位：%

地区＼年度	2000	2001	2002	2003
全国	16.4:50.2:33.4	15.8:50.1:34.1	15.4:51.1:33.5	14.8:52.9:32.3
东部地区	11.4:49.2:39.4	10.9:48.7:40.4	10.2:47.3:42.5	9.3:50.9:39.8
西部地区	22.3:41.5:36.2	21.0:40.7:38.3	20.0:41.3:38.7	19.4:42.8:37.8
宁夏	17.3:45.2:37.5	16.6:45.0:38.4	16.1:45.9:38.0	14.4:49.8:35.8
青海	13.6:43.2:42.1	14.2:43.9:41.9	13.2:45.1:41.7	12.1:47.2:40.7
新疆	21.1:43.0:35.9	19.4:42.4:38.2	19.1:42.1:38.8	22.0:42.5:34.4
甘肃民族自治地方	35.4:32.2:32.4	35.2:31.0:33.8	33.9:34.3:31.8	---
西北民族地区	20.1:43.1:36.8	18.7:42.7:38.6	18.2:42.8:39.0	---

1. 区域产业结构差距。在宁夏、青海、新疆三省区中，新疆第一产业比重最高，下降也最为缓慢，而且2003年受农产品价格上涨因素影响，比重不降反升，这与其较低的城镇化水平相对应。宁夏、青海第一产业比重稳步下降，宁夏的第一产业比重到2003年首次低于全国，而青海的第一产业比重则一直低于全国。结合农民人均纯收入指标来看，由于这两个省区的农民人均纯收入与全国差距较大，因此，较低的第一产业比重并不能说明其经济发展的较高水平。从第二产业比重来看，虽然三省区均低于全国，但2002年宁夏工业化进程明显加快，与全国的差距由落后5个百分点缩小到3.1个百分点；青海的工业化进程缓步加快，第二产业比重与全国的差距由2000年的7

个百分点缩小到2003年的5.7个百分点；而新疆自2000年以来第二产业比重远低于全国且呈现出不断下降的特殊趋势，2003年的比重反而低于2000年0.5个百分点。与全国产业结构相比，2000年以来，宁夏、青海、新疆三省区的第三产业比重均高于全国，但这并不意味着其产业结构的高级化程度高于全国，而是一种在第一产业既发展又不发达、工业化水平较低、传统体制影响大等情况下的一种低级化表现。2003年第三产业内部结构中，三省区农林牧渔服务业占1.83%，高出全国与东部地区0.75个、1.23个百分点；金融保险业占10.15%，比全国低6.46个百分点；房地产业占4.07%，比全国和东部地区低8.82个、6.4个百分点；社会服务业占7.98%，比全国和东部地区低6.17、3.63个百分点；科研和综合技术服务业占1.05%，比全国和东部地区低1.33个、0.81个百分点；而国家机关、党政机关和社会团体所占比重高达15.24%，比全国和东部地区高出4.96个、8.87个百分点[①]。至于甘肃民族地区，经济发展远落后于宁夏、青海、新疆三省区，是西北民族地区经济发展的“锅底”，其产业结构表现出典型的前工业化的农业经济特征。

结合工业化系数（工业增加值/农业增加值）、工业化率（工业增加值/GDP）、人均生产总值等标准综合判断，西北民族地区从整体上看，尚处于工业化的初期阶段，而全国则处于工业化中期阶段的中后期。

与东部地区相比，西北民族地区产业结构差距更大。东部地区已经进入工业化中期阶段的后期，2003年，东部地区的第一产业比重首次降低到10%以下；第二产业比重首次高于50%；受SARS影响，第三产业比重有较大幅度下降。从产业结构上看，西北民族地区与东部

①根据中华人民共和国统计局编：《中国统计年鉴》（2004）相关数据计算整理。

表 6　三次产业就业结构状况

单位:%

年度 地区	2000	2001	2002	2003
全国	50.0:22.5:27.5	50.0:22.3:27.7	50.0:21.4:28.6	49.1:21.6:29.3
东部地区	42.9:27.2:29.9	42.0:27.6:30.4	40.4:28.0:31.6	38.1:29.8:32.1
西部地区	61.7:12.9:25.4	61.1:12.9:26.0	59.9:13.3:26.8	58.1:13.9:28.0
宁夏	57.8:18.1:24.1	56.5:18.2:25.3	55.4:19.4:25.2	51.8:21.7:26.5
青海	60.9:13.4:25.7	60.0:13.0:27.0	56.4:13.8:29.8	54.1:15.8:30.1
新疆	57.7:13.8:28.5	56.6:13.5:29.9	55.9:13.6:30.5	55.1:13.3:31.6
甘肃民族自治地方	60.8:18.2:21.0	60.6:18.3:21.1	60.4:18.4:21.2	59.6:18.8:21.6
西北民族地区	58.7:15.2:26.1	57.8:15.0:27.2	56.5:15.5:28.0	54.9:16.2:28.9

地区处于两个完全不同的经济发展阶段。

与东部地区相比,西北民族地区产业结构差距更大。东部地区已经进入工业化中期阶段的后期,2003 年,东部地区的第一产业比重首次降低到 10%以下;第二产业比重首次高于 50%;受 SARS 影响,第三产业比重有较大幅度下降。从产业结构上看,西北民族地区与东部地区处于两个完全不同的经济发展阶段。

2. 区域就业结构差距。受制于产业结构状况,西北民族地区就业结构与全国相比存在较大差距。西北民族地区第一、二产业的就业比重表现出工业化初级阶段的特点,而全国在 2003 年已表现出工业化中期阶段的就业特征。2000 年,西北民族地区第一产业的就业比重高出全国 8.7 个百分点,而第二产业就业比重低于全国 7.3 个百分点;到 2003 年,前者仍高出 5.8 个百分点,后者仍低于 5.4 个百分点,第三产业就业比重差距相对较小。

与东部地区相比, 西北民族地区就业结构与东部地区相比差距更大。2000 年,西北民族地区第一产业的就业比重高出东部地区 15.8

个百分点，而第二产业就业比重低于东部地区 12.0 个百分点。到 2003 年,差距进一步扩大,第一产业就业比重高出 16.8 个百分点;第二产业就业比重低于 13.6 个百分点;第三产业就业比重差距由 2000 年低于东部地区 3.8 个百分点缩小到 3.2 个百分点,差距相对较小且呈逐年收敛趋势。

(二)西北民族地区产业结构转换速度

产业结构转换是在产业结构转换能力的推动下进行的。产业结构转换的最直接原因是地区各产业经济总量的增长速度的差异。一个地区其内部各产业增长速度差异大,结果是该地区产业结构转换快;反之,如果一个地区各产业增长速度相当,则产业结构转换较慢。因此，衡量一个地区产业结构转换速度可以转化为衡量一个地区产业增长速度差异问题。为此构造如下产业结构转换系数 δ 计算公式:

$$\delta=\sqrt{a(X_i-X_p)^2\frac{R_i}{X_p}}$$

其中:X_i 是 i 产业的年均增长速度,X_p 是地区生产总值(GDP)年均增长速度,R_i 是 i 产业在地区生产总值(GDP)中的比重。采用几何平均数计算全国、东部地区、西部地区以及西北民族地区 2000—2003 年 GDP 和第一、二、三产业的年平均增长速度,利用上述公式计算各地区产业结构转换系数,结果参见表 7。

从表 7 计算结果可以看出,2000 年以来，与西部地区和西北民族地区相比,东部地区产业结构转换系数最高,表明其产业结构转换速度最快;西部地区在西部大开发战略的推动下,区域产业结构转换速度也较快;而西北民族地区的产业结构转换速度则较慢,产业结构转换系数与东部地区、西部地区相比分别存在 0.0367、0.0315 的差距。在西北民族地区内部,产业结构转换速度存在很大差异,宁夏产业结构转换速度最快,青海次之,且两省区远高于东部地区和西部地

表 7 产业结构转换速度比较

	2000—2003 年度年均增长速度%				δ
	GDP/生产总值	第一产业	第二产业	第三产业	
全国	8.1	5.3	10.9	9.2	
东部地区	10.9	4.6	14.1	12.7	0.0966
西部地区	10.1	6.3	12.6	12.9	0.0914
宁夏	10.5	6.5	17.2	11.5	0.1544
青海	11.4	6.3	17.4	12.9	0.1359
新疆	9.3	13.7	10.9	11.0	0.0826
甘肃民族自治地方	10.6	6.4	12.3	11.4	0.0818
西北民族地区	10.3	11.9	12.8	11.4	0.0599

区;新疆和甘肃民族区域自治地方产业结构转换速度较慢。

（三）西北民族地区产业结构效率

将就业结构与三次产业增加值联系起来考察,可以发现,西北民族地区三次产业的劳动生产率与全国以及东部地区存在着很大差距,第一产业比重偏高且相对国民收入差距显著,直接导致了该地区人民收入水平的相对低下。

1. 三次产业劳动生产率比较。从产业效率角度即三次产业就业人员人均增加值看,2003 年西北民族地区三次产业的产业效率远高于全国整体水平,第一产业、第二产业、第三产业分别比全国高出 2831.1 元/人、20777.7 元 /人和 7464.6 元/人。与东部地区相比,西北民族地区第一产业略低于东部地区 174.2 元/人,第三产业效率与东部地区差距较大,低于东部地区 13818.5 元/人;但第二产业效率高出 4322.3 元/人(参见表 8)。

西北民族地区较高的产业效率不能掩盖其内部各省区存在的巨大差异。其中,新疆各产业效率最高,并对西北民族地区产业效率产

表 8　2003 年三次产业劳动生产率对比

	第一产业			第二产业			第三产业		
	增加值（亿元）	就业数（万人）	生产率（元/人）	增加值（亿元）	就业数（万人）	生产率（元/人）	增加值（亿元）	就业数（万人）	生产率（元/人）
全国	17092.1	36546.0	4676.9	61274.1	16077.0	38112.9	38885.7	21809.0	17830.1
东部地区	7305.9	9510.2	7682.2	40579.7	7436.5	54568.3	31397.6	8006.9	39213.2
宁夏	55.5	15.6	3685.3	192.0	63.2	30379.7	137.8	76.9	17919.4
青海	46.2	137.6	3357.6	184.3	40.3	45732.0	159.8	76.4	20916.2
新疆	412.9	397.2	10395.3	796.8	95.7	83260.2	667.9	228.4	29242.6
西北民族地区	514.6	685.4	7508.0	1173.1	199.2	58890.6	965.5	381.7	25294.7

生了决定性的影响。2003 年新疆第一产业效率高达 10395.3 元/人，分别是全国平均水平和东部地区平均水平的 2.2 倍、1.4 倍，第二产业效率分别是全国和东部地区的 2.2 倍、1.5 倍，第三产业效率是全国平均水平的 1.6 倍。宁夏、青海第一产业效率则低于全国和东部地区水平，更远低于新疆；宁夏第二产业效率远低于全国和东部地区，青海第二产业效率则高出全国 7619.1 元/人；宁夏、青海第三产业效率高于全国但均低于东部地区平均水平。

因缺少甘肃民族区域自治地方三次产业就业数据，故表中“西北民族地区”相关指标仅包括宁、青、新三省区。

根据表 8 中的数据，可以进一步计算出西北民族地区生产总值整体效率状况。2003 年，全国、东部地区、西北民族地区三次产业就业人员人均创造的 GDP 分别为 15752.9 元、31772.2 元、20952.1 元，西北民族地区比全国高出 5199.2 元，但比东部地区低 10820.1 元。宁夏、青海、新疆三省区三次产业就业人员人均创造的生产总值分别为 13254.2 元、15348.0 元和 26030.8 元。其中，青海与全国基本接近，宁夏低于全国2498.7元，新疆则高于全国10277.9元。与东部地区相比，三省区特别是宁夏、青海差距悬殊。

以上分析结果提出了一个令人进一步思考的问题，即为什么西北民族地区三次产业劳动生产率高于全国整体水平而人均生产总值低于全国？为什么西北民族地区三次产业劳动生产率高于全国整体水平而城镇居民人均可支配收入、农民人均纯收入低于全国？进一步研究会发现其内在的原因，相关因素包括：该地区劳动人口总负担系数高于全国；重型工业结构突出导致分配结构中资本所得比重高而劳动所得比重低等。例如，在西北民族地区工业结构中，重工业占绝对主导地位，西部大开发战略实施以来重型化趋势进一步突出。在2000年全部国有及规模以上非工业企业增加值结构中，宁夏、青海、新疆三省区轻重工业比分别为15.92：84.08、7.57：92.43和18.71：81.29，重工业比重分别比全国高出21.54个、29.89个和18.75个百分点[①]。到2003年，宁夏、青海、新疆三省区轻重工业比变为20.05:79.95、6.44:93.56、15.41:84.59，各自的重工业比重分别比全国高出15.65个、29.26个、20.29个百分点[②]。由于重工业存在显著的GDP增长效应、较低的劳动收入增长效应和严重生态环境负效应，西北民族地区重工业比重的整体性持续上升，可以在很大程度上解释该地区较高的人均生产总值与较低的人民收入并存现象，解释第二产业就业比重增长为何缓慢的问题。

如何有效改变以上两个明显的悖论或矛盾呢？由于区域人口结构在短时期内难以有较大改变，较快提高西北民族地区人均生产总

①根据中华人民共和国统计局编：《中国统计年鉴》(2001)相关数据计算整理。

②根据中华人民共和国统计局编：《中国统计年鉴》(2004)相关数据计算整理。

值特别是人均收入水平的根本出路就自然落脚到加快区域优势产业的发展以及区域产业结构的优化调整方面。

此外，由于国家对以采掘和原材料为主的重工业采取了限制性开放和以国有经济为主的政策，直接决定了以采掘和原材料等重工业为主的西北民族地区开放程度低和非公有制经济比重低，且发展速度缓慢，由此对区域经济发展造成多重不利影响。全国工商联根据2003年全国31个省市区的统计数据并经过计量实证分析指出：民营经济工业总产值比重每提高1个百分点，该地区人均生产总值会提高大约203元；民营经济工业增加值比重每提高1个百分点，该地区人均生产总值会提高大约202元；城镇就业中民营经济就业比重每提高1个百分点，该地区人均生产总值会提高大约518元[①]。

2. 三次产业就业贡献率比较。从2000年到2003年，西北民族地区第一产业平均就业贡献率为1.30%，虽然远低于全国(22.64%)，但远高出东部地区(-49.40%)50.70个百分点；劳动生产率最高的第二产业就业贡献率为负数(-11.21)，低于东部地区(61.15%)72.36个百分点；虽然第三产业就业贡献率(109.91%)高出全国(90.50%)、东部地区(88.25%)19.41个、21.66个百分点[②]，但劳动生产率远低于东部地区。特别突出的问题是，西北民族地区工业以资本技术密集型的重化工业为主，工业就业贡献率较低，对社会就业问题带来了显著的压力。如青海工业对就业的贡献能力逐年下降，1990年工业职工年末人数曾达到24万人，[③]随着石油天然气工业、水电工业、有色金属工业、

①参见余力：《非公经济36条：清道与开闸》《南方周末》2005年2月2日。

②据中华人民共和国统计局编：《中国统计年鉴》(2001)、(2002)、(2003)、(2004)相关数据计算整理。

③参见青海省统计局编：《青海统计年鉴》(1991)中国统计出版社，1991年版。

盐湖化工等成长为全省支柱产业,全省工业发展的就业贡献率出现了绝对下降。2002年,工业职工年末人数仅为9万多人,其中制造业年末职工下降了2/3,从1990年的19.41万人下降为2002年的6.74万人。"十五"期间国家在青海重点投资项目100万吨钾肥工程,投资20多亿元,但截至2003年底尚未新招一个人;明诺生物工程项目投资1亿多元,只安排了70多人就业;直岗拉卡、尼那等中型水电站投资都在10亿元以上,但安排的就业岗位只有60~70人①。

3. 三次产业经济增长贡献率对比。从2000年到2003年的各产业平均贡献率来看,西北民族地区第一产业贡献率为13.17%,比全国、东部地区的平均水平分别高出5.84个、9.49个百分点;第二产业贡献率为49.18%,比全国、东部地区的平均水平分别低8.54个、4.30个百分点;第三产业贡献率为37.65%,比全国平均水平高2.70个百分点,但低于东部地区平均水平5.19个百分点②。

三、西北民族地区具体产业分析

除了特殊的区域三次产业结构特征外,在按照产业地位区分的产业结构中,西北民族地区表现出自身的特殊性,并制约着区域经济的发展。

---

①参见罗朝阳:《21世纪青海经济发展问题研究(2003年度报告)》青海人民出版社,2004年版,第505页。

②美国经济学家罗森斯坦·罗丹(Rosdenstein Rodan)于1943年在《东欧和东南欧国家的工业化问题》一文中首先提出:"社会先行资本包括诸如电力、运输、通讯之类所有的基础工业,这些基础工业的发展必须先于那些收益来得较快的直接生产投资……在这个具有集聚性特征领域无疑要求计划化。通常的市场机制不能提供最适度的供给。"

(一)基础设施产业仍然薄弱

基础设施也被称为社会先行资本[①],对经济社会发展具有显著的直接辐射带动作用。西部大开发以来,西北民族地区基础设施产业虽然获得了跨越式发展,但由于该地区基础设施基础薄弱,历史欠账较多,投资渠道与数量有限,基础设施产业仍然薄弱。

交通运输仍然是经济发展的突出瓶颈。西北民族地区除宁夏铁路密度高于全国外,其他地区公路、铁路条件均差于全国。2003 年全国公路密度为 18.85 千米/百平方千米,高速公路 29745 千米,占公路总里程的 1.64%,一级公路 29903 千米,占公路总里程的 1.65%。全国铁路密度为 0.76 千米/百平方千米,铁路营业里程 73002 千米。而青海公路密度仅为 3.37 千米/百平方千米,高速公路总里程仅占公路总里程的 0.48%,一级公路仅占公路总里程的 0.59%;铁路密度仅为 0.15 千米/平方千米。新疆公路密度为 5.04 千米/百平方千米,高速公路、一级公路仅占公路总里程的 0.52%、0.42%;铁路密度为 0.17 千米/百平方千米[②]。在青海交通运输中,公路运输一直是其主要运输方式,但公路密度小,等级低,通行能力差,需要建设的线路长;公路病害多,抗灾能力低;大部分资源地的交通运输条件都较差,成为制约其投资和资源开发转化的显著因素。全省铁路密度低,布局单一,病害严重,运输成本高,特别是出省通道少,加之受各种"瓶颈"因素及各行业生产销售周期的影响,制约着全省经济社会的发展。民用航空基础落后,航空网络布局尚未形成,进出难的问题仍较严重。在新疆,全区公路总量少,客源少,通达深度不够,抗突变能力弱;公路建设资金紧张,供需矛盾日益突出,债务负担沉重;公路建设、管理技术人才

①参见中华人民共和国统计局编:《中国统计年鉴》(2004)。

②参见中华人民共和国统计局编:《中国统计年鉴》(2004)。

缺乏；道路运输结构性矛盾较突出，市场主体多、小、散、弱，运力结构不合理的现象较普遍；农村地区的交通运输条件非常落后，还有3个乡、945个行政村不通公路，严重制约着当地经济发展[①]。

社会信息化水平低。西北民族地区的信息化水平与全国相比存在较大差距。根据国家统计局课题组《中国信息化水平测算与比较研究》数据，1998年宁夏、新疆、青海三省区信息化总指数分别为27.92、22.78、21.54，在西部地区分别排在第三、第五、第六位；但信息网络建设要素指数在西部地区分别排在第七、第十、第十一位[②]。西部地区是我国信息化的后发地带，且内部存在三个层次，其中青海处于比较落后的第三个层次，宁夏、新疆信息化水平处于西部地区的中间状态[③]。在电话普及率方面也存在很大差距，如青海农牧区乡镇电话普及率很低，约18%左右的乡、55%左右的村不通电话[④]。在网络方面没有形成环状结构，等级差。

电力仍然相对短缺。西北民族地区虽然拥有丰富的电力资源和较显著的产业比较优势。但由于该地区高耗能企业居多，导致电力工业仍然成为区域经济发展显著的制约。2003年，即使外购高价电后，以水电作为支柱产业之一的青海省，仍然缺电16亿千瓦时，电力瓶颈常突出。随着一大批高耗能重化工项目的相继建成投产，电力短缺的问题将更加严重。

（二）区域支柱产业以采掘业、原材料工业为主

西北民族地区现有的支柱产业具有高度的同一性，是在中华人

---

①参见新疆信息网：http://www.xj.cei.gov.cn。

②参见罗朝阳：《21世纪青海经济发展问题研究（2002年度报告）》第95—97页。

③参见郭萍：《西部信息化问题的国际比较与借鉴》《陕西经济研究》2005年第8期。

④参见罗朝阳：《21世纪青海经济发展问题研究（2002年度报告）》第98页。

民共和国成立以来国家大规模开发的基础上形成和发展起来的，与国家生产力布局和重工业优先发展战略密不可分，并不是区域产业结构自发演化的自然结果，带有强烈的外部推动色彩。青海省现有四大支柱产业为水电、石油天然气、盐化工、有色金属业；新疆现有支柱产业为石油天然气化工、纺织、有色金属、建材以及房地产业等；宁夏传统支柱产业为石化、冶金、机电、煤炭、轻纺和建材业等。

西北民族地区支柱产业共同的特点集中表现在：属于高度的资源指向性产业、资源密集型产业、资本密集型产业；在产业链条上大多处于上游；在价值链条上处于“微笑曲线”的低端，产品附加值较低；产业关联效应、产业升级效应不明显，对区域就业、城镇化以及提高当地人民生活水平的贡献相对较小，对生态环境的压力相对较大。这些传统的支柱产业大多属于“重量经济”（weight economy），在知识经济、信息社会或后工业时代只是经济社会发展的基础性条件，而不是其主导与潮流，“无重量经济”（weightless economy）才是新经济时代的核心；另外，产业的创新效应比较低下。

从整体上看，西北民族地区现有支柱产业的不足在于：采掘业比重高，制造业比重低；单一产业多，产业链条短；初级产品生产比重高，深加工产品比重低；上游产业居多，而下游产业缺乏；粗放型、资源掠夺式开发居多，内涵型、集约式综合利用少；能耗高，资源配置效率较低（如 2002 年，青海生产总值能源消耗系数为每万元 2.99 吨标准煤，而全国仅为 1.45 吨，不足青海的一半）；科技含量较低，科技贡献率不高，产业发展尚未真正转到依靠科技进步和提高劳动者素质上来，知识和技术进步在产业发展中的作用较弱；环境污染严重，生态友好型生产不足，采掘业对矿区植被的破坏严重，矿石、矿渣的露天随意堆放污染土壤和空气，在工业化水平不高的同时却存在着主要污染物均来自工业的尴尬，如青海工业排放的二氧化硫气体、烟尘、废水分别占全省排放总量的69%、64%、32%①，高于工业化水平比较高的省(市、区)。

(三)区域主导产业成长缓慢

近年来,西北民族地区根据自身的比较优势,纷纷确立了各具特色优势的产业发展重点,并取得了一定成效。青海有五大优势产业,为旅游、建材、农畜产品、煤炭与医药业;宁夏优势特色产业为旅游、特色绿色食品、特色生物医药、天然气化工、新材料产业等;新疆优势主导产业为旅游、特色农产品加工业等。与其支柱产业状况类似,西北民族地区现有的主导产业也具有高度的同一性。

在西北民族地区现有资源型、采掘重化型产业"一支(支柱产业)独大"的产业格局中,由于这些支柱产业资源消耗大,资金需求旺盛,对交通运输等占用大,因此不可避免地会挤占特色优势产业发展的资源,有可能事实上阻碍特色优势产业成长为真正支柱产业的进程。从资源优势方面讲,特色优势产业的确具备了比较坚实的资源优势基础,但存在许多制约因素制约着其快速成长,如旅游资源优势突出与制约因素严重并存;农畜产品加工业市场竞争激烈;特色生物医药产业、医药制造业、天然气化工产业、新材料产业要求较高的科技投入和资金投入,风险较大等。

(原载《民族研究》2006年第1期)

---

①参见青海省统计局编:《青海统计年鉴》(2003)中国统计出版社2004年版。

西部民族经济区特色优势产业发展问题研究

在我国西部民族经济区[①],由于自然、历史、经济、社会、人口、制度、科技等因素耦合效果的差异,无论是从横向的空间序列,通过与汉族聚居地的比较,还是从纵向的时间序列,通过与少数民族经济以往发展路径的比较,抑或是对西部民族经济区自我发展能力的考察,有一个基本判断是成立的:西部大开发以来,西部民族经济区虽然经济发展取得了长足进步,但西部大开发战略尚未从根本上改变西部民族经济区发展的滞后。对此,学界和政界形成了一个普遍的共识:充分发挥资源优势,大力发展特色优势产业,增强区域自我发展能力是加快西部民族经济区经济发展的重要措施。由此所要解决的核心问题是:如何实现从以往的依靠财政转移支付为主的短期输血手段,向发展特色优势产业为主的长期造血方式的转变。这一核心问题将会产生 3 个子问题,即在各民族聚居区的区位不同、资源禀赋不同、资本积累不同、人力资源不同和民俗传统不同的视野下,如何认识"特色"+"优势"问题? 如何识别西部民族经济区发展所依赖的特色优

①为了更好地从"区域"和"民族"视角展开研究,将研究对象界定为西部少数民族自治地方和少数民族居住相对集中的地区,即广西、内蒙古、宁夏、新疆、西藏 5 个民族自治区和青海、贵州、云南 3 个多民族省份(少数民族人口所占比重均超过了 20%),总称为西部民族经济区;而未将西部其他省(市)的自治县、自治州包含在内。

势产业?政府作为解决西部民族经济区发展问题的主导者,应实施怎样的战略导向?

一、文献述评

较早研究西部民族经济区资源优势的是施正一先生。施正一[1]认为,西部民族地区①最主要的特色和优势有:一是矿产资源丰富,二是水利资源丰富,三是物产资源丰富,四是土地广阔、人口稀少,有许多便于开发的地区。此后,中国科学院国情分析研究小组[2],李澜、张君丽[3],庄万禄[4]等学者对此进行了研究。综合来看,西部民族经济区主要资源包括地域资源、水能资源、矿产资源、能源资源、旅游资源和生物资源等。而一些学者[5-7]对此持不同的看法,将注意力集中在了丰富的自然资源对经济发展的负面影响上,提出了“资源诅咒”、“自然资源禀赋陷阱”等观点。他们的基本观念是依据资源禀赋提供能源、矿产等初级产品,利润率远低于工业发达地区,长期维持这种分工就必然导致传统优势的逐步丧失和生态环境的进一步恶化,致使经济社会长期贫穷和落后。

在西部民族经济区特色优势产业发展状况的研究方面,考虑到各区域的地理、气候、环境千差万别,资源禀赋也各不相同,所确定的特色优势产业也不尽相同。因而对西部民族经济区特色优势产业的总体概括难度较大,大多数学者并未专门对西部民族经济区特色优势产业的发展做出比较详细的梳理。仅有个别少数学者,如王文长等[8]从农业、工业、第三产业方面对西部特色优势产业发展进行了详细的研究。

①根据该研究西部民族经济区的界定,“西部地区民族经济”和“西部民族经济区”有着极大的重合,所以,在对诸多学者研究成果既往文献的综述中,遵循各学者的初衷,对“西部民族地区经济”未做过多的区别。

此外,一些学者对西部民族经济区特色优势产业发展战略进行了研究。如胡鞍钢[9]通过对西部传统追赶战略特征的分析,指出应抛弃原先以“物”为中心、以追求“GDP”增长为核心的“增长优先战略”,确立“以人为本,优先加快社会发展”的新追赶战略。赤旦多杰[10],郑莉等[11],张文全[12],沈会盼等[13]就西部民族经济区或具体省份提出了一些发展特色优势产业的战略思路,限于篇幅,就不再赘述。

通过以上文献回顾,可以看到,关于西部民族经济区特色优势产业发展的研究多集中在西部民族经济区的特色优势、特色优势产业发展状况、特色优势产业发展战略方面,所遵循的研究思路多是:在探讨西部民族经济区特色优势基础上,提出如何发挥这些特色优势,进而促进该地区经济的发展。但这些研究多偏向于实践分析,在理论方面还需要在以下3个方面进一步展开研究:一是对“特色优势”产业的厘清,尤其是对“特色”+“优势”问题的认识尚有混沌之处。作者认为,“特色”多是由区域或民族所秉承的,在现今的时代下,多有先天继承、禀赋之意;而“优势”多是由品质与规模所体现,具有后天变化、发展而来之意。那么,如何来认识“特色”+“优势”的耦合呢?对此问题的认识将是所关注的一个重点。二是在特色优势产业的甄别上,如何将定性分析和定量分析相结合,以期达到两种方法的优势互补。三是由于“特色”+“优势”的耦合会带来“特色优势”产业“类”的问题。进一步而言,由于特色优势产业具体“类”及属性的不同,在发展战略导向上也应不同,所以还要从战略导向上进行具体的说明。

二、特色优势产业界定及相关理论诠释

关于特色优势产业的界定,目前,国内外学者尚未形成一致的认识。不同学者对特色优势产业的属性和特征进行概括时,往往既有产业的一般属性,也有特色优势产业的特殊属性;既有特色优势产业的

技术属性,也有特色优势产业的制度属性;既有特色优势产业的空间属性,也有特色优势产业的市场属性。对此,作者认为,应从功能角度对特色优势产业的内涵进行阐述,否则由于特色优势产业在区域上的根植特征,使得许多与产业发展无关的属性也列入了其中,减弱了对特色优势产业的甄别。为此,须紧扣特色优势产业服务于区域经济、服务于市场的本质属性。这是因为特色优势归根结底是由市场所认定的,其内涵的界定和特征的认识要从市场所赋予的功能来认识。

1. 特色优势产业的界定

基于这一前提,就特色而言,特色多是根植于区域自身条件的,由区域或民族地区秉承,具有先天继承、禀赋之意。这意味着特色本身并不是产业发展的目的,为特色而特色是没有意义的。特色只是一种产业发展的手段或途径,目的在于占有市场。“特色的价值在于刺激市场需求,引起市场关注,造成需求结构的调整,促进市场经济结构的相互补缺。”[8]这样看来,特色在市场经济中所处的角色是被动的,在特色产品价格的供需决定中,它不是让市场去适应它的特色,而是由自身的特色去适应于有差别的客户需求。特色往往通过独特的资源、独特的生产流程、别具特色的产品与服务体现。

就优势而言,多由品质与规模所体现,具有后天变化、发展而来之意。在市场经济体制下,优势强调产业的现状及规模。从这个意义上说,优势反映了产业对区域经济的支柱特性,“表现出的是区位熵>1”[14]。但这种优势是由市场的竞争机制所决定的,你的产品优,潜在消费群体对你的消费定价就高;你的产品生产有规模优势,产品的生产成本就低,产品的利润就会高。通过这种后天的习得,产品在销售方面所具有的优势就会转化为产品生产者的优势。

综上所述,特色优势产业可以界定为以市场为导向,根据区域要素禀赋特征,通过产品的自身品质或产业的规模优势而反映出具有较强市场竞争力的产业。其特征主要体现在产品的地域根植性和市场的适应性上。

2. 相关理论的诠释

西部民族经济区特色优势产业的发展在理论上有两个问题需要解决:一为特色优势产业发展的条件问题;二为特色优势产业发展的路径问题。条件问题是分析西部民族经济区特色优势产业甄别与选择的基础,主要包括内在条件和外在条件两个方面。就内在条件而言,比较优势理论能较好地给予回答,因为它能较好地解决产业发展所需的贸易方向和贸易条件两个问题,贸易方向反映了西部民族经济区出口“由它的资源禀赋和技术条件所决定”的“机会成本率较低”的产品;而贸易条件反映了西部民族经济区发展特色优势产业“机会成本的比率”。就外在条件而言,由于特色优势产业发展的市场导向定位,要通过产业发展的生产策略、定价策略、销售策略和服务策略来体现,其中,重点是定价策略。那么,产业的发展就必然要受制于市场结构。市场结构中厂商数量和产业集中度决定了厂商的定价能力,同时受市场上关联产业和消费者讨价还价能力的相互作用,才能构成厂商定价的实际价格,进而决定产业的总体绩效。

通过上述分析,可以看出,对于西部民族经济区特色优势产业的发展,除受自身资源禀赋的约束外,还要受到市场结构的限制。而前述关于特色优势产业的界定可以看到,产业发展的自身资源禀赋与市场结构是与产业界定中的特色与优势相关联的。这样一来,不同产业发展的内在条件和外在条件的偏重程度不同,将带来“特色”+“优势”耦合程度的不同,进而会带来“类”的不同,即内在条件优越的产业发展会偏向于“资源+技术”;而外在条件优越的产业发展会偏向于市场导向。为此,可将西部民族经济区特色优势产业划分为两类,即“资源+技术”导向型和“市场导向型”两类,其特征对比如表1所示。

表1　两种导向的特色优势资源对比表

种类	需求特征	供给特征	战略导向	涉及的导向
侧重于资源+技术导向型特色优势资源	在对资源需求数量相对稳定的外界环境中,市场对此的需求突出了优质优价	突出比较优势,可以通过合理布局和分工强化供给能力	有差别战略、品牌战略、价格战略	能源矿产资源产业、装备制造业等
侧重于市场导向型特色优势资源	区域依赖程度相对较强,需求量的提高有赖于宣传方式的改进和宣传强度的增强	供给上突出地域性和独特性,离开本区域就失去了它的原汁原味	品牌战略	旅游业、现代物流业、特色农产品加工业

关于特色优势产业发展的路径问题,作者认为,由于区域有利于生产的条件不等于现实优势,这是一个过程问题。只有将这种有利条件在未来的一段时间内被激发、被利用,才有可能将区域的潜在优势转化为现实优势。如何来认识这一过程呢?可以把区域优势分为3个类型:一是条件优势,二是生产优势,三是产品优势[15]。三者间的关系如图1所示,其中,条件优势是指区域在地理位置、自然资源和历史条件下所形成的优势,表现为区域要素禀赋差异。条件优势是区域源于原有优势但又需要加以改造和利用的潜在优势,往往通过对条件优势某种程度的改造和利用后形成,是区域优势实现的重要路径,表现为市场结构—市场行为。产品优势是区域的一种现实优势,是生产优势优化配置的结果,反映着产业的绩效,表现为产业质量和效益的提升。总体路径可概括为:要素禀赋差异—市场结构—市场行为—质量和效益的提升。3种优势构成了区域优势实现的连续过程,其中,

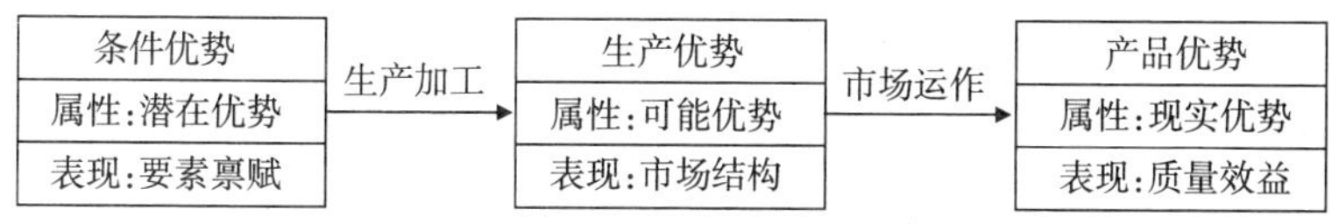

图1 区域优势转化路径图

生产优势是以区域的条件优势为基础的,而产品优势又以生产优势为前提。这样一个连续过程表现出了区域分工下产业升级的特征,即升级的维度为区域间的比较优势、资源禀赋、供需条件等方面;升级的含义为区域比较中各区域应选择适合的专业化生产,实现空间上的劳动分工[16]。

三、特色优势产业发展现状

综观西部民族经济区特色优势产业近些年来的发展变化,可以得到这样几个基本判断:一个不争的事实是,西部民族经济区特色优势资源开发强度和利用能力明显不如东部,主要原因为东部起步较早,而西部缺乏先进的经验和雄厚的资金实力。一个有趣的现象是,从已探明的资源储量看,西部地区单位面积上资源的密度不如东部,但人均资源储量则明显高于东部地区。一个充满前景的展望是,虽然西部民族经济区发展特色优势产业时面临着资源和环境的双重约束,但是由于西部民族经济区有诸如柴达木、塔里木、准噶尔等矿产资源的富集地带,并且西部民族经济区还有丰富的太阳能、风能、水能等可循环利用的资源,使得西部民族经济区特色优势产业的发展充满着无限的生机与希望。

1. 发展特色优势产业的基础条件

区域优势是由各种自然的、经济的、社会的、政治的因素共同作用的结果,也是需要加以利用的潜在优势,构成了区域生产优势和现实优势形成的基础。

资源优势。西部民族经济区资源丰富，储量大。总体来看，云南、广西等省区具有水资源优势；内蒙古、新疆、贵州、宁夏等省区具有能源资源优势；内蒙古、新疆、青海、宁夏、西藏等省区具有矿产资源优势；内蒙古、青海、云南等省区具有土地资源优势；云南、贵州、西藏、新疆等省区具有自然旅游资源优势；内蒙古、新疆等省区拥有特色农牧业优势。在此基础上，西北民族经济区已形成了诸多能源化工基地、矿产资源开采及加工基地和特色农牧产品加工基地。如煤炭生产及煤电一体化基地（内蒙古、贵州、云南、新疆），大型石油、天然气开采及加工基地（新疆、宁夏、青海、内蒙古、广西沿海），有色金属综合开发利用（云南、新疆铜；广西、贵州、内蒙古铝；云南铅锌；青海钠镁锂；宁夏钽铌铍），畜产品工业（内蒙古、新疆、青海、西藏、宁夏），制糖工业（广西、云南甘蔗加工，新疆、内蒙古甜菜加工），烟草工业（云南、贵州），酿酒工业（贵州高档白酒，新疆、宁夏、云南高档果酒）。

边境贸易优势。西部民族经济区是我国发展与内陆周边国家经贸关系的重要门户，广西等 6 个省区与越南等 14 个国家接壤，边境线近 2 万千米，30 多个民族跨境而居。西部民族经济区对外贸易公路运输口岸相对较多，如对独联体公路运输口岸有新疆的吐尔戈特、霍尔果斯、巴克图、吉木乃、艾买力、塔克什肯；对巴基斯坦公路运输口岸有新疆的红其拉甫和喀什市；对印度、尼泊尔、不丹的公路运输口岸有西藏南部的亚东、帕里、樟木等；对越南地方贸易的主要公路口岸有云南省红河哈尼族彝族自治区的河口和金水河口岸等。

政策资源。西部民族经济区的政策优势主要来源于两个方面：一个是国家对少数民族地区的特殊政策，各少数民族聚居地区实行区域自治，设立自治机关，行使自治权。法律规定，民族区域自治地方的自治机关在不违背宪法和法律的原则下，有权采取特殊政策和灵活措施。二是国家对西部大开发的支撑政策，主要有国家制定的一系列有利于西部发展的相关政策，如吸引外资、技术、人才的优惠政策，扩大地方政府的项目审批权，并加大金融支持力度和基础设施建设等。

劳动力优势。西部民族经济区劳动力成本较低，供给较为充裕，在全国具有一定的比较优势，但并不明显。从城镇职工年平均工资可以看出，大部分西部民族经济区城镇劳动力价格明显低于全国平均水平。

2. 特色优势产业发展特征

近年来，西部民族经济区的能源、矿产资源、特色农产品及加工、装备制造、旅游等产业得到了迅速的发展。比如，广西通用设备制造业发展较快，2006年内燃机产量达到了5871.57万kW·h，仅次于江苏和上海。作者在对西部民族经济区特色优势产业考察的基础上，总结了西部民族经济区特色优势产业发展的总体特征。

从产业分布层面特征来看，西部民族经济区特色优势产业比较集中。第一产业主要集中于经济作物种植业和畜牧业，第二产业主要集中于矿产资源开发和能源工业，第三产业主要集中于旅游业。

从技术层面特征来看，西部民族经济区特色优势产业的技术层次还比较低。多数产业尚处于粗放经营阶段，较少采用国际或国内领先的技术，生产的产品多属于初级产品，这导致了西部民族经济区资源综合利用程度低、企业效益薄。

从政府作用特征来看，西部民族经济区的市场观念还不够强，一方面，政府管得过多、过宽、过泛；另一方面，人民对政府的依赖也过强、过深、过滥。从政府作用机理上看，在西部民族经济区特色优势产业发展过程中，政府应承担着先引导经济转型、提供公共服务、克服市场失灵，后转变职能、宏观调控、规范行为的角色。

3. 西部民族经济区特色优势产业发展的主要问题

面对西部民族经济区发展的新要求（西部大开发“十一五”规划

与主体功能区布局的逐步实施)和发展的新机遇(经济全球化背景下的产业转移和中西部地区承接东部地区产业转移),以及发展的新问题(特色优势产业尚未嵌入全球价值链中),作者分析了西部民族经济区特色优势产业发展中存在的主要问题。

(1)从区域发展的条件来看,主要问题有:一是发展资本严重不足。资本的缺乏制约了西部民族经济区市场配置功能的发挥。二是人力资本不足,知识与技术能力普遍薄弱。一方面当地培养出的人才较少,况且培养出的一些人才又不愿留在当地;另一方面,东部、中部的知识型人才也不愿意到西部民族经济区发展。三是基础设施相对落后。西部民族经济区地广人稀,地形复杂多样,基础设施建设难度大,增加了资源配置过程中的运输成本。

(2)从区域发展的路径演进过程来看,主要问题有:一是资源定价机制的不合理,目前资源价格的定价机制还未能反映出资源的环境治理代价,进而对资源产地的利益也考虑不够。二是依据关联理论和赫希曼基准,向前连锁不能独立形成发展的诱导机能,而向后连锁的效果则要强得多,但是西部民族经济区特色优势产业层次较低,制约了特色优势产业在整个经济中的成长和壮大。三是市场容量相对狭小,体制环境欠佳。西部民族经济区受人口和收入水平限制,当地市场容量相对狭小,影响到西部民族经济区的发展。

四、特色优势产业选择

如何为西部民族经济区选择特色优势产业呢?单依靠定性方法,即从历史传承的视域,从各区域的现实基础与存在矛盾的视域来解决特色优势产业的选择,则会使之成为一种对现实的解释;而纯粹依赖于定量分析,往往会因数据的不全面而导致信度的不可靠。为此,定性与定量分析相结合,采用了如图 2 所示的特色优势产业选择流程图，以此来思考和解决西部民族经济区特色优势产业的选择问题。

1. 特色优势产业选择的定性分析

根据西部民族经济区的资源优势、边境贸易优势、政策优势和劳动力优势，作者认为，在特色优势产业选择的定性分析上，应遵循以下基本原则。

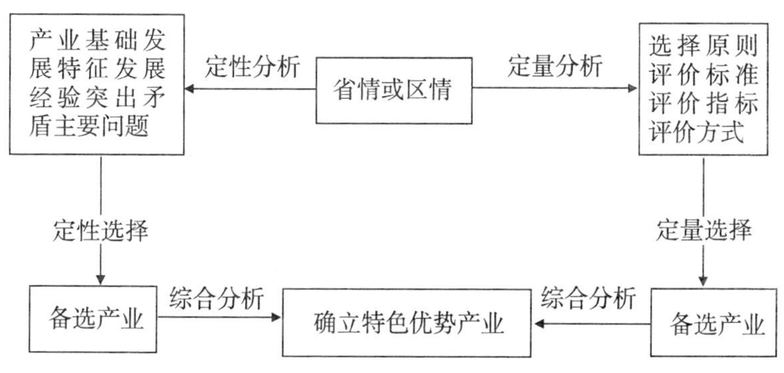

图 2 特色优势产业选择流程图

（1）市场导向。这要求西部民族经济区特色产业的选择必须适应市场需求，由市场需求来引导西部民族经济区特色优势产业选择。

（2）比较优势。这决定着西部民族经济区的区域贸易的方向和区域贸易的条件，是西部民族经济区特色优势产业发展的本质要求。

（3）民族特色。一方面，要充分挖掘民族独有特色，使之形成特色优势产品；另一方面，特色优势产业的开发必须符合民族地区居民的文化传统，符合他们的利益。

（4）可持续开发。选择西部民族经济区特色优势产业时，必须考虑到西部民族经济区生态环境的承载能力，确保西部民族经济区的可持续发展。遵循这 4 项基本原则，结合对西部民族经济区的调查研究，西部民族经济区特色优势产业的选择如表 2 所示。

表2 西部民族经济区特色优势产业选择

地区	特色优势产业
内蒙古	畜牧业(食品制造业、农副产品加工业)、冶金工业(黑色金属冶炼及压延业、黑色金属矿采选业)、能源工业(煤炭开采和洗选业、电力热力的生产与供应业)
广西	蔗糖工业(农副产品加工业)、旅游业、电力工业(电力热力的生产和供应业)
贵州	能源工业(电力热力的生产和供应业)、旅游业、烟草业(烟草制品业)、酿酒业(饮料制造业)
云南	旅游业、烟草业(烟草制品业)、生物资源开发业
西藏	能源工业(电力热力的生产和供应业)、旅游业
青海	能源工业(石油天然气开采业)、盐化工业、畜牧业
宁夏	旅游业、生物制药业
新疆	能源工业(石油和天然气开采业、电力热力的生产和供应业)、化工工业(石油加工炼焦及核燃料加工业)、特色农业

说明:表中括号中的产业是定量分析的结果.名称与《中国工业经济统计年鉴2008》相对应;黑体字标示的是定性分析的结果。

2. 特色优势产业选择的定量分析

特色优势产业选择的定量分析主要解决了评价指标的选用和数据处理的方法两个方面。指标体系的选用主要包括三个方面的标准。

(1)产业独有标准。形象地说就是“你无我有”,用于判定一个产业是否拥有某种独有资源、独有技术、独有产品,或几者皆有。通常采用资源禀赋系数来反映一个国家或地区特种资源的相对丰富程度。

(2)产业规模标准。形象地说就是“你小我大”。只有较大规模的产业才能够成为特色优势产业系统中的主体和核心,才能承担起高层次区域地域分工的任务。该研究用区域专业化率来衡量。

(3)产业效益标准。形象地说就是“你弱我强”。特色产业的经济效率一般应高于其他产业经济效率的平均水平,且具有持续增长的趋势。该研究用比较劳动生产率、相对投资效果系数来衡量产业成本效益。

就数据处理的方法而言，对于西部民族经济区特色优势产业的选择采用了主成分分析方法。方法是通过降维来简化数据结构,把多个指标化为少数几个综合指标,而这几个综合指标可以反映原数据所含主要信息。在具体测度中,使用了 SPSS13 分析软件。经运算,西部民族经济区特色优势产业选择定量分析的结果如表 2 所示。

3. 特色优势产业的具体选择

根据定性和定量研究的结果,西部民族经济区特色优势产业的选择如表 2 所示。

五、特色优势产业发展的战略指向

通过既往相关政策的梳理可以看出:一方面,在政策取向上,从改革开放至今,政策制定遵循了“特定区域的优先原则”,之后开始逐渐过渡到“支柱产业的优先原则”,现在面临着中西部承接东部产业和自身特色优势产业自我发展相结合的问题,在此背景下,制度安排所具有的政策导向特性需与产业特征(此处主要是产业战略导向)相结合。另一方面,从政策的具体内容看,近年来,与西部民族经济区特色优势产业的相关文件(主要为《关于促进西部地区特色优势产业发展的意见》和西部大开发“十一五”规划),在政策内容上突出了各省域重点发展的产业(重点产业主要包括能源及化学工业、优势矿产资源开采及加工业、特色农牧产品加工业、装备制造业、高技术产业等六大产业)。但进一步分析可以看出,当前政府主导的经济增长模式主要是通过政府充当投资主体、紧握土地和资金等重要生产要素的掌控权来实现的,在此考虑到对生产要素的市场化定价问题,暂不论生产要素掌控权;单就政府充当投资主体而言,其投资收益要与产业战略导向相一致才能效率最大,而不是将投资收益与特定省份的产业相结合。

基于产业战略导向的认识,通过作者的基础理论研究可以看出,对于西部民族经济区特色优势产业的发展要把产业选择与战略导向相结合。具体而言,对于"资源+技术导向型"的特色优势产业,主要有能源化工产业、矿产资源产业、装备制造业等产业,其潜在优势向现实优势转化的重点是实现规模效益,主要是因为这类产业的产品在市场定价上受激烈市场竞争的影响,企业议价能力有限,只能在价格波动较小的范围内通过技术的提升来降低企业成本。为此,在政府投资策略上(主要通过项目实现)要突出技术的开发与创新,要跟企业的技术升级的战略导向相结合,以此来提升市场竞争力;对于市场导向型的特色优势产业,主要有旅游业、特色农产品加工业等,其潜在优势向现实优势转化的重点是面向市场,树立品牌。这是因为这类产业产品的稀缺性重点表现在由地域的专属性而带来种类的稀缺上,对产品的议价能力较强,发展的重点应是市场的开拓。为此,政府投资策略上可通过对区域的宣传来带动产品的品牌,以形成具有区域特征的特色优势品牌,从而来提升企业的市场竞争力。

参考文献:

[1]施正一.中国西部民族地区经济开发研究[M].北京:民族出版社,1988.

[2]中国科学院国情分析研究小组.民族与发展——加快我国中西部民族地区社会经济发展研究[M].长春:辽宁人民出版社,2000.

[3]李澜,张君丽.论西部地区民族经济发展中的特色经济开发[J].中央民族大学学报(哲学社会科学版),2001,28(6):116-120.

[4]庄万禄.论西部民族地区特色经济发展战略[J].中南民族大学学报(人文社会科学版),2004,24(1):17-22.

[5]邵帅,齐中英.西部地区的能源开发与经济增长——基于“资源诅咒”假说的实证分析[J].经济研究,2008(4):147-160.

[6]张红芳.西部地区竞争优势刍议[J].陕西经贸学院学报,2000,13(4):18-21.

[7]刘颖琦,李学伟.西部区域竞争优势分析[J].中国软科学,2003(1):130-134.

[8]王文长,李曦辉,李俊峰.西部特色经济开发[M].北京:民族出版社,2001.

[9]胡鞍钢.地区与发展:西部开发新战略[M].北京:中国计划出版社,2001.

[10]赤旦多杰.迎接西部大开发,加快青海特色经济发展[J].青海师范大学学报(哲学社会科学版),2000,85(2):11-13.

[11]郑莉,王伟,郑继红,等.发展内蒙古特色农牧业的对策研究[J].科学管理研究,2002,20(6):71-74.

[12]张文全.在西部大开发中发展新疆区域特色经济[J].新疆社会科学,2003(2):35-39.

[13]沈会盼,于布仁巴雅尔.西部大开发中民族地区优势资源开发的问题与对策——新疆巴州个案分析[J].湖北民族学院学报(哲学社会科学版),2003,21(2):56-60.

[14]吴殿廷,王旭,肖敏,等.产业地位变化与区域开发的产业模式研究[J].地域研究与开发,2006,25(4):7-12.

[15]赵兵,王丹.加快西部地区特色经济发展的区域优势分析[J].电子科技大学学报,2006,8(3):21-25.

[16]林涛,谭文柱.区域产业升级理论评价和升级目标层次论建构[J].地域研究与开发,2007,26(5):16-23.

(原载《地域研究与开发》2010年第2期)

《陇上学人文存》已出版书目

第一辑

《马　通卷》马亚萍编选　《支克坚卷》刘春生编选
《王沂暖卷》张广裕编选　《刘文英卷》孔　敏编选
《吴文翰卷》杨文德编选　《段文杰卷》杜琪　赵声良编选
《赵俪生卷》王玉祥编选　《赵逵夫卷》韩高年编选
《洪毅然卷》李　骅编选　《颜廷亮卷》巨　虹编选

第二辑

《史苇湘卷》马　德编选　《齐陈骏卷》买小英编选
《李秉德卷》李瑾瑜编选　《杨建新卷》杨文炯编选
《金宝祥卷》杨秀清编选　《郑　文卷》尹占华编选
《黄伯荣卷》马小萍编选　《郭晋稀卷》赵逵夫编选
《喻博文卷》颜华东编选　《穆纪光卷》孔　敏编选

第三辑

《刘让言卷》王尚寿编选　《刘家声卷》何　苑编选
《刘瑞明卷》马步升编选　《匡　扶卷》张　堡编选
《李鼎文卷》伏俊琏编选　《林径一卷》颜华东编选
《胡德海卷》张永祥编选　《彭　铎卷》韩高年编选
《樊锦诗卷》赵声良编选　《郝苏民卷》马东平编选

第四辑

《刘天怡卷》赵　伟编选　《韩学本卷》孔　敏编选
《吴小美卷》魏韶华编选　《初世宾卷》李勇锋编选
《张鸿勋卷》伏俊琏编选　《陈　涌卷》郭国昌编选
《柯　杨卷》马步升编选　《赵荫棠卷》周玉秀编选
《多识·洛桑图丹琼排卷》杨士宏编选
《才旦夏茸卷》杨士宏编选

第五辑

《丁汉儒卷》虎有泽编选　《王步贵卷》孔　敏编选
《杨子明卷》史玉成编选　《尤炳圻卷》李晓卫编选
《张文熊卷》李敬国编选　《李　恭卷》莫　超编选
《郑汝中卷》马　德编选　《陶景侃卷》颜华东　闫晓勇编选
《张学军卷》李朝东编选　《刘光华卷》郝树声　侯宗辉编选

第六辑

《胡大浚卷》王志鹏编选　《李国香卷》艾买提编选
《孙克恒卷》孙　强编选　《范汉森卷》李君才　刘银军编选
《唐　祈卷》郭国昌编选　《林家英卷》杨许波　庆振轩编选
《霍旭东卷》丁宏武编选　《张孟伦卷》汪受宽　赵梅春编选
《李定仁卷》李瑾瑜编选　《赛仓·罗桑华丹卷》丹　曲编选

第七辑

《常书鸿卷》杜　琪编选　《李焰平卷》杨光祖编选
《华　侃卷》看本加编选　《刘延寿卷》郝　军编选
《南国农卷》俞树煜编选　《王尚寿卷》杨小兰编选
《叶　萌卷》李敬国编选　《侯丕勋卷》黄正林　周　松编选
《周述实卷》常红军编选　《毕可生卷》沈冯娟　易　林编选

第八辑

《李正宇卷》张先堂编选　《武文军卷》韩晓东编选
《汪受宽卷》屈直敏编选　《吴福熙卷》周玉秀编选
《蹇长春卷》李天保编选　《张崇琛卷》王俊莲编选
《林　立卷》曹陇华编选　《刘　敏卷》焦若水编选
《白玉岱卷》王光辉编选　《李清凌卷》何玉红编选

第九辑

《李　蔚卷》姚兆余编选　《郗慧民卷》戚晓萍编选
《任先行卷》胡　凯编选　《何士骥卷》刘再聪编选
《王希隆卷》杨代成编选　《李并成卷》巨　虹编选
《范　鹏卷》成兆文编选　《包国宪卷》何文盛　王学军编选
《郑炳林卷》赵青山编选　《马　德卷》买小英编选

第十辑

《王福生卷》孔　敏编选
《辛安亭卷》卫春回编选
《李含琳卷》邓生菊编选
《李黑虎卷》郝希亮编选
《高新才卷》何　苑编选
《刘进军卷》孙文鹏编选
《邵国秀卷》肖学智　岳庆艳编选
《李仲立卷》董积生　刘治立编选
《郭厚安卷》田　澍编选
《蔡文浩卷》王思文编选